福祉・心理の臨床場面における治療効果に関する研究

桑田 繁
Shigeru Kuwata

関西学院大学出版会

1997年12月　自宅にて

刊行にあたって

山口県立大学教授　三原　博光

　故桑田繁先生は，関西学院大学，明星大学，大阪市立大学の各大学院で社会福祉学，心理学の領域で，主にケースワークと心理療法の治療効果の評価に関する研究を熱心に進められてきました。しかし，この専門領域において，将来を嘱望されながらも，36歳の若さでこの世を去られました。生前，故桑田繁先生は，多くの研究者や学生，それに社会福祉の現場で働く方々に臨床場面における治療介入の客観的，科学的評価方法を積極的に伝えていきたいと述べていました。

　本書は，故桑田繁先生のそのような情熱と思いが伝わってくる書物です。大学や社会福祉の領域で，臨床的な問題に関わる方々が，是非必読して頂ければと思います。

凡　例

　我々は，桑田繁先生の福祉・心理学の研究に対する情熱と思いを伝えるために，本書の作成の取り組みを行ってきた。しかし，論文の構成や表現に若干，不備があったが，今，先生が故人となってしまったため，本書では，そのまま掲載することにした。したがって，読者の方々が以下の点について，ご理解して下さればと願う次第である。

1．原則として，著者自身の表記・仮名遣いに従い，明らかな誤字・脱字などは訂した。

2．著者と共著者の所属及び職位

　本書の各論文における著者と共著者の所属及び職位は，掲載された当時のままである。そこで，桑田繁先生と共著で掲載された方々の所属及び職位は，現在，異なっている。

3．語句の表現

　本書の論文のなかで，桑田繁先生は，「精神薄弱児（者）」，「精神遅滞児（者）」，「発達障害児（者）」という表現を使用している。先生の論文が掲載された当時は，これらの表現が一般的によく使用されていた。現在では「知的障害児（者）」という表現が，一般的に使われるようになって来ているが，先生が当時使用した表現をそのまま残すことにした。

4．文献

　各章の文末に文献名が記述されている。しかし，文献の列挙の方法が不統一である。これは，掲載された論文の雑誌の特徴や方針もあると思われるがここでは，各論文に掲載された文献の列挙の方法を変えず，そのまま掲載することにした。

5．論文掲載雑誌

　本来は，論文が掲載された雑誌名を，各章の冒頭に記述するべきであったが，初出一覧として掲載した。

桑田繁先生の研究を偲んで

「桑田君」

関西福祉科学大学教授　佐久間　徹

　はるかに年下の男の思い出話を書くなんていうのは，はなはだ腹立たしい。本来ならば，佐久間先生は，こんな風におっちょこちょいで，だらしがなく，親バカちゃんりんで，学問と趣味と遊びと仕事と怠惰がごった煮で，あんなけじめのない人は出会ったことがない，などと思い出を書くのは，桑田君，おまえの方なのだ。

　小生，昨年，永年勤めた梅花女子大学で65歳の定年を迎え，定年後の予定を立てている所に，突然，関西福祉科学大学が大学院コースを開設することになり，小生に招へいの声がかかり，今，ここにいるわけです。というのも，この大学では，開設以来，後輩の荒木光君が行動療法でがんばっていたのが，大学院開設寸前に60歳の手前で亡くなり，急きょ，小生に代理後継が回ってきたのだ。後輩とはいえ，小生よりもはるかに優れた業績と臨床実績を誇る荒木君の後釜で四苦八苦している。「荒木先生はいい人でした」「荒木先生のセラピーは見事でした」などとことさらに言う学生や同僚に囲まれて後釜を勤めるオレを想像してください。針のムシロとはこのことであろう。桑田繁先生の後釜よりはましかもしれんけど。とにかく，死んだらオレに思い出話を書かせるような，まだ死んでない後輩は，決して決してオレより先に死んではならぬぞ！！ ましてや肺炎などという二流の病気で死ぬことは許さん！！

　二流か三流かはしらんけど，関西福祉科学大学の修士課程には，勉強が好きで臨床の仕事がしたい野心とそこそこの馬力を持ちながら，英語が苦手な学生がうじゃうじゃさまよっている。今，こ奴らに英語の特訓をしながら，第二第三の桑田繁作りにはげんでいる。桑田君，おまえはこ奴らのモデル役，長期目標，商品見本の役をはたさなければならんのに，どっかへ行っちまいやがって！！ モデリング学習を指導原理にしている小生の行動療法は，いま，座礁寸前なのだ。大型バイクで夜な夜な北緑が丘のマンション5階に英語特訓で来ていた頃の桑田君と自分自身を思いだし，今，老骨にむち打って，がんばっている。たまには夢の中にでも出てきて，オレを励ましてくれ。

「桑田繁君を悼む」

中京大学教授, 金沢大学名誉教授　久野能弘

　桑田繁君は実に努力のひとであった。人間, 生涯に成し得る仕事の量は定まっているとの説があるが, 三十六年というその短い生涯に通常の学者がなし得る何倍もの仕事を成し, あっという間に彼はわれわれの世界を駆け抜けて行った。桑田君の研究の特色は活動の領域の広いことにあり, 行動分析学を中心に社会福祉学, 実験心理学, 臨床心理学, 果ては統計学にまで及んでいる。

　たまたま彼の最後の任地が高知であったこともあって, わたしの頭の中では志半ばで散った維新の英雄坂本竜馬のイメージが交錯する。科学という立場からみるとき, わがくにの臨床心理学はまだまだ夜明け前に該当し, 行動療法の台頭を得てようやく新しい世紀を迎えようとしている。本当は同志桑田君とともに我が国の臨床心理学の新しい時代を切り開いて行けることを楽しみにしていたのだが, 訃報に接し, わたしは悔やんでも悔やみ切れない思いにある。けれども, 今, わたしには桑田繁君の名がその数々の業績とともにわがくにの臨床家の間で長く語りつがれることになろうとの確信がある。

　わたしが初めて桑田繁君と逢ったのは彼がまだ関西学院大学社会学部の4年生のときであった。社会福祉学コースに属してはいたが, 当時の彼は学問にも大学生活にも意味が見出せず, ひたすら単車を乗り回す落ちこぼれ学生のひとりにすぎなかった。

　当時わたしは兵庫医大に勤務する一方, 大阪の福島というところで,「関西行動療法研究会」という研究集団を主宰し, 週に一度土曜日の夜に院生や若手の臨床家相手の勉強会をつづけていた。その会には医学, 看護学, 社会福祉学, 心理学を問わず当時盛んであったノンダイレクティブカウンセリングや精神分析的なアプローチに飽き足らない専門家や所属大学での教育に不満足な関西近辺の大学の院生達が出入りしていた。会則も規約もないその会は一回200円の参加費のみで, 煩わしい入会手続きなしに誰でも参加可能な会であった。

　その会に何日のころからか関西学院大学の院生の三原君（現山口県立大学教授）に連れられて一人の学部生が姿を現すようになっていた。学部生時代に彼と同じよ

うな経歴をもつ三原君が芝野講師（現関西学院大学社会学部教授）に頼まれて無理やり同伴していたようであり，それが今から思えば桑田君なのであった。

維新との関連に模して云えば松陰の松下村塾の役割をなしていたのでもあろうか，その会からは現在，明日の臨床心理学を担う数多くの研究者や臨床家が育っている。思いつくままに名をあげれば，荒木光，有田恵子，古賀愛人，宮下照子，三原博光，佐久間徹，芝野松次郎，島崎まゆみ，曽我昌祺，園山茂樹，谷晋二，寺崎正治，東豊，平野信喜，山崎勝之の諸氏である。

桑田君はそのころ，実践活動への興味から自閉症児の言語形成の手伝いに梅花女子大の佐久間教授（現関西福祉科学大学教授）のところへ出入りしていた。

本格的に桑田君とわたしの接触が始まったのは彼が関西学院大学の社会学研究科に入学してからのことである。関西学院大学社会学研究科の非常勤講師でもあったわたしは甲東園の自宅でセリグマンの『ヘルプレスネス』を教科書に行動理論や行動療法の講義をするとともに実習を兼ねて兵庫医大で自閉症児の行動形成の手伝いを彼にして貰うことになった。自閉症児の言語活動の行動記録をとりつづけることが彼の仕事であり，彼は2年間，もくもくとその仕事だけを繰り返した。最初，わたしにとって彼はわたしのところにかよってくる幾人かの学生の中のひとりにすぎなかったのだが，その着実な仕事ぶりといい，集中力といい，これは大した拾いものだと気づくのに長くはかからなかった。本質的には桑田君はアウトサイダーであり，集団で行動することには馴染まなかった。それが町中に単車を暴走させながら，彼をして暴走族に終わらせなかった原因でもあろう。同じく，彼の特質は大学生活においても集団活動の妨害となり，学業に興味が持てなかった一因をなしていたようである。わたしのところに集まってくる学生の中にはそのような若者が多く，彼も画一化を是とする我が国の文化の中では一定の力を得る前にその芽を摘み取られてしまう危険性を人一倍もっていたように思われる。

社会福祉専攻の彼ではあったが，将来，行動療法家になりたいとの希望があったことから，それなら一度，徹底して実験心理学を修めることが必要だとの意見を述べ，学習心理学の指導者がいる大学院に入りなおすことを勧めた。遠回りにみえてもそれが本格的な行動療法家への途であるとの確信がわたしにあったからである。

佐久間教授の口利きで，慶応大学の佐藤方哉教授が自分のところで育ててみようということになり，彼も慶応の文学研究科受験の決意を固めていた。ところがある

とき，深刻な顔つきで兵庫医大のわたしの研究室にやってきて，「出来れば自分は明星大学の小川隆先生のところにお世話になりたい」という。「小川先生はもう歳を召していらっしゃるのでわたしとしては佐藤先生のところがよかろう」と勧めたのだが，その勧めは日頃のわたしの言動とは矛盾しているという。「先生は常々，本は原著にあたる必要があり，ひとは源流を辿る必要があると仰っているではないか」「自分としては我が国にスキナーを紹介されたのは小川先生であり，小川先生が御存命であられる限り，自分は小川先生に教えを請うのが本筋だと思う」と主張するのである。そのときまでわたしは迂闊にも明星大学などという大学の名を聞いたこともなかったし，後々のことを考えれば，慶応という大流に身を委ねた方が得策であろうと考えていたのである。その決定はわたしが彼に一本とられた最初の出来事である。

　あれやこれやがあって彼は自分の意思を貫徹して明星大学の大学院に進み，そこで，二年間，実験心理学者としての研鑽を積むこととなった。確かに小川先生は偉大な先生ではあったが，何分，御高齢であられ，現実には実践活動からは遠退いておられた。富士山は遠方から眺めてこそ価値がある。登山道はガラクタばかりで美とは程遠いものである。ただ，下山の後，もう一度富士山を眺めたとき，本当の価値がわかるのかも知れない。

　いろいろな事情があったのであろうが，桑田君は2年間で，明星大学をさり，博士課程は実家に近い大阪市立大学へ進むことになった。学問的にも人間的にも彼の院生の時代は苦行時代であったと云える。アウトサイダーとしての彼は権力者にこびることが出来ず，極めて誤解を受け易い体質をもっていた。わたしは1990年秋，金沢大学に転任し，そこで出会った大阪市大出身の同僚から，桑田君と指導教授との間が旨く行っていないとの情報を得た。そのころ彼は岐阜県にある霊長研でオペラント条件づけの研究を続けていたのだが，自分の研究に熱中するあまり，院の授業や研究会への出席を疎かにしていたのが，指導教授の逆鱗にふれた理由らしかった。早速，彼に連絡をとって教授に詫びを入れさせた。

　やがて，大学院を修了した彼は中国地区の作陽音大というところに職を得，再びわたしとの重厚な交流が始まった。ある年のこと，駒沢大学で開催された行動分析学会にシンポジストとして呼ばれ，会場に出かけたところ，同じ壇上に桑田君がいた。これは大きな喜びであり，感動であった。その殆どは彼の努力によるものであ

ったろうが，彼の学者としての成長の途上で，多少ともかかわりのあった者として，この若鳥の勇士をみてこみ上げてくる熱いものを感ぜずにはいられなかった。

そして，時は流れ，種々な学会誌に彼の活動を見，彼の評価が益々高まっていくのをある種の羨望と嫉妬さえ交えながら感じとっていたある日，桑田君から電話があった。

「実は折入ってお願いがあるのです。今度，行動分析学会の方でスキナーを二十一世紀に生かすという企画があり，行動分析学研究に論文を依頼されているのですが，その研究誌では一つの論文にコメンテーターを用意して学会誌上で論議を戦わす形式をとっているのです。自分が学生のころ，先生は常々，十年経ったら俺と勝負しようと仰っていましたが，いよいよその時がきたようにおもいます，是非，わたしの挑戦に応じて下さい」と言うのである。

「僕は行動分析学会の会員でもないしシンポジュウムならともかく，学会誌にコメントをする立場にはないと思うんだが……」と答えると

「そうおっしゃると思って，編者の長谷川先生には了解がとってあり，他の編集委員の先生方にも先生がコメントをくださることについて，賛同を得ています」とのことであった。

日を置かず，桑田君から"言行不一致の行動分析"と題する原稿が送られてきて，幾度かのやりとりがあった。まずは原稿に手を入れてくれということで昔を思い浮かべながら手を入れているうちに，奇妙なことに気がついた。本来，できあがった原稿にコメントを求められているはずなのにお節介にも，彼の原稿そのものに手をいれるということは所謂「ヤラセ」に他ならないのではあるまいか？　そこで，前もっての彼の原稿は白紙に戻して，一切，手を入れないかたちで，原稿を書き改めてくるように彼に依頼したのである。その上でできたのが，行動分析研究一九九六年十巻一号に掲載された論文である。わたしの頭のなかには破棄してもらった原稿までが残存していて，読者には通じない面も含んだ奇妙なコメントになってしまったが，とにかくこれが，桑田君とわたしの交流を示す最後の仕事になってしまった。十年を経てのわたしと桑田君との戦いは主観的にも客観的にも明確にわたしの敗北におわった。でも，生まれて初めて味わうとても快い敗北であった。

またまた，二年の時が流れ，一九九八年の一月香川医大の臨床講堂で，二人の出会いがあった。香川医大の石川元教授の依頼で講演に出掛けた会場に桑田君の姿を

見かけたのである．今から思えば，それが桑田君との最後の出会いであった．実験心理学のひとびとはあまりご存じではなかろうが，神田橋條治という精神科医で臨床の神様といわれるひとである．会場には百五十人近い聴衆がつめかけておられ，本来ならそれと気づくことはできないはずなのだが，最前列に座っていたことで対談が始まる前に彼をみつけることができた．倉敷からわざわざ駆けつけ，七千円もの会費を払ってその会に参加してくれていたのである．そのワークショップは神田橋先生とわたしの講演と二人の対談から組み立てられており，二日をかけての会であった．

「桑田君もこれでやっと臨床家に戻ったな！」とわたしは思った．
「なにせ臨床の神様の講演を聞きにくるのだからな！」
わたしは公務の間を縫っての仕事だったので一日だけで会場を後にした．
翌朝，金沢の自宅に電話があり，昨日の話はとても興味深く聞かせてもらったという．
「待てよ，未だ今日はワークショップが継続中なのに」と思い，
「今，何処からかけているの？」と聞くと
「自宅からだ」という
「神田橋先生の講演は聞かなかったの？」とわたし．

二人の対談とわたしの講演が終わったあとですぐ，倉敷に帰ったとのこと．それなら，岡山までは同じ列車じゃなかったのかということになり，折角の機会だったのに，じっくり会話をかわしたかったなと思うとともに，わたしの話はともかく，神田橋先生の講演は聞くべきだったとこれも，今から思えば最後の説教をすることとなった．君はもはや単なる実験家ではなく，本来の目的であったはずの臨床家になったのだからわたしのごとき似非臨床家ではなく，臨床の神様の話を聞くべきだったとくどくどと彼の非を責めたてたのであった．研究者としての桑田君は今や多くのひとびとが認めるところであるが，臨床家としての彼にはまだまだ長い道のりがある．わたしは彼に単なる理論家に終わって欲しくはなかったのである．実践面での成果のない理論家をわたしは臨床家として認めることが出来ない．

思えば，香川医大での出会いが彼との最後の出会いになってしまった．その後，電話ではしばしば会話を交わし，高知大学に職を得た情報も得ていたのだが，彼の悲報に接したのは秋も深まった十月下旬のベットの中であった．彼から高知への赴

任の報を受けたときわたしは皮膚癌の告知を受け，入院の日も決まっていたのだが，彼の喜びに水をさすのが憚られてついに入院のことも手術のことも彼には告げずじまいであった。従って，桑田君はわたしの病気のことも入院していることも知らぬまま逝ってしまったことになる。そして，周囲の者達がわたしを気づかって彼の訃報を告げることをためらっていたため，入院中とはいえ，手術の前で，無理すれば葬儀に参列できなくもなかったのに，わたしは彼の葬儀に参加することが出来なかった。わたしは病院のベットの中でひとりさめざめと涙した。癌ならともかく，肺炎あたりの二流の病気で死なれたのではたまったものではないというのがわたしの偽らぬ思いであった。それとともに，これまで育ててやっと将来が見えてきたこのときに子息をなくされた御両親のことが思いやられた。桑田君に学問や臨床の技術を教えることは出来たが，身体の鍛え方，手の抜き方を教えることを怠ってきたことが悔やまれてならない。北陸の大学に転じてからの十年間，職場や仲間に恵まれず，空回りを続けてきたわたしに比べて，桑田君の十年間は実に充実した十年間であったと思われる。十年たったら勝負しようとのわたしの呼びかけは明確にわたしの敗北に終わっていたが，少なくともわたしは現在，生命を保っており，まだまだ多くの大学から後身の指導への要望もある。桑田君の訃報に接した昨年十月，我が国への行動療法の導入者である梅津耕作先生にお手紙した。先生もまた何年か前に手塩にかけて育てた三好隆史さんを亡くし，嘆いておられたのを思い出したからである。御家族から返信があり，先生は病の再発で御入院中とのことであった。そして，この拙文を書いている今の今，わたしは梅津先生の訃報を受けた。膀胱癌であったという。皮膚の病気での入院生活から開放されて小康を得られていた一昨年，関学でお会いしたのが先生との最後の出会いであった。わたしは先生とは十年の年齢の開きがあり，まだまだ再起して後身の指導にあたる余裕がある。三度目の手術を終えた今，わたしは悔いのみが残るこの北陸を去り，新天地で第二の桑田第三の桑田の発掘をめざして活動を開始しようと決意を固めている。それこそが桑田繁君や梅津先生の霊に報いる道だと思うからである。

「桑田繁先生の想い出」

関西福祉科学大学教授，前関西学院大学理事長　武田　建

　桑田繁君が亡くなったことは今でも信じられない。あれだけ精力的に研究をし，論文を次から次へと発表して，元気そのものだったのに。

　長い間教育研究の第一線から遠ざかっていた私は，なにか分からないことがあると，繁君によく電話して教えてもらった。年老いて，かつての学生から教えを受けるということは実に嬉しいことだ。

　桑田君は関西学院大学社会学部と社会学研究科では社会福祉を専攻していた。しかし，彼の勉強に最も影響を与えたのは，私たちではなく，当時梅花女子大学の教授をしておられた佐久間徹教授であった。先生はご自分の大学の中だけではなく，幾つかの場所で情緒障害をもつお子さんとそのお母さんのために臨床活動をしていらした。先生のアプローチは行動理論に基づいたものであった。そして，佐久間先生のところへ実習にお邪魔した桑田君の学士論文も修士論文も先生に指導して戴いた。

　桑田君はもう一人行動療法の大家に指導を仰いでいる。兵庫医大から金沢大学そして現在中京大学教授の久野能弘先生である。桑田君の在学中久野先生には社会福祉の大学院で行動療法の授業を持っていただいていた。それだけではない，関西学院大学文学部心理学科の新浜邦夫，宮田洋，今田寛教授といった日本の行動心理学をリードしてきた先生方が継投で行動理論を講義してくださった。

　こうした環境のなかで，桑田君の関心が社会福祉よりも心理学それも行動理論と行動療法に移っていったのは当然のなりゆきだったろう。明星大学大学院から大阪市立大学大学院の後期課程にすすみ，将来を嘱望された若手心理学者として育っていった。

　やがて，桑田君は作陽音楽大学の専任講師の職が与えられた。初めてのフルタイムの仕事である。彼は意欲的に研究をすすめ，ものすごい勢いで論文を発表しはじめた。私が彼から送られた論文の抜き刷りにやっと目を通した頃には，もう次の論文が送られてきた。

　その頃，関西学院大学の社会福祉にはミシガン大学とシカゴ大学で，行動療法を

勉強した芝野松次郎先生が着任していた。桑田君にとってかっての古巣に研究の相談相手なる教員が誕生したわけである。芝野先生が恩師のピンクストン教授とその夫君のベア教授を関学に招いたときに，桑田君も院生に混じって集中講義をうけていた。そして，桑田君はお二人に英語でいろいろ質問し，また自らの意見も述べた。私のお節介がその頃から始まった。将来社会福祉の領域で仕事を求めないか，米国の福祉大学院博士課程へ留学しないか，などと誘惑した。桑田君も1996年頃からソーシャルワークの領域でもかなりの数の論文を発表してくれた。

彼の論文は日本の社会福祉の領域では数少ない行動療法関係の論文である。私がこの4月から勤めている関西福祉科学大学には，桑田君の育ての親である佐久間先生がその前の年からきておられる。私のゼミナールにはいってきた院生を早速佐久間先生のところへ連れてゆき，ゼミを聴講させて戴けるようにお願いした。そして，この学生と秋から付属幼稚園で「親を通して子どもの行動変容」のプロジェクトを立ち上げようと準備している。

こんなときに，「桑田先生がご健在だったならば，大きな力になっていただけるのに」と思いながら，この院生に桑田論文のコピーを渡して読んでもらっている。

「一途な研究者」

関西学院大学教授　芝野松次郎

桑田くん（と呼ばせていただく）の業績を出版するに当たって，2編の論文を校正する機会を与えられたものの，はかどらない。正直言って気が乗らなかった。まだ，彼を突然失ったショックから立ち直れないでいる自分に気づくのが嫌だったのである。だが，校正をするうちに，共同研究をした当時のことが忘却の淵から浮かび上がってきた。すると妙に幸福な気分になった。

「一途」ということばが，わたしを幸福な気分にしてくれた原因であった。わたしたちは一途ということばを忘れてしまったようだ。「しらけ」を経験した団塊の世代のわたしには，このことばに暖かみを感じ，ふと口元をほころばせてしまう。

夏の暑い日にビデオカメラを担いでフィールドに出かけたこと，レストランで冷めた食べ物を前に飽きることなく原稿の校正に没頭したこと，資料や機材のリストにチェックを入れながら調査の準備をしたこと。どれももうすっかり忘れていたこ

とである。もうそれらが遠い過去のものとなり，昔話として彼と語り合うことができないことを認めたくなかったのである。しかし，そうした記憶が次々と蘇り，一つに収斂するのを感じた。「一途」ということばであり，それが私を幸福な気分にしてくれたのである。校正を引き受けてよかった，と思った。

　桑田くんが文学部での私の授業を熱心に聴講していた頃のことを思い出した。授業のあとで必ず質問をしに来てくれた。私と同じく，少しはにかみやの彼は，決して授業中には質問をしなかった。授業の後，照れくさそうに私のところにやってきた。

　この彼からの控えめな質問をいつしか私は期待するようになっていた。彼から質問がなかったり，彼が授業を欠席したりすると，妙なもの足りなさ，寂しさを感じたものである。パブロフの「反射学的人間学」に触れたときも，彼は質問を熱心にしてくれた。もうどんな質問でどんな意見だったか思い出せないのだが，彼の目の輝きだけはハッキリと覚えている。こんなに一途な学生がいるのだと感心し，翌週の授業の準備に励んだものである。未だに彼ほどの一途な学生にはお目にかからない。

　「ペアレント・トレーニング」に関する研究が彼の修士論文になった。この本の「ソーシャル・ワーク実践におけるＲ＆Ｄの試み」が修士論文の一部を少し違った角度からまとめ，学部紀要に掲載されたものである。調査は今思うと実にたのしいものであった。決して明確な結論の得られた調査ではなかったが，現場における探索的調査研究としては，極めて意味のある調査であった。オペラント技法を中心とするペアレント・トレーニングのパッケージが，親の育児知識と育児行動に変化をもたらすかどうか，また，それが幼児の愛着行動に影響を及ぼすかどうかを，事例（ペアレント・トレーニング・プログラムに参加した母子のグループ）をとおして観察・評価しようとした。そして，アメリカで効果的であるといわれているペアレント・トレーニングのプログラムが日本でも可能であるかどうかを探ろうとする研究であった。

　桑田くんがこの研究に本当に関心を持っていたかどうかはわからない。しかし，非常に熱心であった。件の一途さである。試み的にやろうとしていたプログラムであったが，彼の一途さによって短期間のうちに見事な研究調査に仕上がった。調査準備は周到であった。独立変数としてのプログラム内容をできるだけわかりやすい，誰でも実施できる手続きとして表現し，公共性を担保した。従属変数としての親の育児知識の変化は，O'Dell の KBPAC の修正版を pre-post で実施し，測定した。親の

育児行動は，pre-postでビデオ収録した。収録したビデオは，タイムサンプリング法を用いて，具体的に定義した行動を観察・記録した。さらに，もう一つの従属変数である幼児の愛着行動も，ビデオに収録し，タイムサンプリングで記録した。探索的な研究としてはこれでもよかったが，さらにproxy変数として親の子どもに対する態度と自分自身への態度を，ハンドスケールを用いて，pre-postの形で測定した。この結果，掲載論文「ソーシャル・ワーク実践におけるR＆Dの試み」にまとめてある。

さらに彼から提案があった。収録したビデオを第三者に見せ，母子のやり取りを評価させたい，というのである。おもしろいアイデアだが修士論文に間に合うのか，と私の方が焦った。しかし，彼は一途であった。収録したビデオを，pre，post，そしてケースについてランダマイズし，募集した専門学校の学生さんたちに見せ，評価してもらった。その結果を統計的に分析した。そして，修士論文に間に合ったのである。この部分を含めると長くなりすぎるので，本書の掲載論文には含められていない。

見てのとおり，行動の変化をハッキリ見ることが難しい結果となったが，探索的な研究としては極めてたくさんの情報を提供してくれた。これは今日，神戸市の全児童館で実施されている「親と子どものふれあい講座」に活かされている。彼の一途さが，形になり，多くの人に，今役立っているのである。

もうちょっと長生きして，研究の社会的成果を見て欲しかったと思う。

目　次

刊行にあたって ……………………………………………………………… i
　　　　　　　　山口県立大学教授　　　三原　博光

凡　例 ………………………………………………………………………… ii

桑田繁先生の研究を偲んで ………………………………………………… iii
　　「桑田君」　　　　　　　関西福祉科学大学教授　　佐久間　徹
　　「桑田繁君を悼む」　　　中京大学教授　　　　　　久野　能弘
　　「桑田繁先生の想い出」　関西福祉科学大学教授　　武田　建
　　「一途な研究者」　　　　関西学院大学教授　　　　芝野松次郎

第1章　ソーシャルワーク・実践におけるR＆Dの試み ……………… 1

第2章　条件交替法の近年の適用動向と臨床場面での活用可能性 ……… 49

第3章　ヒトの行動形成法としての自動的反応形成手続き …………… 81

第4章　新しい実験計画法としての単一被験者法の紹介（Ⅰ）………… 93

第5章　新しい実験計画法としての単一被験者法の紹介（Ⅱ）………109

第6章　新しい実験計画法としての単一被験者法の紹介（Ⅲ）………123

第7章　The basic ideas and methods for analytical evaluation of
　　　　experimental data in single-subject experimental designs ………137

xv

第 8 章 臨床研究における少数被験者法のデータに対する
　　　　時系列分析の妥当性の検討 ……………………………145

第 9 章 群間比較実験計画法の原理と方法の再検討 ……………157

第 10 章 言行不一致の行動分析 ……………………………………165
　　　　オープンプレビュー　桑田繁氏へのコメント　　　久野　能弘
　　　　リプライ　久野コメントへのリプライ　　　　　　桑田　繁

調査報告 ………………………………………………………………195
　　　行動論的音楽療法（Ⅰ） ………………………………………195
　　　音楽演奏における女子音大生の状態不安と特性不安 ………213
　　　要介護高齢者の"尊厳ある生活"への援助に関する研究 ……225
　　　行動ケースワークにおける系統的脱感作法 …………………235
　　　心身症高校生に対する短期の時間制限心理療法 ……………245
　　　大学生のステージフライトへの行動カウンセリング ………251

初出一覧 ………………………………………………………………255

故桑田繁先生の論文集の出版にかかわって ……………………257
　　　　　　　　　　山口県立大学教授　　　　三原　博光

略年譜 …………………………………………………………………260

業績一覧 ………………………………………………………………261

福祉・心理場面における治療効果に関する研究
―桑田遺作集―

第1章

ソーシャル・ワーク実践におけるR＆Dの試み
―0歳児を持つ母親に対する母子相互作用スキル指導プログラムの調査開発例†―

桑田　繁*
芝野松次郎**

I. はじめに

　近年，ソーシャル・ワーク実践（social work practice）において，従来の方法に対する批判を基礎として，より効果的・効率的なソーシャル・ワークを実施しようとする，いくつかの試みが台頭してきている。その1つが，Research & Development（調査開発。以下，R＆Dと略す）である。本論文は，R＆Dが出現するに至るまでの歴史的・論理的背景を明らかにするとともに，Thomas（1978）のR＆D（DR＆U）モデルに沿って実施された調査プログラムの開発例を報告し，ソーシャル・ワーク実践におけるR＆Dの意義について検討する。

II. ソーシャル・ワークにおけるR＆D出現までの背景

1. 伝統的ソーシャル・ワーク実践に対する批判

　1970年代に入り，従来のソーシャル・ワーク実践に対する批判が，次々と登場し始めた。それらは，1）経済性に関する批判，2）対象者に対する批判，3）クライエントの社会的機能についての配慮に関する批判，の3点にまとめることができる（芝野，1984）。以下，簡略に紹介する。
　1）第1の批判は，ソーシャル・ワークの非経済性に対するものであった。従来の

---

†本稿は，第1執筆者の修士論文に加筆し訂正を加えたものである。
*大阪市立大学大学院文学研究科後期博士課程
**関西学院大学社会学部助教授

処遇では，終結までに長時間を要するにもかかわらず，その効果は短期的な処遇法と同一，あるいは，それ以下であった（Fisher, 1973; Reid, 1978a）。特に，ケースワークの効果については，有効性が認められない，という研究結果がほとんどであった（岡本，1986）。この事実に加えて，ドロップ・アウトしなかったクライエントが少数であった事実を考慮すると，ワーカーの多量の時間とエネルギーが，少数のクライエントに対してのみ注がれ，しかもその処遇効果は，要した時間のわりには低く，結果的には多くのクライエントのニーズの充足は，実現されないままであったことになる（秋山，1984）。

　2）第2の批判は，ソーシャル・ワークの対象者の限定や，処遇の適用方法に対するものであった。ソーシャル・ワークは精神分析（psychoanalysis）の影響を強く受けたため（武田，1966, 1980; Fisher, 1978），いわゆるYAVIS（young, attractive, verbal, intelligent, socially successfully）タイプ（Sloane, Stanples, Cristol, Yorkston, & Whipple, 1975）と呼ばれる，社会・経済的に中流以上の，知的で学歴が高く，言語によるコミュニケイションの可能な人々が主な対象者であった。しかし，本来ソーシャル・ワークが対象とすべきは，たとえば，低所得の社会的に広く問題を抱える人々であることが多い。また，YAVISタイプのクライエントに対して適用されてきた方法を，そのまま他のクライエントに使用するのは，不適当であると考えられる。事実，Sloane et al.（1975）は，伝統的処遇法はYAVISタイプのクライエントには有効であるが，その他のクライエントに対する効果は低い，と報告している。

　3）第3の批判は，従来のソーシャル・ワークにおいては，クライエントの社会的機能への配慮が欠如していた点である。伝統的なアプローチでは，クライエントの問題の深層心理的原因の追究，および説明が強調された。また，医学モデルへの依存のために，クライエントの問題はすなわち病理である，という考え方が固定していた。この傾向は，精神分析の影響を強く受けたために生じたのだが，いかなる社会・経済的背景を持つクライエントが，その問題の故に社会生活上，どれだけの不適応を余儀なくされているか，への配慮が欠けていたという問題が指摘される（秋山，1984）。

　特に，ケースワークにおいては，その創設に貢献したRichmondの理論はそもそも，「クライエントの社会的状況，他者との人間関係，社会制度や文化との関係などに重点が置かれ，ケースワークの焦点は個人と環境との社会関係の調整」にあったはず

であり，クライエントを取り巻く社会環境に焦点が置かれていた（岡本，1986, pp. 5-6）。にもかかわらず，その後の歴史的経緯においては，たとえば，Rank の意志心理学を基礎とした機能主義（functionalism）が台頭したものの，基盤となるパーソナリティー理論の違いしか認められず，やはり焦点は，個人のパーソナリティーに置かれていた（宮川，1981）。

しかし，ソーシャル・ワーカーにとって必要なのは，単にクライエントの自己洞察の促進だけではなく，クライエントの問題を社会的文脈において，的確にアセスメントするために必要な知識の開発であり，そこから導きだされる処遇目標の設定と，具体的な手続きに関する知識の開発である。

2．ソーシャル・ワークにおける調査の登場

ソーシャル・ワーク実践が，応用科学としての立場を明確にするためには，前節の諸批判に対して，なんらかの回答を呈示しなければならない。折りから，ソーシャル・ワークの専門職としての責任性（accountability）が主張され始め，ワーカーは専門職としての責任性を，専門職の外部に対して示す必要に迫られるようになった。ここにおいて，自らの行動を観察し，評価するという調査（research）の概念の必要性が強調されるようになった（芝野，1984）。つまり，自らがクライエントに対して実施する処遇を客観的に把握し，評価する作業が求められるようになったわけであり，この作業がいわゆる，調査に他ならない。このようにして，ソーシャル・ワークは調査の採用によって，専門職としての責任性を示すことになった。

しかし，その後採用された調査法は，現場で働くプラクティショナー（practitioner）にとっては有益とは言えないものであるか，あるいは容易に実行し得るものではなかった。たとえば，処遇法の効果測定のために使用される群間比較実験計画法（group comparison experimental designs）では一般に，統制群と実験群の代表値（たとえば算術平均）が算出され，統計的に検定された上，ある有意水準にもとづいて，帰無仮説が棄却，あるいは採択される。しかし，現実の臨床場面では，クライエントは誰1人として平均的ではなく，クライエントの個人差が無視されがちなこの方法によって導き出された調査結果は，プラクティショナーにとって有益な資料とはならない。

また，群間比較実験計画法は，個人の行動を繰り返して測定しないため，処遇結

果のみを重視する。つまり，独立変数に応じたクライエントの行動の変化，処遇の詳細なプロセスが無視されてしまう。しかし臨床現場では，むしろプロセスを徹底的に追究することで処遇の改善・向上が可能となり，効果的なソーシャル・ワーク実践が可能となる。

そこで，群間比較実験計画法に代わって，介入プロセスの諸要素（たとえば，ワーカーの活動，介入に対するワーカーとクライエントの期待の一致など）や，ワーカーやクライエントの社会的背景・性格特性などを独立変数として，介入効果との関係を多変量解析によって分析する，「Grid Model」が使用され始めた。しかし，この方法は，同一の問題を持つクライエント，同一の質を持つワーカーを大量に必要とするため，現場のプラクティショナーにとっては，実施可能な調査法ではなく，効率的なソーシャル・ワークの調査法とは言えなかった（Gottman & Markman, 1978）。

以上のような調査法の変遷を振り返ると，ソーシャル・ワーカーにとって必要な調査法，すなわち，「プラクティショナーが必要としているのは，詳細な介入プロセスの分析を可能にし，それによって介入効果を向上させるように介入プロセスを改善していくのに役立つ調査法である。それはまた，充分に個人差を考慮し得るもので，且つ，日常の実践の中でプラクティショナーが使用できるものである必要がある。言わば洗練されたイディオグラフィック（idiographic）調査法とでもいうような調査法が必要とされる」（芝野，1983, pp. 40-41）。R & D は，こうした条件を満たす可能性を秘めた調査法として注目されている。

3．ソーシャル・ワーク実践におけるR & D

Fisher（1978）は，クライエントの社会的機能に適切な変化を起こし得るような手続きを開発することが，ソーシャル・ワーク実践の向上に真に貢献するとし，有効な手続きの開発によってのみ，ソーシャル・ワーク本来の目的であるクライエントの問題解決の援助が可能である，と主張した。すなわち，狭い意味での「調査（research）」にとどまらず，調査を土台にして，クライエント援助にとって有効な手続きを「開発（development）」していくことが，大きな意味を持つ。

Thomas（1978）は，ネズミ取り器を例に取って，R & D の本質に触れている。「もし，最も人々に必要とされているものが，より良いネズミ取り器であるならば，それを創り出す手段が存在する。機械エンジニアリングや化学エンジニアリング，と

いったいくつかのエンジニアリングの分野がそこに含まれるであろう。もしネズミ取り器が，自動車，飛行機，核エネルギー同様に重要かつ複雑であるならば，（中略）専門のネズミ取り器エンジニアリングが存在してもよいはずである。（中略）エンジニアは新しいテクノロジーを開発させる場合になんらかの方法を持っており，その過程は一般に，Research & Development（R & D）と呼ばれる」(Thomas, 1978, pp. 468-469)。

優秀なネズミ取り器が必要なら，エンジニアリングは，自動車，飛行機などの開発と同様に，効果的なネズミ取り器の開発に力を注ぐはずである。それは新しいテクノロジーを開発して行く過程であり，この開発過程が R & D と呼ばれる。この過程を通じて行われるテクノロジーの創造はイノベーションであり，ソーシャル・ワークにとっての R & D の目的は，介入のイノベーションを生み出していくことに他ならない（Thomas, 1978）。そして，「実は今日ソーシャル・ワーク実践が最も必要としているのは，この新しい有効なテクノロジーの開発であり，イノベーションなのである」（芝野，1984, pp. 68）。

従来のソーシャル・ワークにおける調査法は，手本とした行動科学における調査が手続きの開発よりは，現象を説明することに終始していたため，ソーシャル・ワーカーの活動に役立つような，実践指向型の調査ではなかった。これに対してR & D は，単なる現象を扱うのではなく，繰り返し調査を実施することによって，手続きを開発することに大きな重点が置かれる。

4．Thomas の DR & U モデル

1970年代後半に，Reid (1978b), Thomas (1978), Rothman (1980) らによって，R & D モデルが提起された。本節ではこのうち，Thomas (1978) の R & D モデルに焦点を当て，その特徴を明らかにする。彼の R & D モデルは，「Development Research and Its Utilization（以下，DR & U と略す）」と呼ばれ，5つの開発段階から成っている（図1参照）。

第1段階；問題の選択・分析（Analysis）

この段階における目標は，問題の選択と分析である。いま，何が人々の社会生活の中で問題，あるいは障害となっているのか，つまり，現在の人々の社会生活上のニーズを選び出す。そして，人々のニーズの中から，プログラムの開発を必要とす

るものを選出し，分析を行う。具体的には，既存の調査結果や文献などが情報源となるが，それらが皆無の場合には，独自に実態調査を実施しなければならない。

第2段階；介入手続きの開発（Development）

この段階では第1に，選出されたニーズがこれまでどのように扱われてきたかを知るために，評価・分析を行い，第2にそれにもとづいて，ニーズを充足するのに適切なプログラムのモデルを考案することが目標となる。具体的にはまず，文献研究や現場からの資料，調査結果を通して，選び出された問題を評価・分析する。次に，それらの結果を統合した上で，介入モデルを構築する。ただし，介入モデルは実践可能で，かつ具体的な手続きを持つものでなければならない。

第3段階；手続きの試行・評価（Evaluation）

この段階では，第2段階で構築された介入プログラムを実際に現場で試み，単一被験者実験計画法（single subject experimental designs）などの方法によって，介入モデルの効果を測定・評価する。そして，介入手続きのどの部分がどの程度，効果的であったかのプロセス分析を行う。この場合，効果の低いプログラムであることが判明すれば，問題点を分析した上で再試行・再評価を行う。つまり，サンプルとして選ばれた人々を対象としてプログラムを実施し，人々のニーズが満たされたかどうか（効果）を評価した上で，プログラムがニーズを満たしていないことが判明すれば，プログラムのどの部分が問題であるかを調査結果から分析し，修正を加える。そして，修正したプログラムを再び実践し，効果が再測定される。この過程を繰り返しながら，より効果的なプログラムへと作り上げていく。

第4段階；手続きの宣伝（Diffusion）

この段階の目標は，第3段階で完成した介入モデルを1つの有効な社会資源として，ソーシャル・ワーカーおよび一般の人々に広く知らしめるために，宣伝・普及活動を行うことである。たとえ，介入モデルの効果が実証されていても，その存在が人々に知られていなければ，社会資源とは言えない。宣伝・普及活動の具体例としては，講演，専門雑誌への論文掲載，書物の刊行，学会発表，ワークショップの実施などが考えられる。

第5段階；採用・実施（Adoption）

この段階では，ソーシャル・ワーカーが実際に現場で介入モデルを使用できるように，実地に指導を行うことが目標となる。その結果，第4段階における宣伝・紹

```
            ┌─────┐
            │第1段階│  問題の選択・分析
            └──┬──┘
               ↓
         ┌─────┐
         │第2段階│
         └──┬──┐────┐
            ↓  │第2段階│
         ┌─────┐└──┬──┐────┐
         │第3段階│   ↓  │第2段階│  介入手続きの開発
         └──┬──┘┌─────┐└──┬──┘
            ↓   │第3段階│   ↓
                └──┬──┘┌─────┐
                   ↓   │第3段階│  手続きの試行・評価
                       └──┬──┘
                          ↓   介入手続きの完成
                       ┌─────┐
                       │第4段階│  手続きの普及・宣伝
                       └──┬──┘
                          ↓
                       ┌─────┐
                       │第5段階│  手続きの採用・実施
                       └─────┘
```

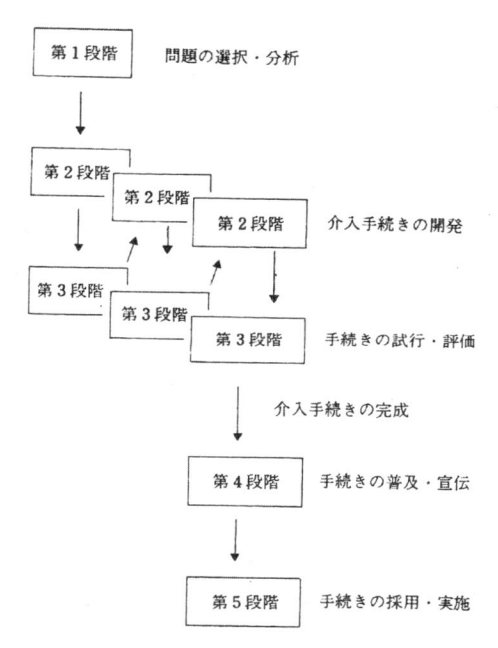

図1　DR & U モデルの進行過程

第3段階において，介入手続きの効果が認められない場合には，第2段階へ戻って，手続きの再開発を行い，再び第3段階で試行・評価される。この作業を繰り返し，手続きが完成すれば，第4段階へと進む。

介を経た介入モデルは，現場に即した修正が加えられながら，コミュニティの中で実践され，有効な社会資源の1つとして定着するようになる。

以上から明らかなように，Thomas の DR & U は単にテクノロジーの開発だけでなく，その普及過程が考慮され，最終的には，現場のプラクティショナーによる介入手続きの使用が意図されている点に特徴がある。この点において，他の R & D モデルよりも優れていると考えられ，より有効な手続きを開発できる可能性が高い。

ここまでソーシャル・ワークにおいて，R & D が出現するまでの歴史的な背景や，その必然性について論じてきた。次章においては，Thomas（1978）の DR & U に基づいて実施された調査プログラムの実践開発例を報告する。まず第1段階として，問題が選択・分析され，次に第2段階として，介入モデルが開発される。

III. 問題の選択・分析（第1段階）と介入手続きの開発（第2段階）
―乳幼児期の母子相互作用―

1. 乳幼児発達心理学における母子相互作用研究の近年の動向

乳幼児期の母子相互作用を促進するための介入手続きを，R＆Dモデルに沿って，積極的に開発する必要性が生じてきた。

小児医療においては心身症が増加した結果，心身症専門外来が登場した。また学校教育現場では，登校拒否・非行を初めとする，情緒障害・非社会的行動の問題が多発している（図2および図3参照）。

これらの問題の原因の1つとして，乳幼児期の環境が指摘されている。中でも特に，乳幼児期における健常な母子関係が，後の心身の発達に大きく影響することが知られている（藤永，1978）。近年，乳幼児発達心理学は転換期を迎えている。たとえば，三宅・陳（1981a）は，従来の発達の考え方は静的なものであり，個体と環境とのダイナミックな関係が考慮されていなかった，と指摘した上で，「近年においては発達は個体と環境との間に時間の流れにおいて展開する相互作用の過程であるとする考え方が広く認められるようになり，発達初期における諸特徴と後のそれらとの関係を時間を単純に結びつけることで発達の連続性，安定性を問題とするのではなく，変化のメカニズムを過程を追って解明しようとする傾向が強くなってきた」と述べている（三宅・陳，1981a, pp. 159）。

つまり，乳幼児を受動的な存在と見なす視点から，環境との相互作用の中で発達が展開されるという視点への転換がなされ，乳幼児と環境，特に母親との相互作用に重点が置かれ始めた。人生初期の経験が，後の発達に多大な影響を及ぼすという考え方は新しいものではなく，たとえば，Harlow（1962, 1971）によるアカゲザルを被験体とした社会的隔離（social deprivation）の実験や，糸魚川（1982, 1984）による初期経験の実験などにより，その効果が実証されてきた。しかし，現在，発達心理学において実際に乳幼児と母親との相互作用を継時的に観察・実験することによって，積極的に研究され始めた事実は注目に値する。母子の相互作用の中でも特に，母子間のアタッチメントが，健全な発達の大きな要因であるという事実が報告されている（小林，1983）。

従来の研究結果を総合して，三宅（1981）は，周産期においてなんらかの障害が

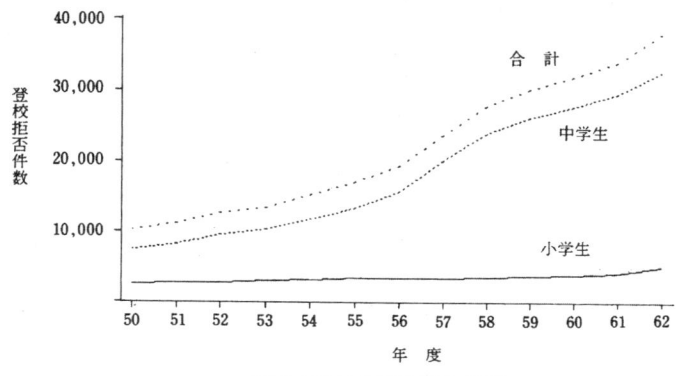

図2　登校拒否件数の推移

横軸は年度，縦軸は登校拒否件数を表す。小学生，中学生，およびその合計のグラフが示されている（昭和63年度青少年白書，P.334，3-3-2表をグラフ化したもの）。

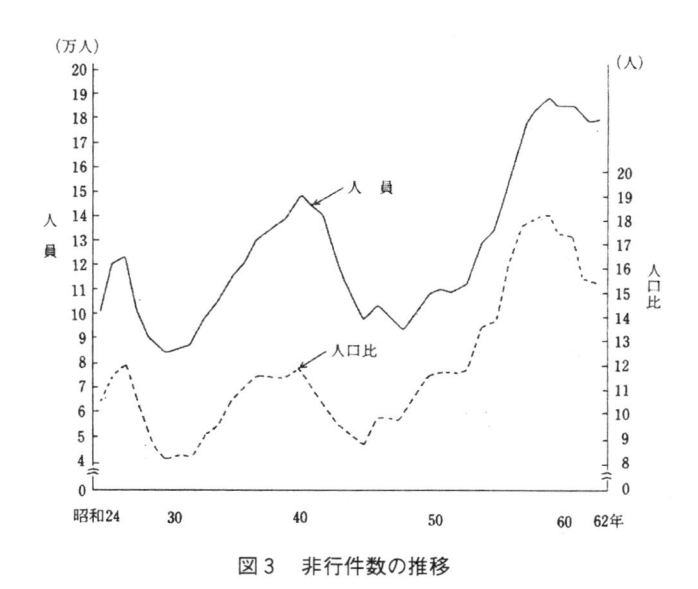

図3　非行件数の推移

横軸は年度，縦軸は主要刑法犯で補導されたものの人員（左），および人口比（右）を表す（昭和63年度青少年白書，P.217，2-5-1図より引用）。

第1章　ソーシャル・ワーク実践におけるR&Dの試み　　9

見られたとしても，出生後の家庭的・社会的要因がそれを上回るくらいに効果的であるならば，発達に大きな障害を残さない，と述べている。つまり，たとえ生得的に扱いにくい子どもであっても，母親を初めとした，子供を取り巻く環境側の対応によって修正可能なのである。

ここにおいて筆者は，ソーシャル・ワーク実践の立場から，乳児期の母子相互作用を積極的に取り上げ，R&Dの観点からその介入手続きを開発する必要性がある，と考える。それは，青少年の情緒障害・非社会的行動が問題視されている現在の状況の中で，乳幼児期の母子相互作用が後の発達に，好影響を及ぼす事実が報告されているからであり，母親の乳児に対する行動を修正することで，将来生じる可能性を有する障害を，予防できる可能性が高まるからである。つまり，乳児期の健全な母子相互作用の形成が，青少年期の情緒障害の予防へとつながる可能性が高い。

以上のように，現状の問題を分析した結果，ソーシャル・ワーク実践の立場から介入する手続きを開発する必要性が認められた。このような援助サービスは現在，資源として不十分であることが指摘されている（芝野ら，1990）。

次の段階では，母親に対して，乳児との適切な相互作用を行うスキルを教授するための介入手続きを開発することになる。次の2つの節では，第2段階として，介入手続きの基本的な考え方と，介入モデルについて論じる。

2. 介入手続きの基本原理としての行動分析学理論

介入手続きは，行動分析学（behavior analysis）理論にもとづいて考案された。

1960年代後半から1970年代にかけて，ケースワークの新しい1分野として行動変容（behavior modification）アプローチが出現した（Aronowits & Weinberg, 1966; Thomas, 1968; 武田, 1971; 芝野, 1976）。今回の介入手続きの基本原理としては，次の3つの理由により，行動変容アプローチの基礎理論である行動分析学の理論が適当である，と考えられる。

1点目は，行動分析学ではオペラント条件づけ（operant conditioning）を中心とする厳密な基礎実験から，行動の予測と制御に関する膨大なデータが報告されているため（Skinner, 1938; Ferster & Skinner, 1957），相互作用スキルの形成・維持に関して，より具体的な手続きを提供できる点にある。

2点目は，母親と乳幼児との相互作用が，行動分析学の枠組みによって，すでに

分析されている点である。Bijou & Baer（1961, 1965, 1978）は，行動分析学のパラダイムを用いて，子供の発達を詳細に分析している。

3点目は応用行動分析において，親を訓練者としたプログラムが多数報告されており，いくつかの手続きが開発されている点である（Miller, 1975; Shibano, 1983）。これらの理由により今回，行動分析学理論を基本とした介入手続きが開発されることになった。

3．行動分析学理論による母子相互作用の分析

母子相互作用とは，時間軸に沿って展開される，母親の行動と乳児の行動との連鎖と考えられる。これを行動分析学における，3項強化随伴性（three-term contingency）によって分析するならば，母親の行動—乳児の行動—母親の行動という環（link）を，1つの分析単位と考えることができる。

そしてここでは，乳児（あるいは母親）が高い頻度で母親（あるいは乳児）に対する接近・注目行動を行っているほど，活発なアタッチメントであると定義する。乳児のアタッチメント行動を引き出すためには，その接近・注目行動に対する母親の強化操作が必要であり，母親に対して，主にオペラント強化（operant reinforcement）を中心とした行動分析学の知識を教授する必要がある。また，知識の獲得がすなわち行動の獲得ではないという報告がなされているため（Bandura, 1977），単なる知識だけではなく，知識を行動に移せるように指導する必要がある。

4．介入手続きの原案

以下においては，具体的な介入手続きについて紹介する。まず，0歳児を持つ母親を対象とすることにした。プログラムの系統的な開発の最初の試みとして，もっとも低い年齢の子供を持つ母親が選ばれた。ただし，月齢が低過ぎる乳児では，外的な刺激に対する反応が過小であることが予想されるため，最低限6ヵ月以上の月齢の乳児を持つ母親を対象とした。

母親数は，講義および託児の面も考えて，10名前後が適当となった。セッティングとしては，10名前後の母親を収容することが可能な講義室や，ビデオ教材の使用可能なディスプレイ，乳児を預かることのできる託児室の設置が必須であった。プログラムの実施時間・期間は，母子への負担を考えて，1セッションを約1時間30

分とし，週に１セッションの計５セッションを実施することとした。セッション開始時間は，乳児の昼寝後の時間帯が適当であると考え，3:00 p.m.に設定した。

　スタッフとしてはまず，プログラムの進行・講義を担当するチーフ・トレイナーを，本論文の第２執筆者である芝野が担当した。その他に，乳児を託児するスタッフとして，複数の女性スタッフが必要であった。また，乳児を持つ母親を対象としたプログラムである点から，小児科の医師による講演を１セッション設けることにした。そこでは，ソーシャル・ワーカーではカバーできない医学的な知識を教授することが意図された。講師には，小児科領域で情緒障害の問題に取り組んでいる女性医師を招へいすることとした。

　教授する知識としては，強化，強化子（reinforcers），消去（extinction），刺激性制御（stimulus control），弁別刺激（discriminative stimuli），強化スケジュール（schedules of reinforcement）などが必須であった。いずれも行動分析学の基本知識であり，児童の発達は，これらの専門用語によって分析されている（Bijou & Baer, 1978）。

　５セッションのうち，初回セッションと最終セッションは，母親のアセスメントに割り当てることにした。プログラムの効果の測度としては，母親の乳児に対する行動と，育児に有益な行動分析学的な知識であった。相互作用行動に関しては，実際に母親と乳児を10分間自由に遊ばせ，その行動をビデオに記録することにした。これは後で行動観察を行い，分析することにした。

　母親の行動分析学的な原理に対する知識は，筆記テストによって測定することにした。具体的にはKBPAC（Knowledge of behavioral principles as applied to children. O'dell, 1974：三好，1979）の修正版が使用された。また，プログラムの直接の測度とは言えないが，母親の心理面の変化を検討するために，乳児および自分自身に対する心理的態度を測るテストとして，HUDSON SCALE（Hudson, 1982）を使用した（KBPACおよびHUDSON SCALEについては後述する）。初回セッションをプリ・テスト，最終セッションをポスト・テストとし，各測定値を比較することによって，プログラムの効果を検討することとした。その詳細は，次章で述べる。

Ⅳ. 0歳児を持つ母親に対する母子相互作用スキル短期指導プログラムの実践
―手続きの試行・評価（第3段階）―

1. 方　法
1）対象
　0歳の乳児を持つ母親6名。母親の年齢の範囲は26～36歳，乳児は4～10カ月であった（表1参照）。母親は，パンフレットの配布によって募集した。対象児は6カ月以上の乳児の予定であったが，応募の中に4カ月児がいたため，これも対象とした。

2）調査材料
①ビデオ教材。
②プログラム進行用冊子1部（資料1参照）。
③KBPACの修正版1部（資料2参照）。
④HUDSON SCALE 2部（資料3，4参照）。
⑤プログラム評価用紙1部（資料5参照）。
⑥ビデオ・カメラ機器2台。

3）セッティング
　大阪市内の民間の社会福祉機関を使用した。約10×15mの遊戯室の半分を講義室とし，残りを託児室として使用した（図4参照）。講義室にはテレビが設置され，ビデオが放映可能であった。託児室には，複数の女性スタッフが乳児を託児した。ビデオ撮影には約2×4mの別室が使用された。

4）手続き
　1週1セッションとし，計5セッションが実施された。1セッションは約1時間30分とし，各セッションは3：00～4：00 p.m.にかけて行われた。各セッションにおける手続きの詳細は，資料1に示される。以下には，その概略をまとめる。

第1セッション；プリ・テスト

　「普段通り自由にお子さんと遊んで下さい」という教示を与え，各母親が自由に子供と遊ぶ場面を10分間，ビデオに撮影した。待ち時間を利用して母親に，KBPAC1部，HUDSON SCALE 2部を記入してもらった。KBPAC修正版（資料2参照。ア

ンケートⅢ）は，母親の行動分析学理論についての基礎知識を測定するテストである。ただし，KBPAC 原典の 50 項目すべての記入を求めるのは，母親への負担が大きい。また，本プログラムで教授されない知識を問う項目も，中に含まれているため，50 項目の中から適当と考えられる 10 項目を選択し，それに任意に作成された新たな 15 項目を付加し，計 25 項目とした。HUDSON SCALE の No.1 （資料 3 参照。アンケートⅠ）は，母親の子供に対する心理的態度，No.2 （資料 4 参照。アンケートⅡ）は，母親の自分自身に対する心理的態度を測定するテストである。2 部ともに 25 項目の質問から成っており，筆者らによって翻訳された。

第 2 セッション；行動分析学の基礎理論の説明

編集したビデオ教材が使用された。これは，次の 2 箇所の場面から成っていた。第 1 は，母親の微妙な感情によって，胎児の動きが影響を受ける事実が，超音波スキャンによって測定される様子である。母親の心理的動揺によって，胎児の動きが不安定になる場面，逆に，母親の落ち着きによって胎児の動きも安定する場面が示された。第 2 は，母親の呼びかけによって，乳児の反応が変化する事実を，乳児の顔面の体温を測定することによって示したものである。体温はサーモグラフィーによって測定された。これらの 2 場面をもとにして，胎児の段階で母子の相互作用が始まっている事実，母親の積極的な対応によって乳児の安心行動や母親への接近行動が生じ，後の発達に健全な影響を与える母子相互作用が始まる事実が説明された。その後，行動分析学理論の基礎（強化・強化子・強化随伴性・弁別刺激・強化スケジュール・負の強化・消去・罰）が，日常例を通して説明された。

第 3 セッション；ビデオによる観察学習

第 1 セッションで撮影した各母親のビデオを，ディスプレイ上に呈示した上で，「手がかり—行動—結果」に焦点を置きながら，第 2 セッションで説明した基礎知識が再度，説明された。最後の約 10 分間では，「今説明したことを 1 度実際にお子さんを相手にして実演してみて下さい」という教示を与え，母親により実際に，自分の子供を対象とした行動リハーサルが実施された。

第 4 セッション；医師による医学的質疑応答

女性医師により，適切な病院・医者の選択方法についての講義がなされた。病院・医者は重要な社会資源であり，積極的かつ有効な使用が望まれる。特にこの点に留意しながら，講義が行われた。また，育児上の医学的疑問や，乳児の健康全般

表1　対象となった母親および乳児

Mo.	母親の年齢	乳児の月齢	性　別	出生時体重(g)	第( )子	授　乳
1	30	6	女	2,850	1	母　乳
2	31	10	女	2,878	4	ミルク
3	26	7	男	3,350	1	母　乳
4	33	4	女	3,050	2	母　乳
5	36	5	男	4,330	4	母　乳
6	30	10	男	3,010	1	母　乳
$\bar{x}$	31.00	7.00	男3人	3244.67		母　乳 5人
SD	3.35	2.53	女3人	560.75		ミルク 1人

横軸は母親の年齢，乳児の月齢，乳児の性別，出生時体重，出生順位，授乳を示し，縦軸は各母親を示す。下の2段は，全体の平均，および標準偏差である。

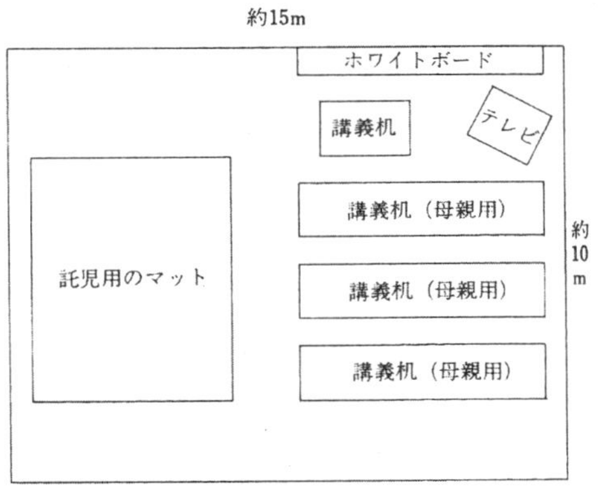

図4　講義室・託児室の見取図

に関する質疑応答が交わされた。

第5セッション；ポスト・テスト

第1セッションと同様に，10分間のビデオ撮影，およびHUDSON SCALE・KBPACの記入が実施された。最後に母親に対して，プログラム評価用紙（資料5参照。アンケートⅣ）の記入を求めた。

第1・5セッション時に撮影したビデオは，プログラムとは無関係な2名の観察者によって行動観察がなされた。行動は，次の分類にしたがって観察された。母親の行動については，身体接触行動（子供の体をゆする，抱きあげる行動），正の遠隔行動（見つめる，微笑む，呼名，声がけをする行動），負の操作行動（叱る，荒っぽく扱う，叩く行動），中性的行動（気づかない，見るが無表情という行動）。子供の行動については，定位行動（母親を見る，母親の声の方向を向く行動），信号行動（泣く，微笑む，呼びかける行動），接近行動（しがみつく，吸う，母親の方向に手を伸ばす行動），安心行動（探索する行動）。

分析には10秒単位のinterval recording法が使用され，観察者間一致度はpoint-by-point agreementにより算出された（Kazdin, 1982）。プリ・テスト時の平均一致度は94.2％，ポスト・テスト時の平均一致度は95.5％であり，全体の平均は94.8％であった。Kappa（Cohen, 1965; 成田, 1986）による信頼度係数は，プリ・テスト時の平均は0.92，ポスト・テスト時の平均は0.94であり，全体の平均は0.93であった。

2．結　果

図5では，プログラム開始前・終了時の母親および乳児の行動の変化が，母親別に示される。ただし，母親の行動のうち，正の遠隔行動はほぼ100％，負の操作行動と中性的行動はほぼ0％であり，乳児の行動のうち，安心行動はほぼ100％であったため，これらは図示されない。母親の身体接触行動（図中のP）はプログラム実施前後で，母親1では72％→95％，母親3では15％→57％へと増加している。その他，母親2では35％→15％，母親4では72％→55％，母親5では71％→37％，母親6では22％→2％へと減少している。

乳児の行動については，定位行動（O）に関して，母親1の乳児は6％→25％，母親3の乳児は13％→17％，母親4の乳児は7％→15％へと増加した。ただし，母親2の乳児の定位行動は37％→30％へと減少，母親5の乳児は2％→2％で変

図5　各母親および乳児の行動生起の推移

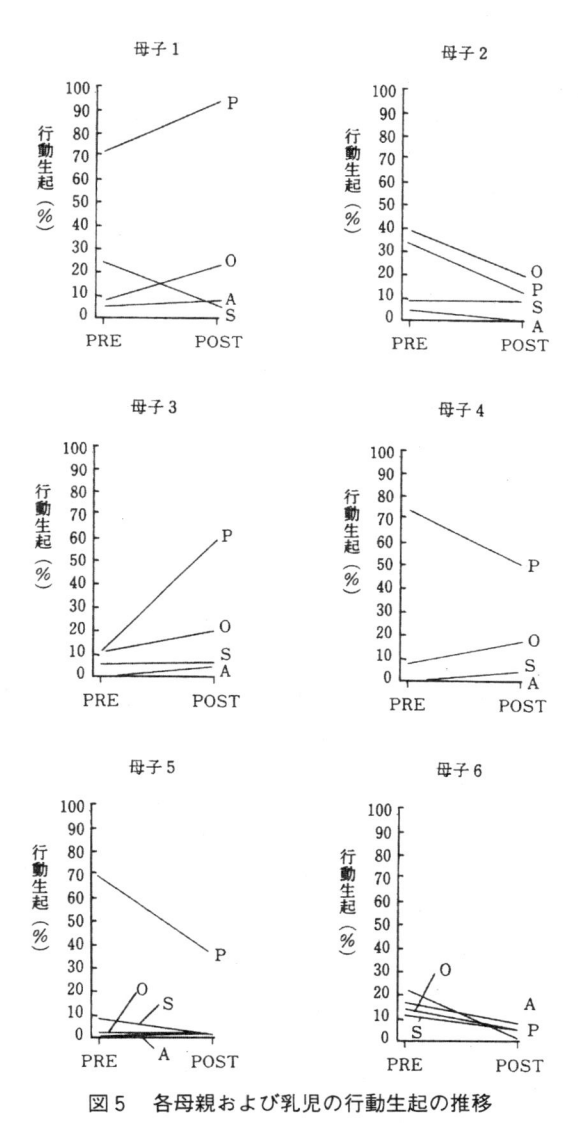

横軸はプリ・テストとポスト・テスト，縦軸は行動が生起した割合（％）を表す。Pは母親の身体接触行動，Oは乳児の定位行動，Aは乳児の接近行動，Sは乳児の信号行動を表す。

化なし，母親6の乳児は12％→5％へと減少している。その他の行動については，母子ともに大きな増減は認められない。母親の正の遠隔行動および乳児の安心行動がほぼ100％である以外は，母子ともに行動が比較的低率である。

表2は，修正KBPAC，およびHUDSON SCALEのNo.1とNo.2の，プリ・テスト―ポスト・テスト間の得点の推移を，母親別に示している。修正KBPACは25点満点であり，点数が高いほど，行動分析学の知識があると判断される。母親3を除いてはいずれも，得点が上昇している。平均値は12.50から15.00点へと増加した。得点の減少した母親3も，プログラム前後の得点差は1点であり，ほぼ変化なしと判断することができる。

HUDSON SCALEは，基本的にはそれぞれの項目の点数を合計するが，特定の項目についてのみ，5点を1点，4点を2点といったように，点数を反転させて合計する。この合計点から，25を引くことによって，HUDSON SCALEの値が求められる。No.1，No.2ともに上限が100点，下限が0点である。この点数が高ければ高いほど，No.1では子どもに対して，No.2では自分自身に対してネガティブな感情を抱いていることになり，臨床的には30点以下が健常な範囲であるとされている（Hudson, 1982）。

HUDSON SCALEのNo.1では，どの母親の得点も減少している。また，平均値は16.33から11.83点へと減少した。すべての母親が，プリ・テスト時点で30点以下の点数を示しており（平均は16.33），母親の子どもに対する気持ちは健常な範囲であることがわかる。

HUDSON SCALEのNo.2では，母親3および4を除いて，いずれの母親の得点も減少している。全体の平均値は18.83から16.67点へと減少している上に，得点の増加した2人の母親の，プリ・テストとポスト・テスト間の得点差は1点であるため，この2人については，プログラム実施前後でほぼ，変化がなかったと見なすことができる。

これらの結果について，プリ・テストとポスト・テストとの間で，対応のあるt検定を用いた有意差検定を行った。その結果，修正KBPACの平均値に関して，プリ・テストとポスト・テスト間で，危険率10％の両側検定で，有意差が認められた（$t = 2.29$, $df = 5$, $0.05 < p < 0.10$）。HUDSON SCALEのNo.1については，危険率1％で有意差が見られた（$t = 4.69$, $df = 5$, $p < 0.01$）。HUDSON SCALEのNo.

表2 修正 KBPAC・HUDSON SCALE の推移

Mo.	HUDSON SCALE (No.1) PRE	HUDSON SCALE (No.1) POST	HUDSON SCALE (No.2) PRE	HUDSON SCALE (No.2) POST	KBPAC PRE	KBPAC POST
1	13	5	14	8	12	15
2	21	17	33	31	13	16
3	17	13	13	14	14	13
4	9	8	22	23	8	15
5	18	14	17	14	15	17
6	20	14	14	10	13	14
$\bar{x}$	16.33	11.83	18.83	16.67	12.50	15.00
SD	4.55	4.45	7.68	8.71	2.43	1.41
Range	9〜21	5〜17	13〜33	10〜31	8〜15	13〜17

横軸は KBPAC・HUDSON SCALE のプリ・テストとポスト・テストを示し、縦軸は各母親を示す。下の2段は、全体平均、標準偏差、および範囲である。

2については、有意差は認められなかった（t＝1.90, df＝5, 0.10＜p＜0.20）。通常の統計的検定では、5％の危険率をもって、帰無仮説の採択・棄却が決定されることが多い。しかし今回は、実施されたプログラムが開発的特徴を持つ点に留意した。他の調査と同様に、5％という小さな危険率を採用する場合、現段階では効果的とは言えないが、開発の結果、将来的には母子相互作用の促進に対して、効果を持つ変数を削除してしまう結果となる。したがって、10％の危険率を帰無仮説の採択・棄却の基準とした。

　表3では、修正 KBPAC の得点の上昇（減少）経過が分析されている。横軸は項目、縦軸は各母親を表す。○はプリ・テスト時の正答、●はプリ・テストでは不正答であったが、ポスト・テストでは正答であった項目を示している。＊は、プリ・テストでは正答していたにもかかわらず、ポスト・テストにおいて不正答であった項目である。たとえば母親6は、プログラム開始前には正答数は13であるが、プログラム終了後には項目10・14・18・24で正答し、その結果、正答数は15と増加している。ただし項目13と25は、プログラム開始前には正答であったにもかかわらず、終了後には不正答であった。

全体的傾向としては，項目1～5および20～21は，プリ・テスト時点ですでに正答が多い。プログラムの実施によって正答数が増加した項目は，7・9・10・14・17・18などである。項目8・12・15・22は，プログラム実施にかかわりなく，正答が少ない。正答数の増加した項目の中には，子どもの問題行動に対する具体的対処手続きを問う設問が含まれている。たとえば，9，14，17，18などがこれに該当する。他方，プログラム実施にかかわらず正答数の少ない項目は，問いかけが比較的，抽象的であり，内容が行動の形成・維持の原理に関係するという特徴があると考えられる。

　表4-1は，プログラム評価用紙（資料5参照）の（1）の各設問に対する母親の答えを表している。質問項目は5個あるが，3）4）の項目を除いては，プログラムは役立ったという意見が多い。項目3）の「今回の講座を受けて育児がより楽しくなりましたか」という問いには，6人中3人が「どちらともいえない」と答えている。また，項目4）の「今回の講座が始まってから，赤ちゃんの行動になんらかの好ましい変化が見られましたか」という問いには，「いいえ」と答えた母親は，6人中5人であった。

　表4-2は，プログラム評価用紙の（2）の各項目に対する，母親の評価点数を反転させた結果である。たとえば，1点は5点，2点は4点，へと換算された。この点数が高いほど，各項目に対して，母親によりポジティブな評価が下されたことになる。項目の1（内容が分かりやすい），4（ビデオの教材は役に立った），5（ビデオによるフィードバックは役に立った）については，母親によって，平均4以上に評定されている。これは，プログラムの内容の分かりやすさ，ビデオ教材の有益性，ビデオによるフィードバックの有益性が高かったことを示している。他方，2（内容が豊富である），3（内容はこれで十分である）についての評価は相対的に低く，プログラム内容の改善の必要性が指摘される。

3．考　察

　まず，母子の行動面の変化，そして，母親の知識・心理面の変化（KBPACおよびHUDSON SCALEの結果），の2点について考察する。次に，本プログラムの問題点を，プログラムの内容に関する問題点と，行動観察法に関する問題点，とに分け，考察する。

表3 修正KBPACの項目別の調査結果

Mo.\Item	1	2	3	4	5	6	7	8	9	10	11	12	13	14	15	16	17	18	19	20	21	22	23	24	25
1		○		○	○	○	●		○	●	○		○	●		○		○				●			○
2	○	○	○	○	○				●	●			○			○	○	○		○	○			○	○
3		○	○		○	○			○		●		○		○			○	○	○	○	○	*		
4	○	●	○		○				●				●	●		○	●				○	○	○		
5		○	○	○	○	●	●				○							●		●	○	○			
6	○	○		○			○		○	*	●	○		●	●	○	○		○	○	○		●	*	
	4	6	5	5	5	5	3	0	6	3	4	0	5	4	1	4	2	6	2	6	6	1	5	3	4

横にはKBPACの各項目（1～25），縦には各母親（1～6）が取られている。○はプリ・テスト時の正答項目，●はプリ・テストでは不正答であったが，ポスト・テストでは正答であった項目を表す。*はプリ・テストでは正答であったにもかかわらず，ポスト・テストでは不正答であった項目である。1番下の段は，ポスト・テスト時の各項目の正答者数を表す（たとえば，項目1は4人，項目2は6人）。

表4-1 母親によるプログラム評価の結果

質問項目 ＼ （人）	はい	いいえ	どちらともいえない
1) 今回の講座は赤ちゃんをよりよく理解するのに役立ちましたか	6	0	0
2) 今回の講座は赤ちゃんとの関係をより良くするのに役立ちましたか	5	0	1
3) 今回の講座を受けて育児がより楽しくなりましたか	3	0	3
4) 今回の講座が始まってから，赤ちゃんの行動になんらかの好ましい変化が見られましたか	1	5	—
5) 今回の講座が始まってから，自分の行動になんらかの好ましい変化が見られましたか	6	0	—

表4-2 母親によるプログラム評価の結果

	1. 内容が分かりやすい	2. 内容が豊富である	3. 内容はこれで十分である	4. ビデオの教材は役に立った	5. ビデオによるフィードバックは役に立った
$\bar{x}$	4.00	3.17	2.17	4.00	4.17
SD	0.89	1.17	1.17	0.63	1.17
RANGE	3～5	2～5	1～4	3～5	2～5

5段階評定によるプログラム評価の結果を表す。横軸には各設問，縦軸には平均，標準偏差値，範囲を示している。

1）母親および乳児の行動の変化について（図5参照）

　今回のプログラムにおける主要な従属変数の1つは，母親の行動である。しかし，母親の行動は乳児の行動によっても影響を受ける。したがって本節では，母親と乳児の行動を同時に分析し，考察する。

　母親1・3はともに，身体接触行動が増加した。これらの母親の乳児の行動的特徴としては，いずれも，定位行動が増加している点が指摘される。母親の身体接触行動は，乳児の体を揺する，抱きあげる行動であり，乳児の定位行動は，母親を見る，母親の声の方向を見るという行動である。

　今回，使用したinterval recording法では，行動の生起順序についての詳細な分析は不可能であるため，各行動の時間的な生起順序は不明である。しかし，乳児の定位行動の増加と母親の身体接触行動の増加との間に，ある程度の相関が存在するという可能性は示唆される。この場合，乳児の定位行動の生起に後続して，母親が身体接触を行っているならば，強化的な対応と言える。また，乳児の定位行動の生起に先行した身体接触は，乳児の行動を引き出す弁別刺激的な機能を持っている，と考えられる。今回のプログラムの目的から考えれば，いずれもが非常に重要な母親の対応と言えるが，それが乳児の定位行動と時間的に接近して生起しているかどうかは，同定されていない。

　母親の身体接触行動・乳児の定位行動以外の行動は，プログラム実施の前後にかかわらず，極めて高率あるいは低率であり，プログラムの効果が顕著とは言えない。原因は，プログラム内容（独立変数）の問題点と，行動観察の方法の問題点とに分けることができる。これらについては，3）4）で，詳細に考察したい。

2）修正KBPAC・HUDSON SCALEの測定結果について（表2・3参照）

　本プログラムの1次的な従属変数は，母親の乳児に対する行動と，行動分析学理論の知識である。行動分析学の知識獲得の程度は，修正KBPACにより測定された。その結果，プリ・テストとポスト・テスト間で有意差が認められた。以下においては，個々の項目について検討する（資料2参照）。プログラム実施後の時点（第5セッション）で，6人の母親のうち，5人以上が正答したのは，項目1，2，3，4，5，6，9，13，18，20，21，23であった。これらに共通の特徴は，結果においても述べたように，実生活上の子供の行動の修正に関する具体的手続きを問う内容の項目である，という点である。たとえば項目3は，「子供が自分から机に向かって勉

強しています。親は？」，項目5は，「朝，服を着るときいつもぐずる子供がいます。親はどうすればいいでしょう？」という設問である。

　プリ・テストでは正答ではなかったが，ポスト・テストでは正答が得られた項目についても，7とか10のような，プログラムの中心であった正の強化や強化随伴性に関する設問を除けば，たとえば14や17のような，日常場面における具体的な対処法が問われている。これらの事実は，子供の適応行動，あるいは不適応行動に対する具体的な対応方法については，母親はプログラム実施前からある程度，身につけており，本プログラムのような短期間の指導によって容易に獲得可能であることを示唆している。

　他方，項目8と12は，プリ・テストとポスト・テストを通して，いずれの母親も正答していない。これらの項目は，問いかけが抽象的であるだけでなく，行動形成や行動の成立に関する基本的な原理に関わる設問である。このことは，具体的な手続きではなく，行動の基本的な形成機序や原理に関わる知識は，プログラムを実施した後であっても，獲得されにくいことを示唆している，と言えよう。

　項目8と12が不正答であった原因を，プリ・テストとポスト・テストに分けて検討してみたい。まず，プリ・テスト時点で不正答であった原因については，行動分析学的な因果関係の説明と，我々の日常社会に見られる因果関係の説明との間隙が考えられる。たとえば，ある子供が勉強しようとしない場合，行動分析学は，外的な刺激との関係において，強化や罰といった言葉で，その行動を説明する（佐藤，1976）。しかし，我々の日常の生活場面では，たとえば「やる気がないからだ」という説明がなされることが多い。行動分析学の立場からは，「やる気」それ自体がそもそも，説明の手段に使われるべきものではなく，行動に対するラベルに過ぎない，と主張する（Skinner, 1969; 佐藤, 1987）。しかしながら，現実には，本来説明されるべきはずのものを用いて，ある現象を説明しようとする傾向が流布している。このような両者の間隙により，子供の行動に対して行動分析学的な説明が正答とされる項目では，正答者がゼロであったと考えられる。

　次に，ポスト・テスト時においてもなお，項目8と12が不正答であった原因としては，プログラムの手続きが効果的でなかった，という点が指摘される。中でも，今回のプログラムの内容が母親の理解を得ることを優先させ，具体性を強調した内容であった点を指摘しておく必要がある。講義に際しては，抽象的な表現は避け，

日常場面の具体例が数多く示された。そのため，具体的・現実的な箇所だけが伝わった可能性がある。ただ，プログラムの目的は，行動に関する基本的な原理を母親に獲得させることである。母親が行動形成・維持・消去手続きの基本原理を十分に理解し，状況に合わせて自分なりに応用し，育児に役立てることができるようになれば，そのプログラムは有益な社会資源であると結論できる。このような本来の目的から考えれば，プログラム実施後には，行動の基本原理を問う項目について，正答が得られなければならない。

以上から，次の2点が指摘される。第1に，手続きや具体的な対処法に関する知識については，今回のような，短期間のプログラムでも，獲得可能である。第2に，母親の行動原理についての知識は，プログラム実施前から低く，プログラム実施によっても獲得されない。これらの点については，考察の3）でさらに検討する。

次に，HUDSON SCALE の結果について考察する。プログラムの1次的な従属変数は，母親の行動と知識であるため，HUDSON SCALE は直接の従属変数とは言えない。したがって，「proxy variable」(Gottman & Leiblum, 1974) として位置づけられる。しかし，視点を変えるならば，これは，プログラム効果の波及の度合を測定するテストである，と言える。したがって，間接的ではあるが，プリ・テストの有用性を支持する資料である，と考えられる。

HUDSON SCALE の No.1 の得点は，プログラム実施前後の比較において，有意差が見られた。他方，No.2 では得点は減少したものの，有意差には至らなかった（表2参照）。この原因としては，HUDSON SCALE の No.1 が，母親の自分の子供に対する心理的態度を測定するテストである，という点が指摘される。母親の子供に対する心理的態度を変容させる意図は，プログラムには積極的には，盛り込まれていなかった。しかし，プログラムに参加することによって，自らの子供をある程度，客観的に観察することができた，という経験や，母子相互作用の仕組みを，ビデオ・講義・ロールプレイングを通して学習した経験により，乳児に対する考え方や態度に，ポジティブな変化が生じたと考えられる。

他方，HUDSON SCALE の No.2 において，大きな変化は認められなかった。HUDSON SCALE の No.2 では，母親の自分自身への心理的態度が測定された。今回のプログラムの目的は，母親を通して，母子相互作用を活性化させ，乳児の発達を促進させることであった。したがって，母親の自分自身に対する気持ちは，直接的

には扱わなかった。測定対象がプログラム内容にまったく関係しない対象であったため，変化がなかったのは当然と言える。

ただし，HUDSON SCALE については，単に，得点が減少すればいいとは限らない。すでに述べたが，臨床的には30点以下が健常とされている。そのため，かりにプリ・テスト時に30点以上の得点を示す，リスキーな母親がいた場合には，ポスト・テスト時に30点以下へと減少しているかどうかを検討することが，重要である。今回の調査では，HUDSON SCALE の No.1 では，30点以上の得点の母親は皆無であった。しかし，No.2 に関しては母親2が，プリ・テスト33点，ポスト・テスト31点であり，プログラム実施後も得点は，30点以下には減少しなかった。この事例は，30点をわずかに上回ったに過ぎず，境界線上にあると考えていいかも知れない。しかし今後，HUDSON SCALE に関して高得点を示す母親が出てきた場合に，個別の対処が必要となることも考えられる。プログラムの基本的な手続きを開発しながら，ケースに応じて個別のケアを実施していくことが必要であろう。

3）プログラムの内容に関する問題点について

本プログラムの結果を，母親の行動の獲得と知識の獲得とに大別して考えるならば，まず行動については，ほとんど改善が見られなかった。観察された母親の行動のうち唯一，身体接触行動の増減が顕著であったが，結局，乳児の定位行動と相関を持つ可能性が示唆されたにとどまった。

他方，修正 KBPAC はプログラムの実施前後で，有意差を示しており，その結果を分析してみると，行動分析学の知識，特に問題行動への対処や適応行動の形成法などに関する知識は，母親によってある程度，獲得されたと考えられる。言い替えるならば，本プログラムは母親の知識をある程度，変容することができたが，その行動を変容するまでには至らなかった。つまり，今回の訓練プログラムは，知識と行動の両方に対して，等しく効果的ではなかった。このことはヒトの学習においては，知識の習得と行動の遂行とは異なる，という指摘（Bandura, 1977）を支持していると考えられる。

以上から指摘される点は，母親の知識面の向上と，その行動面の変容とを明確に区別し，おのおのに有効な処遇のパッケージを開発する必要性である。たとえば今回は，母子相互作用スキルの実質的な指導は2セッション（第2セッションおよび第3セッション）であり，大部分が講義に割り当てられた。母親の行動そのものに

焦点を置いた，たとえば母親自身による乳児を対象としたロール・プレイングなどに，より多くの時間を割く必要があるであろう。モデルの社会的地位は，観察学習の効率に大きな影響を持つことが知られており，年長の保母などのような，乳児を扱う熟練者をモデルに採用すれば，より大きな効果が期待される。いずれにせよ，母親の相互作用スキル行動の獲得に，直接，焦点を置いた手続きを採用する必要がある。ただし同時に，行動形成・維持・消去手続きの基本となる考え方を，分かりやすく説明する必要があるであろう。そして，理解した知識をもとにして，母親が日常生活において，自分なりの応用方法を実践していくことが望まれる。

　最後に，母親によるプログラムへの評価について考察する。プログラム評価用紙の（1）の各質問項目（5個）に対する母親の反応は，比較的ポジティブであった（表4-1参照）。ただし，乳児の行動の変化の有無については，5名の母親が「いいえ」と答えており，母親の行動に改善が見られなかった事実から当然の結果と言えよう。プログラムの内容に対する母親の5段階尺度による評定は，比較的ポジティブなものが多い（表4-2参照）。1．内容の分かりやすさ，4．ビデオ教材の有益性，5．ビデオによるフィードバックの有益性については，「比較的わかりやすい」「比較的役に立った」と評定された。プログラムの内容のうち，特にビデオが，母親には理解しやすいことが指摘される。他方，3．内容はこれで十分である，については，ほとんどの母親がネガティブな評価を下している。本プログラムの不十分さは，客観的指標（母子の行動の変化，KBPAC，HUDSON SCALE）だけでなく，母親の主観的判断によっても，指摘されている，と言える。

　講義内容の分かりにくさは，行動分析学の理論そのものの難解さにも起因するであろうが，多くの原理（強化・強化スケジュール・罰など）を講義の中に盛り込み過ぎたことがもっとも大きな原因であろう。たとえば，講義する内容は強化・強化子・強化随伴性・消去ぐらいにとどめて，日常例を引きながら，より具体的に説明することが要求される。またビデオについても，より分かりやすく母親に呈示するための創意工夫が必要であり，今後の課題である。

　その他の母親の意見としては，「ビデオ撮影の待ち時間がもったいない」「子供を預かってくれるので安心だ」などであった。ビデオ撮影の待ち時間は修正KBPACおよびHUDSON SCALEの記入に当てられたが，時間が余った。この時間の利用方法も，今後の検討課題であろう。また，母親を講義に集中させるためには，乳児の

託児設備は必須である。これは，終日，育児に追われている母親にとっては，精神的・身体的休息の意味も持つと考えられよう。

4）行動観察法の問題点

ここでは，行動観察法に関する問題点を考察する。まず第1に，行動の定義に関する問題である。母親，乳児おのおのについて選定された4つの行動は，母子相互作用を検討する上で妥当であったかどうかに関して，疑問が残る。かりにプログラムの効果によって細かな行動上の変化が生じていたとしても，これらのカテゴリーでは，その変化を評定できなかった可能性が存在するからである。

つまり母子の行動に関する，より敏感なカテゴリーを採用すれば，プログラムの効果は検出することができたかも知れない。敏感なカテゴリーとは単に，その数を増やすことを意味するのではなく，母子間で行われる相互作用の，より critical な成分を検出し得るカテゴリーを指す。そのような行動の分類方法の適切なガイドラインの開発が望まれるが，当面は1つ1つのプログラムを実践する中で，経験的に同定していく他は手段がないと考えられる。

第2は，行動観察法として interval recording 法を使用した点である。今回のプログラムの主要な従属変数は，母親の行動であるが，それは乳児の行動によって変化する。したがって，乳児の行動との関わりにおいて，母親の行動を評定する必要がある。具体的には，乳児の望ましい行動に後続して母親が対応していたかどうか，という点が重視される。そのため，母子の複雑な相互作用の連鎖の中から，「乳児の行動—母親の対応」という単位をより厳密に検出することのできる観察法の採用が望ましい。

interval recording 法であっても行動観察の際に，どの行動が先行（initiate）していたかを記録することは，可能である。しかし，母子相互作用のように両者の行動の記録が必要な場合には，非常に困難である。そのため，Marcov chain （Gottman & Notarius, 1978）のような，一連の複雑な行動の系列を連鎖として抽出する方法の適用が妥当であろう。次回では，initiation のチェックを含んだ interval recording 法による分析と，Marcov chain による分析とを，比較対照させねばならない。

最後に，ビデオ撮影の方法について，検討の余地が指摘される。2台のビデオ・カメラによって撮影が実施されたが，このような状況では母親の緊張は非常に大きかった，と推定される。母親に構えができ，日常生活での母子相互作用が代表され

たとは言えない。母親の行動のうち，負の操作行動がほとんど0％であるのに対して，正の遠隔行動がほぼ100％であったという事実は，ビデオ撮影という特殊な状況に起因する可能性が大きい。可能なかぎり母親の緊張度を減少し，日常場面に近い状況を設定する必要があろう。

4．調査プログラムのその後の経過

今回のプログラムは，母親の行動の修正に関しては充分な成果を上げることができなかった。介入モデルの改善が不可欠である。これまで指摘した問題点を考慮しながら，改善案を作り，プログラムを再試行しなければならない。現段階は，DR & Uモデルの第3段階であり，介入手続きの改善が続けられねばならない。

こうした改善が完了すると，第4段階として，完成した介入モデルを宣伝・普及させることになる。宣伝・普及のためには，完成した介入モデルを，マニュアル化する必要が出てくる。たとえば，プログラムの内容を分かりやすく書いた小冊子や，プログラムを実施する手順を示すマニュアル，そして，プログラムの進行を映像化したビデオなどを作成し，1つのパッケージとしてまとめる。こうしたパッケージがあれば，種々の現場で誰でもすぐに，プログラムを実行することが可能となり，第5段階として，各種の機関における使用へとつながることになる。

前述のように，本調査プログラムが実施された時点は，Thomas（1978）のDR & Uの第3段階（手続きの試行・評価）の途中に位置していた。しかしその後，芝野ら（1990）によって，今回の方法に大幅な改善・修正が加えられ，0歳児を持つ母親に対する介入手続きの調査開発が完成された。

また，やはりDR & Uモデルに基づき，対象児を1歳半児としたプログラム，そして3歳児に対するプログラムも，新たに開発されている。今回のプログラムが，母子相互作用の活性化を通して，乳児の発達を促進することを目的としたのに対し，芝野らのプログラムは母親に焦点を当て，育児不安の軽減を目的としている点に違いがある。しかし，両プログラムともに，乳児の後年の問題行動の予防的意義を強調している点に相違はない。介入プログラムの開発は進み，現在，DR & Uの第4段階にあり，マニュアルが作成されるとともに，プログラムの進行をコンパクトに示したプロモーション・ビデオも作成されている。

V. まとめ

　本論文では基本的な視点を,「効果的なソーシャル・ワーク実践」に置き, R＆Dの実践例について述べた。白紙の状態から出発した調査開発プログラムであり, 多くの反省点の中から有益な指針もいくつか得られた。プログラムの実践において必要なのは, ただ問題点を列挙するだけでなく, 調査によって得たデータを詳細に分析することによって, どの変数が効果的・非効果的であったかを明確にし, 以降のプログラム実施のためのより良き指針を産出していく作業であろう。この作業を繰り返すことによって, 効果的な手続きを開発していくのが, ソーシャル・ワーカーの取るべき態度であると考えられる。その中から, 効果的なソーシャル・ワーク実践が生まれる, と考えられるし, このような有用なテクノロジーの開発過程そのものが, R＆Dに他ならない。

　従来のソーシャル・ワークは, 精神分析の影響を強く受けたため, 処遇効果の客観的評価に対して消極的であった。しかし, 客観的評価を無視し, 主観的な評価だけを重視する態度, あるいは根本的に評価そのものを否定する態度のために, すでに述べたような, 非効果的な処遇という問題点が指摘される事態となった。ソーシャル・ワークが, 社会のニーズに的確に応え得る社会資源を開発していくためには, 客観的評価を繰り返しながら, より効果の高い処遇手続きを構築していくことが必須である。そのための1つの有効な手段が, R＆Dであると考えられる。

　ソーシャル・ワークにおいて, R＆Dの重要性についての認識が浅い, という点は否めない。今回, 効果的なソーシャル・ワーク実践に貢献する枠組みの1つであるDR＆Uにしたがって, 母子相互作用援助プログラムの開発を試みたが, この調査が何らかの形で, ソーシャル・ワークの躍進に貢献することを期待する。

謝　辞

　今回の調査プログラムは, 多くの人々の助力の上に実施された。プログラム実施の場を提供して下さったミード社会館の岡本千秋館長, スタッフとして援助を惜しまれなかった岩佐美奈子先生はじめ職員の方々, 小児科医としてプログラムに参加して頂いた国井優子医師, データの分析に協力して頂いたミード社会館コミュニティ・ワーカー専門学校, および関西学院大学社会学部芝野ゼミの学生の皆様に, この場を借りて深く感謝の意を表すものである。

引用文献

秋山薊二,：インターベンションへの転換，ソーシャル・ワーク―過程とその展開―，太田義弘・佐藤豊道・秋山薊二・佐々木敏明，海声社，1984.

Aronowitz, E. & Weinberg, D. :The Utilization of Reinforcement Theory in Social Group Practial Group Practice, *Social Service Review*, 40, 390-396, 1966.

Bandura, A. *Social Learning Theory*. Prentice-Hall, 1977, 原野広太郎（監訳），社会的学習理論，金子書房，1979.

Bijou, S. W. & Baer, D. M. *Child Development Vol. 1: A Systematic and Empiriccal Theory*, Appleton-Century-Crofts. 1961. 山口薫・東正（訳）子どもの発達におけるオペラント行動，日本文化科学社，1961.

Bijou, S. W. & Baer, D. N. *Child Development Vol. 2: Universal Stage of Infancy*, Appleton-Century-Crofts. 1965.

Bijou, S. W. & Baer, D. M. *Behavior Analysis of Child Development*, Prentice-Hall, 1978.

Cohen, J.:Some statistical issues in psychological research, In Wolman, B. B. (Ed.) *Handbook of clinical psychology*. McGraw-Hill, 3965,

小林登,：母子相互作用の意義，周産期医学（臨時増刊号），13, 12, 1823.

Ferster, C. B. & Skinner, B. F. *Schedules of Reinforcemwent*. Prentice-Hall, 1957.

Fisher, J. :Is Casework Effective? A Review, *Social Work*, 18, 5-20, 1973.

Fisher, J. *Effective Casework Practice: An Eclectic Approach*. McGraw-Hill, 1978.

Gottman, J. M. & Leiblum, S. R. *How to Do Psychotherapy and How to Evaluate It ― A Manual for Beginners ―*. Holt, Rinehart & Winton, 1974.

Gottman, J. & Markman, H. J. :Experimental Designs In Psychotherapy Research, In Gorfield, S. L. & Bergin, A. E. (Eds) *Handbook of Psychotherapy and Behavior Change: An Empirical Analysis*. John Wiley & Sons, 1978.

Gottman, K. M. & Notarius, C. :Sequential Analysis of Observational Data Using Markov Chains, In Kratochwill, T. R. (ed.) *Single Subject Research ― Strategies for Evaluating ―*. Academy Press, 1978.

Harlow, H. F. *Learning to Love*. Albion Punishing Company 1971, 浜田寿美男（訳），愛のなりたち，ミネルヴァ書房，1978.

Harlow, H. F. :Social Deprivation in Monkeys, *Scientific American*, 207, 136-146, 1962.

Hudson, W. W. *The Clinical Measurement Package: A Fied Manual*, Dorsey Press, 1982.

藤永保,：人間発達の特性，藤永保・三宅和夫・山下栄一・依田明・伊沢秀面（編），乳幼児心理学―テキストブック心理学3―，有斐閣ブックス，1978.

糸魚川直祐,：異常行動―サルとチンパンジーの事例―，サイコロジー，7, 40-47, 1982.

糸魚川直祐,：性行動 Sexual Behavior ―ニホンザルにおける性行動の発現と初期経験―，異常行動（PBD）研究会誌，22, 1-7, 1984.

Kazdin, A. E. *Single-Case Research Designs: Methods for Clinical and Applied Settings*. Oxford, 1982.

Miller, W. H. *Systematic Parent Training ― Procedures, Cases and Issues ―*. Research Press, 1975.

三宅和夫・陳省仁,：乳幼児発達研究の新しい動向（1），―個体と環境の関係のとらえ方―，児童心理, 35, 10, 158-177, 1981a.

三宅和夫・陳省仁，：乳幼児発達研究の新しい動向（2），―個体と環境の関係のとらえ方―，児童心理，35，11，199-185，1981b.
三宅和夫，：乳児の気質・母子相互作用と社会的・認知的発達：研究の構想と予備研究の方法，日本教育心理学会第23回大会総会発表論文集，96-97，1981.
三好隆史，：「KBPAC」，自閉児教育研究，2，30-42，1979.
成田滋，：単一被験者実験計画法における内的妥当性と外的妥当性に関する一考察，特殊教育学研究，23，4，37-43，1986.
O'dell, S. :Training Parents in Behavior Modification: A Review, *Psychological Bulletin*, 81, 7, 418-433, 1974.
岡田藤太郎，：ソーシャル・ワーク，―社会福祉の一般的および専門的実践―，岡田藤太郎・秋山智久・酒井慈玄・保田井進・宮川数君・宮崎昭久，社会福祉，―思想・制度・実践―，啓林館，1981.
宮川数君，：ソーシャル・ワークの技法，岡田藤太郎・秋山智久・酒井慈玄・保田井進・宮川数君・宮崎昭久，社会福祉，―思想・制度・実践―，啓林館，1981.
岡本民夫，：ケースワークの歴史，武田建・荒川義子（編），臨床ケースワーク―クライエント援助の理論と方法―，川島書店，1986.
Reid, W. J. *The Task Centered System*. Columbia University Press, 1978a.
Reid, W. J. :Some Reflections on the Practice Doctorate, *Social Service Review*, 449-455, 1978b.
Reynolds, G. S. A *Primer of Operant Conditioning (Revised ed.)*, Scott, Foresman, 1975. 浅野俊夫（訳），オペラント心理学入門，―行動分析への道―，サイエンス社，1978.
Rothman, J. *Social R & D: Research And Development In Human Services*, Prentice-Hall, 1980.
佐藤方哉，行動理論への招待，大修館書店，1976.
佐藤方哉，：行動分析，安田生命社会事業団（編），臨床心理学の基礎知識，安田生命社会事業団，1987.
芝野松次郎，：ケースワークの文献に見る行動療法，青少年問題研究，25，49-61，1976.
芝野松次郎，：ケースワークの調査法，―リサーチ・マインデッド・ワーカー―，大阪市社会福祉研究，6，32-42，1983.
芝野松次郎，：ソーシャル・ワークにおけるR＆D，青少年問題研究，33，65-78，1984.
芝野松次郎，：ケースワークの効果測定，―臨床で必要な調査法―，武田建・荒川義子（編），臨床ケースワーク―クライエント援助の理論と方法―，川島書店，1986.
芝野松次郎，母子交流研究会，神戸市児童相談所：よりよい親子関係の援助法―「親と子のふれあい講座」の開発，神戸市総合児童センター（編），育ちゆくこども―予防，指導の実践と研究―，1990.
Shibano, M. :*Development and Evaluation of a Program of Maxmizing Maintenance of Intervention Effects with Single Parents*. Unpublished Doctoral Dissertation. School of Social Service Administration. University of Chicago, 1983.
Sloane, B. R. Staples, A. H., Yorkston, N. J.,& Whipple, K. *Psychotherapy Versus Behavior Therapy*. Cambridge, Harvard University Press, 1975.
Skinner *The Behavior of Organisms — An Experimental Analysis —*. Appleton, 1938.
総務庁青少年対策本部（編），青少年白書，―青少年の現状と把握（昭和59年度版）―，大蔵

省印刷局,1984.

総務庁青少年対策本部（編）,青少年白書,―青少年の現状と把握（昭和61年度版）―,大蔵省印刷局,1986.

武田建,カウンセリングの理論と方法,理想社,1966.

武田建,：行動理論のケースワークへの応用,関西学院大学社会学部紀要,22,269–277. 関西学院社会学部研究会,1971.

Thomas, E. J. :Selected Sociobehavioral Techniques and Principles ― An Approach to Interpersonal Helping ―, *Social Work*, 16, 1, 51–62, 1968.

Thomas, E. P. :Social Casework and Social Groupwork ― The Behavioral Modification Approach ―, *Encyclopedia of Social Work 16th Issue*, 1226–1239, 1971.

Thomas, E. J. :Mousetraps, Developmental Research, and Social Work Education, *Social Service Review*, 467–483, 1978.

資料1　プログラム進行用冊子

昭和61年11月25日

ママとオチビちゃんのふれあい講座
アウトライン

（インストラクター用）

第1セッション(11/25)：
- □ 挨拶と簡単な講座の趣旨およびプログラムの説明（5〜10分）：

  > コミュニティカレッジにようこそ。今日から5回お子さんと一緒に楽しく遊び学んでいただきましょう。赤ちゃん誕生から数カ月が過ぎ少々疲れが出てくる頃ですね。よく頑張ってこられたと思います。生後1年までのよい母子関係は将来のお子さんの発達の大切な基礎となります。この大切な時期，お母さんにもっと楽しく子育てをしていただくためにこの講座を企画しました。今日から5回の講座を通して，お母さんと赤ちゃんがより深い信頼関係を創るためのお手伝いができればと思います。

- □ ビデオ整理番号およびプログラムの配布（登録順）：
- □ 第1セッションについての説明（5分）：

  ■10分間のビデオ撮り
  > 整理番号順に一組づつ別室にてビデオを撮りますので，ご協力をお願いします。

  ■3つのアンケート
  > ビデオ撮りの間に時間がありますのでアンケートに答えていただきます。アンケートは全部で三つあります。アンケートをしておられる間，お子さんはこちらでお預かりしますので気兼ねなくアンケートにお答え下さい。

  ■ビデオとアンケートの目的
  > お子さんとの関係をよりよく理解するための資料として活用させていただきます。ビデオについては後日見る機会があると思います。アンケートの結果についてお知りになりたい方は講座の最後の日にお申し出下さい。

- □ プリテスト　ビデオ撮り（50〜60分）：

  ■10分間子どもと遊んでいるところをビデオに撮る。
  > 今から10分間普段しているようにお子さんと一緒に遊んでください。おもちゃがありますので自由に使って下さって結構です。ビデオを撮りますができるだけいつもの調子でお子さんとくつろいでください。それではどうぞ。

- □ アンケートⅠ，Ⅱ，Ⅲの実施（40分）：
  （アンケート実施中，実習生が子どもの世話をする）

  ■アンケートについての簡単な説明
  > これはテストではありません。気楽な気持ちで答えて下さい。あまり深く考えないようにして下さい。

第1章　ソーシャル・ワーク実践におけるR&Dの試み　　33

- ☐ アンケートがすべて回収されたかどうかをチェック
- ☐ 今後のスケジュールの説明（5〜10分），終了：
    - ■先に配布したプログラムを使って説明

ノート：

第2セッション（11/26）：
- ☐ 簡単な挨拶
- ☐ 母と子の関係についてAV教材を用いて説明：

  > 今日はまず二つの短いビデオをお見せします。
  > お母さんとお子さんが如何に密接に関わり合っているかを見て下さい。最初のビデオは，二人の関係がすでにお母さんのおなかの中から始まっていることを示しています。見て下さい。

- ☐ ビデオ1開始（超音波スキャン）：

  > お母さんの気持ちの変化が如何に胎児の動きに影響するかがお分かりいただけたことと思います。また，お母さんも胎児の動きによって愛着を増して行きます。
  >
  > 次のビデオは，生後間もない赤ちゃんがお母さんの働き掛けに見事に反応している様子を示しています。さあ御覧になって下さい。

- ☐ ビデオ2開始（呼び掛け，サーモグラフィー，プレジャーサイン）：

  > 今御覧になったようにお母さんと赤ちゃんは互いに影響し合っています。お母さんが話し掛けると赤ちゃんはお母さんの方を向いたり声を出したりして反応します。それに対してお母さんが応えると，またそれに赤ちゃんが応えるというように，お母さんと赤ちゃんのやりとり，母子間の相互作用を通してお母さんの赤ちゃんに対する愛着，そして赤ちゃんのお母さんに対する愛着が育って行きます。このような愛着は，赤ちゃんとお母さんとの信頼関係となり，赤ちゃんが健全に育つための原動力となります。また，他の人との信頼関係の基礎ともなります。
  >
  > それではこの母子関係の仕組みを少し詳しく見てみましょう。

- ☐ 母子関係の仕組みの説明：
    - ■行動とその結果との関係

      > 人の行動は，それに続いて起こること，すなわち結果によって増えたり減ったりします。いわば結果次第です。

      ＊2，3例をあげて説明
      ＊分かるかどうかを確かめる

      > 母子の関係でみると，赤ちゃんが見つめたり声を出したりすることに対してお母さんが見つめ返したり微笑んだり声を掛けたりすることによって，赤ちゃんの見つめたり声を出したりする行動は増えて行きます。ビデオでもお分かりいただけたと思います。また，お母さんが赤ちゃんに声を掛けたり呼び掛けたりすると，赤ちゃんはそれに対して微笑んだり声を出して応じますので，お母さんの呼び掛けはますます増えることになります。

■ 強化 と 強化子

このように，結果によって行動が増えたり強められたりすることを強化といいます。そして行動を増やしたり強めたりする結果を強化子といいます。少し難しいですが大切な行動の仕組みです。

＊分かるかどうか十分に確かめる
＊例：褒め言葉，身体をゆすぶる（もし行動が増えれば）

■即時強化と一貫性

強化には二つの大切なルールがあります。結果はできるだけ早い方がいいということと，ある程度一貫性があるということです。赤ちゃんの呼び掛けに即座に反応し，できるだけいつも（一貫して）反応する方が赤ちゃんの呼び掛けは強められます。お母さんの反応が遅れると赤ちゃんはもう行動に移っていて，お母さんがどの行動に反応してくれたのか分からなくなってしまうからです。また，赤ちゃんが行動する度にお母さんがいつもおなじように反応してくれてはじめて，赤ちゃんは自分のどの行動がお母さんの関心を呼んでいるのかが分かるのです。

■ 手掛かり刺激

また，赤ちゃんはお母さんの姿や顔を見ると，お母さんの方を向いたり声を出したり微笑んだりします。これは，お母さんがいるときそのような行動をするとお母さんが応答してくれることを経験してきたからです。お母さんの姿や顔は，赤ちゃんにとって，声を出したり微笑んだりすればお母さんからの反応（関心）を得ることができるという手掛かり，言い換えれば信号となっているのです。
一方，赤ちゃんが機嫌のいい声を出しているとき，お母さんが声を掛けると赤ちゃんはそれに対してよく応答してくれます。赤ちゃんが機嫌のいい声を出しているときに，お母さんの話し掛けが増えてくるはずです。赤ちゃんのきげんのよい声は，話しかけると赤ちゃんがよく答えてくれるという手掛り，あるいは信号になっているのです。ビデオにも出てきた通りです。
まとめてみましょう〔図を使って，例をあげながら説明。〕

| 手掛り | → | 行動 | → | 結果 |

こうした関係の形成にはやはりある程度一貫したお母さんの応答が大切です。

■連続強化から不連続強化へ

一貫性が大切だと言いましたが，いつもいつも赤ちゃんの呼び掛けにお母さんが応えるのはなかなか大変なことです。ときにはしようと思っても食事の用意などでどうしてもできないことがあります。心配なさらないで下さい。一度や二度忘れても大丈夫です。次の機会にしっかり応えてあげて下さい。あまり神経質になることはありません。機会は何度でもやってきます。ある程度の一貫性が大切なのです。
しかし，初めのうちはできるだけ赤ちゃんの行動を見逃さずそのつど応答することが大切です。しっかりとした関係ができてくれば多少気を許しても大丈夫でしょう。しかし，できるときには，なるべく応答してあげて下さい。

■負の強化

赤ちゃんが泣き出すと、初めのうちはよくわからず困った経験をお持ちになったと思います。そんなときミルク（母乳）を与えたりすると泣きやみにっこりとしてくれるのが分かり、次から赤ちゃんが泣き出すと授乳することが多くなります。お母さんは赤ちゃんの泣き声を聞き分けることができるようになったのです。先程の図で見たように、赤ちゃんの泣き声がお母さんの授乳の手掛かりあるいは信号になったのです。
赤ちゃんがある程度動けるようになると、自分の思うように動けず顔を真赤にして泣くことがあります。あまりうるさいのでお母さんが抱き上げると、赤ちゃんは静かになります。赤ちゃんが静かになってくるので、ぐずるとお母さんが抱き上げるということが多くなります。これに似たような経験はよくお持ちだと思いますが、よくあることなのです。これはこれまでお話ししてきた強化とはやや違うようです。お母さんが抱き上げることによってそれまであった赤ちゃんのぐずりという不快なもの嫌なものがなくなりその結果お母さんの抱き上げる行動が増えるのです。これは少し難しい言葉ですが、負の強化と言われています。
〔日常の例をあげる。〕これを赤ちゃんの方から見ると、ぐずるとお母さんが抱き上げてくれるのですから、ぐずることが当然増えてきます。
こうしたやや困った関係はお母さんと赤ちゃんの間によく見られます。

■消去と罰

上の例では、赤ちゃんのぐずりは実はお母さんが強めていることになります。意外と赤ちゃんの「困った」行動は、お母さんや回りの人（お父さん、おじいちゃん、おばあちゃん）が関心を払うことによって作り上げていることが多いのです。
赤ちゃんのぐずりに対して「叱る」お母さんがおられますが、叱ってもあまり役に立たないことがお分かりだと思います。赤ちゃんにとっては、お母さんに少々叱られても、それはお母さんからの関心であって好ましい結果なのです。ますますぐずりが増えることになるのです。ひどく叱ることは多少効果があるかもしれませんが、赤ちゃんの精神的、身体的健康にはよくありません。お母さんにとっても気持ちのよいことではありません。できれば避けたいものです。
ではこのようなときどうすればよいでしょうか。今のところ無視するのが一番だと考えられています。強化とは反対で、無視し何等応答しないと行動は自然と減って行くのです。少し時間はかかるかもしれませんが減っていきます。しんぼうが大切です。
このとき大切なのは、他の好ましい行動をしっかりと強化してください。ぐずりの行動を無視しているときは、赤ちゃんの他の機嫌のよいときを見逃さないようにして十分関心を与えて下さい。このためには普段から赤ちゃんの行動をしっかり観察しよい点を見過ごさないようにすることが大切です。

■よい母子関係（相互強化）

お母さんが赤ちゃんをよく観察するようになると、赤ちゃんのよい点可愛らしいところしぐさなどがよく見えるようになってきます。すると、お母さんの応答も増え一貫してくるようになります。赤ちゃんの反応も活発になり、お母さんと赤ちゃんのふれあいは活発化してきます。お母さんも赤ちゃんも互いのよいところを強め合い、よい関係が育って行くのです。赤ちゃんをしっかり観察しましょう。子育てがきっと楽しくなります。

☐ 次回の予告、終了：

次回は今日お話ししたことを実際にお子さんと遊んでいただきながら体で分かっていただきたいと思います。

ノート：

第3セッション (12/2):

☐ 簡単な挨拶と来場に対する強化

☐ 下の課題を与え第1セッションで撮ったビデオを見せる (40〜50分):

■課題1：母子相互作用（キャッチボール）の観察（ランダムに選んだものを5分間見せる）

> これから先週の最初のセッションで撮ったビデオの中から1場面をお見せします。どなたのものかは分かりませんが、選ばれた方は幸福だと思って下さい。ビデオの中でお母さんと赤ちゃんがどのように反応し合っているか、すなわちどのようにキャッチボールが行われているかをしっかり観察して下さい。メモに記録して下さっても結構です。後で観察なさったことをお聞かせ下さい。

■観察結果について語らせる

> どういうことが分かりましたか。キャッチボールの様子が分かったでしょうか。

■課題2：行動とその結果に焦点を置いて観察（ランダムに選んだものを5分間見せる）

> もう1場面お見せしますので、今度は行動とその結果のつながりに注意して観察して下さい。まず、お母さんの行動（例えば、呼び掛け、ゆすぶり、抱き上げ）のすぐ後で赤ちゃんがどのように反応しているか、すなわち赤ちゃんの反応に焦点を置きつつ観て下さい。次に、赤ちゃんの行動（例えば、呼び掛け、微笑み）のすぐ後でお母さんがどのように応えておられるか、すなわちお母さんの反応を中心に観て下さい。
> さあどうぞ。

■観察結果について語らせる

> お母さんはどんな反応の仕方をしていたでしょうか（いつも，すぐに?）。赤ちゃんはどうだったでしょうか。

■課題3：手掛り刺激について観察し，[手掛り]→[行動]→[結果]のつながりを観察

> もう1場面お見せします。何が手掛りとなっているかに注意しましょう。そして、[手掛り]→[行動]→[結果]の流れを掴んで下さい。

■課題4：よい接し方、よくない接し方についてビデオを見ながら話し合う（予め選んだビデオを続けて見せる。途中意見が出ればビデオをポーズし、適宜プレイバックする。）

> ではこれからビデオを続けて見ながら、お母さんの応答の仕方に注意して好ましい接し方、好ましくない接し方について考えてみましょう。
> どのような場面で「無視」すればよいのかについても考えてみましょう。
> どしどしご意見をお出し下さい。ではどうぞ。

＊活発な意見を引き出す。必要に応じ指名してもよい
＊「無視」に関しても意見を聞く

☐ 実技 (10〜20分):

■数人を選び出し、赤ちゃんとの接触を順次実演してもらい、よいところ、よくないところをフィードバックする

> 赤ちゃんと一緒に遊んでみて下さい。(状況に応じて適宜フィードバックする；即時強化、一貫性に注意。)

☐ 次回の予告、終了：

次回は大阪市立大学付属病院小児科のお医者さんの国井優子先生に「赤ちゃんの個性と母性心理」についてお話ししていただきます。
しっかり聞いて下さい。

ノート：

第4セッション（12/3）：

- [ ] 簡単な挨拶と講師の紹介
- [ ] 講師講演
- [ ] 最終回の予告，終了：

次回は最終回になります。もう一度ビデオを撮らせていただきます。アンケートにももう一度お応え願います。その後，ささやかなパーティと卒業式を計画しています。卒業証書をお渡ししますのでご期待下さい。

ノート：

第5セッション（12/9）：

- [ ] 簡単な挨拶と来場に対する強化：

今日はもう最終回となってしまいました。最後までよく頑張って来て下さいました。お母さんがたの熱意に拍手を送らせていただきます。お母さんとお子さんにおやつと飲物を用意してありますのでどうぞおくつろぎ下さい。

- [ ] ポストテスト　ビデオ撮り（50～60分）：
    - ■第1セッションと同様10分間子どもと遊んでいるところをビデオに撮る。

さっそくですが順番にお名前をお呼びします。呼ばれた方は第1セッションのときと同様別室にお移り下さい。10分間お子さんと遊んでおられるところをビデオに撮らせていただきます。

前回のように10分間お子さんと一緒に遊んで下さい。おもちゃがありますので自由に使って下さって結構です。それではどうぞ。

- [ ] アンケートⅠ，Ⅱ，Ⅲ，Ⅳの実施：
    （アンケート実施中，実習生が子どもの世話をする）

ビデオを撮っている間，ここにおられるお母さんがたにはアンケートにお答えいただきます。アンケートのⅠ，Ⅱ，Ⅲは第1セッションでしていただいたものと同じです。アンケートのⅣはこの講座を受けられた感想をお書き下さい。今後の参考にしたいと思いますので率直なご意見をお聞かせください。

- ☐ アンケートがすべて回収されたかどうかを確認
- ☐ 卒業式：
    - ■ビデオ撮りがすべて終わったあと卒業証明書を一人づつ手渡す
- ☐ 終了

```
ノート：

```

資料2　修正版 KBPAC 記入用紙

ママとオチビちゃんのふれあい講座
アンケート　Ⅲ

Pre ☐　Post ☐　Difference ☐　　　氏名 ☐

(1) 赤ちゃんが、訪れてきた祖父母を見てさかんに声を出すのは
　　ア．祖父母が居るときに声を出すと必ずほめられたという経験のため。
　　イ．祖父母が訪問する時は決っておなかがすいているから。
　　ウ．父母を尊敬しないといけないということを子供なりに知っているから。
　　エ．時々しか会わないので珍しいから。

(2) どれが最も正しいでしょうか?
　　ア．人のふるまいはすべて、生まれ持ってのものである。
　　イ．人のふるまいを他人が変えようとしても不可能である。
　　ウ．人はいつも一定のふるまい方しかしない。
　　エ．人のふるまいは、小さい頃から現在までの回りの環境に大きく影響を受けている。

(3) 子供が自分から机に向かって勉強しています。親は
　　ア．勉強するのは当然の義務だから放っておく。
　　イ．夜寝る前になってからほめた方が良い。
　　ウ．少しでも長時間勉強するようにせきたてる。
　　エ．気付いたら即座にほめてやる。

(4) 学校の教室でよく勉強するため先生にいつもほめられる生徒は
　　ア．教室では段々勉強に集中しなくなる。
　　イ．内心腹を立てていることが多い。
　　ウ．特に教室では一生懸命勉強する。
　　エ．時にはさぼった方がより先生にほめられる。

(5) 朝、服を着るときいつもぐずる子供がいます。親はどうすればいいでしょう?
　　ア．強制的に服を着せてしまう。
　　イ．時には体罰が必要であろう。
　　ウ．しかたがないとあきらめた方がよい。
　　エ．子供がぐずる前に注目や関心を与えていないか考える。

(6) 子供が悪さをする行動は
　　ア．良い行動をするのと本質的には違いはない。
　　イ．良い行動をするのと本質的に別種のものである。
　　ウ．親の愛情不足が決定的な原因である。
　　エ．親から受け継いだものである。

(7) 今から行動を変化させようとするとき、忘れてはいけない大事なことは
　　ア．ほうびと罰の両方を使う。
　　イ．望ましい行動が起こる度にほうびを与える。
　　ウ．ほうびを与えたり与えなかったりする。
　　エ．行動を変えねばならない理由を子供に理解させる。

(8) 望ましい行動も望ましくない行動も共に
　　ア．情緒や感情の結果である。
　　イ．習慣だから変えにくい。
　　ウ．子供の自己表現法である。
　　エ．学習の結果である。

(9) お母さんが本を読みはじめるといつも太郎が騒ぎ出すので、お母さんは本が読めなくなってしまいます。読書の間、太郎を静かにさせるのに一番良い方法はどれですか？
　　ア．騒がしくしたら厳しく叱る。
　　イ．読書の間、静かに遊んでいれば太郎に注意を向けてほめたり抱きしめたりし、うるさい行動は無視するようにする。
　　ウ．騒ぐ度に傍に呼んで、今はお母さんの時間でお母さんは静かに過ごしたいのだということを入念に説明する。
　　エ．騒ぐのをやめないと食後のデザートをあげませんよ、という。

(10) ある行動がどの位、頻繁に起こるかは大抵
　　ア．その人の、自分の行動に対してもっている態度によってコントロールされる。
　　イ．その行動が生じるとき同時に起きる事柄によってコントロールされる。
　　ウ．その行動が生じる直前に起きる事柄によってコントロールされる。
　　エ．その行動が生じた直後に起きる事柄によってコントロールされる。

(11) 父親が息子にバットで球を打つのを教えています。打ち方を覚えさせるのに一番役立つ方法はどれですか？
　　ア．子供が自力で覚えられるように、口出しせず自分で試みさせる。
　　イ．時々悪い点を指摘してやる。
　　ウ．時々良い点を指摘してやる。
　　エ．良い動作をする度に、今のは良いと言ってやる。

(12) 幼児の問題行動の大半は
　　ア．背後にある情緒的な問題への反応であろう。
　　イ．家庭での交流の欠陥からくるのであろう。
　　ウ．たまたま家庭から習い覚えてしまったものであろう。
　　エ．成長の1段階によるものだから、やがて消え去るであろう。

(13) 子供の良くない行動を変えようとするとき、必要なのは
　　ア．叱りつけるしか方法がない。
　　イ．まずその行動がどの位起こっているか、一定の時間を決めて観察してみる。
　　ウ．子供に対し何故それが良くないか、繰り返し説明する。
　　エ．ただちに専門家に連れて行くことである。

(14) ある赤ちゃんが、しばしば数分間にわたって奇声をあげて親の注意を引きつけます。両親が赤ちゃんの奇声を減らすのに1番よい方法はどれですか。
　　ア．子供に何も肉体的な異常がないなら、たとえ一層大きな奇声を上げても無視する。
　　イ．子供が奇声を上げた時はいつも、面白いものを与えて気をそらすようにする。
　　ウ．子供の出す声や音を全部無視する。
　　エ．以上のどれでもない。普通、赤ちゃんが泣くのにはちゃんとした理由がある。

(15) ある行動を習慣化して長続きさせたい時には、どうすべきでしょう？
　　ア．その行動をする度にほうびを与える。
　　イ．はじめはその都度ほうびを与え、徐々に時々与えるようにしていく。
　　ウ．子供が欲しがるものを与える約束をする。
　　エ．その行動が大切なわけを幾つか挙げて、子供にしばしばそれを思いださせる。

(16) 子供が良い行動をするにせよ、悪い行動をするにせよ、
　　ア．その背後にある情緒的な原因を突きとめることがまず第1である。
　　イ．発達の1過程とみなし、放っておくのが最も良い。
　　ウ．あくまで本人の自主性を尊重すべきである。
　　エ．回りの人間はある程度一貫した態度で接する事が必要である。

(17) ある幼児が、お母さんの傍にいる時しょっちゅうぐずって泣きます。その理由としてお母さんがまず検討してみるべきことは
　　ア．子供はお母さんに何か言おうとしているのではないか。
　　イ．子供はもっとお母さんの注目を必要としているのではないか。
　　ウ．お母さんは知らず知らず子供の泣くことに対してほうびを与えているのではないか。
　　エ．お母さんは子供に十分な注意を払っていないのではないか。

(18) 食事中，子供が「…してください」とか「ありがとう」などをちゃんと言うようにしたければ，一番大事なのは。
　　ア．子供が言うのを忘れた時に叱りつける。
　　イ．よいマナーが大切なわけを説明する。
　　ウ．子供がどう言え覚えていたら，忘れずほめてやる。
　　エ．ちゃんと言ったら他の家族がほめるようにする。

(19) 子供に望ましい行動をさせる上で1番役にたつのはどれですか？
　　ア．自己訓練の大切さを子供におしえる。
　　イ．良い事と悪い事の理解を助ける
　　ウ．子供の行動の後にいつも一定の結果を与える。
　　エ．ユニークな人間としての子供の気分や感情を理解してやる。

(20) 覚えておくと良い原則は
　　ア．お金はなるべくほうびとして使わない。
　　イ．子供が良い行動をしている時を見逃さない。
　　ウ．良い行動にはほうびを与え，悪い行動には必ず罰を与える。
　　エ．どんな場合にも罰は不必要。

(21) 生まれたばかりの赤ちゃんを持つ親がこれから気をつけていくべきことは
　　ア．赤ちゃんの細かなしぐさ，表情を見逃さないことである。
　　イ．とにかくミルクをより多く飲ませることである。
　　ウ．赤ちゃんとはいえ，びしびししつけていくことである。
　　エ．発達を促進することなら，どんなことでも試みることである。

(22) 次のうち最も正しいのはどれですか？
　　ア．ほめてやれば必ずその子供の行動が増えるというわけではない。
　　イ．行動が増える増えないは，子供本人の意志次第である。
　　ウ．ほめることは子供の教育上好ましくない。
　　エ．どんな子供でもほめてやれば必ずその行動は増える。

(23) 子供の行動を減らすには
　　ア．積極的に体罰を用いる。
　　イ．それを強め，維持しているものを取り除いてやる。
　　ウ．子供のこころの発達を待つしかない。
　　エ．軽い罰を用いる。

(24) 幼児がごはんをきちんと食べる度に頭をなでてやったおかげで，良い食事の習慣ができあがりました。さて，次にすることは
　　ア．頭なでは一応やめることにする。
　　イ．頭なでは変わらず毎回続ける。
　　ウ．もう心配ないので特にやることはない。
　　エ．頭なでを何回かに1回に減らしていく。

(25) 親戚の家で掃除を手伝う度にお菓子をもらっていた子供は
　　ア．親戚の家では段々掃除をしなくなる。
　　イ．場所がどこであれ掃除をするようになる。
　　ウ．親戚の家では掃除をするが，他の所ではあまりしなくなる。
　　エ．掃除を嫌がるようになる。

資料3　HUDSON SCALE（No.1）記入用紙

ママとオチビちゃんのふれあい講座
アンケート　Ⅰ

Pre ☐　Post ☐　Total ☐　　　　　氏名 ☐

　お母さんとお子さんとの関係や、お子さんに対するお母さんの気持についておたずねします。この1週間をふりかえってみてそれぞれの質問に対する自分の気持をお答え下さい。これはテストではありませんので正解、不正解はありません。下の5つの数字の中から一番適当だと思われるものを選び、右はしの欄に記入してください。

```
1. めったにあるいはまったくそうではない
2. たまにそうだ
3. ときどきそうだ
4. よくそうだ
5. ほとんどあるいはいつもそうだ
```

1. 私の子どもは気にさわる。　　　　　　　　　　　　　　　　────
2. 私は自分の子どもとよく気が合う。　　　　　　　　　　　　────
3. 私は本当に自分の子どもを信じることができると思う。　　　────
4. 私は自分の子どもが好きではない。　　　　　　　　　　　　────
5. 私の子どもは行儀が良い。　　　　　　　　　　　　　　　　────
6. 私の子どもは要求が強すぎる。　　　　　　　　　　　　　　────
7. 私は子どもなんかいなかったらいいのにと思う。　　　　　　────
8. 私は自分の子どもがいて本当によかったと思う。　　　　　　────
9. 私の子どもは手におえない。　　　　　　　　　　　　　　　────
10. 私の子どもは私がしていることの邪魔をする。　　　　　　　────
11. 私は自分の子どもに腹を立てている。　　　　　　　　　　　────
12. 私は自分の子どもが素晴らしい子どもだと思う。　　　　　　────
13. 私は自分の子どもが大嫌いだ。　　　　　　　　　　　　　　────
14. 私は自分の子どもに対してがまん強い。　　　　　　　　　　────
15. 私は自分の子どもが大好きだ。　　　　　　　　　　　　　　────
16. 私は自分の子どもと一緒にいるのが好きだ。　　　　　　　　────
17. 私は自分の子どもを愛していないように思う。　　　　　　　────
18. 私の子どもはうるさく私をイライラさせる。　　　　　　　　────
19. 私は自分の子どもに対してひどく怒りを感じている。　　　　────

20. 私は自分の子どもに対して暴力的だと思う。　　　　　　　　　　　――

21. 私は自分の子どもを大変自慢に思っている。　　　　　　　　　　　――

22. 私は自分の子どもが知合いの子どもたちのようであればよいのにと思う。――

23. 私は自分の子どものことがよく分からない。　　　　　　　　　　　――

24. 私の子どもは私の生きがいだ。　　　　　　　　　　　　　　　　　――

25. 私は自分の子どもを恥しく思う。　　　　　　　　　　　　　　　　――

TOTAL ☐

Items to reverse scores; 2, 3, 5, 8, 12, 14, 15, 16, 21, 24

資料4　HUDSON SCALE（No.2）記入用紙

ママとオチビちゃんのふれあい講座
アンケート　Ⅱ

Pre ☐　Post ☐　Total ☐　　　　氏名 ☐

　自分の生活や自分をとりまく環境についてお母さんの気持をおたずねします。この一週間をふりかえってみてそれぞれの質問に対する自分の気持をお答え下さい。これはテストではありませんので正解、不正解はありません。下の5つの数字より一番適当なものを選び、右はしの欄に記入して下さい。

```
1. めったにあるいはまったくそうではない
2. たまにそうだ
3. ときどきそうだ
4. よくそうだ
5. ほとんどあるいはいつもそうだ
```

1. 私は何をするにも無力だと感じる。　　　＿＿
2. 私は憂うつだ。　　　＿＿
3. 私は落着きがなくじっとしていられない。　　　＿＿
4. 私は発作的に泣くことがある。　　　＿＿
5. 私はすぐにくつろいだ気分になれる。　　　＿＿
6. 私はしなければいけないことがあってもなかなか始められない。　　　＿＿
7. 私は夜よくねむれない。　　　＿＿
8. 困難なことが起こったとき、私はいつも頼れる人がいると思う。　　　＿＿
9. 私にとって将来はバラ色であると思う。　　　＿＿
10. 私は気落ちしている。　　　＿＿
11. 自分は必要な人間だと思う。　　　＿＿
12. 自分は他人から感謝されていると思う。　　　＿＿
13. 私は忙しく活動的なのが好きだ。　　　＿＿
14. 自分がいなければ人はもっと幸せになるだろうと思う。　　　＿＿
15. 私は人と一緒にいるのが好きだ。　　　＿＿
16. 私はすぐに決断を下すことができると思う。　　　＿＿
17. 私はしいたげられていると感じる。　　　＿＿
18. 私はイライラしやすい。　　　＿＿
19. 私はうろたえやすい。　　　＿＿

20. 自分は楽しく過ごすに値しない人間だと思う。 ____
21. 私は充実した生活をしている。 ____
22. 回りの人は私のことを心から気遣ってくれていると思う。 ____
23. 私は大いに人生を楽しんでいる。 ____
24. 朝は気持がいい。 ____
25. 自分の置かれている状況は絶望的だと思う。 ____

TOTAL ☐

Items to reverse scores; 5, 8, 9, 11, 12, 13, 15, 16, 21, 22, 23, 24

資料5　プログラム評価用紙

ミード社会館　1986年　月　日

ママとオチビちゃんのふれあい講座
アンケート　Ⅳ

　今回はコミュニティ・カレッジ86ママとオチビちゃんのふれあい講座に御参加頂きありがとうございました。最後にこの度の講座についての御意見・御感想をお聞きして，今後の参考にしたいと思います。御氏名を記入して頂く必要はございませんので，どうか自由に御意見をお願いします。

（1）各設問に対し最も適当なものを○でお囲み下さい。

　1．今回の講座は赤ちゃんをよりよく理解するのに役立ちましたか？
　　　　　はい　　　いいえ　　　　どちらともいえない

　2．今回の講座は赤ちゃんとの関係をより良くするのに役立ちましたか？
　　　　　はい　　　いいえ　　　　どちらともいえない

　3．今回の講座を受けて育児がより楽しくなりましたか？
　　　　　はい　　　いいえ　　　　どちらともいえない

　4．今回の講座が始まってから，赤ちゃんの行動に何らかの好ましい変化が見られましたか？
　　　　　はい　　　いいえ

　5．今回の講座が始まってから，自分の行動に何らかの好ましい変化が見られましたか？
　　　　　はい　　　いいえ

（2）今回の講座の内容についてお聞きします。適当な番号に○をつけて下さい。
　　　1．大変
　　　2．比較的
　　　3．どちらとも言えない
　　　4．比較的
　　　5．大変

　1．内容が　　　　　　　　1　2　3　4　5　　　内容が
　　　わかりやすい　　　　　　　　　　　　　　　わかりにくい

　2．内容が　　　　　　　　1　2　3　4　5　　　内容が
　　　豊かである　　　　　　　　　　　　　　　　貧弱である

　3．内容は　　　　　　　　1　2　3　4　5　　　もっと知りたいことが
　　　これで十分である　　　　　　　　　　　　　あった

　4．ビデオの教材は　　　　1　2　3　4　5　　　ビデオの教材は
　　　役に立った　　　　　　　　　　　　　　　　役に立たなかった

　5．ビデオによる　　　　　　　　　　　　　　　ビデオによる
　　　フィードバックは　　　1　2　3　4　5　　　フィードバックは
　　　役にたった　　　　　　　　　　　　　　　　役に立たなかった

（3）次の設問に対し率直な御意見をお聞かせ下さい。

　1．今回の講座の設備面（場所・託児状況・雰囲気etc.）について，良いと思われた点・不満に思われた点。

　2．参加費用について。

第2章

条件交替法の近年の適用動向と臨床場面での活用可能性

桑田　繁*
芝野松次郎**

　近年，応用行動分析（applied behavior analysis）の実験的研究の領域において，Barlow & Hayes（1979）によって提唱された，条件交替法（alternating treatments design）と呼ばれる実験計画法の適用が，増加しつつある。条件交替法は，少数被験者実験計画法（small-N experimental designs）の1種類であり，2つ以上の実験条件の効果を，同時に比較することが目的である場合に適用される。条件交替法は，他の実験計画法にはない臨床上の長所を持っており，処遇技法の効果を同定するのに有効な方法であると考えられる。

　本稿では，実験的研究における条件交替法の基本的な手続きと近年の適用動向を概観し，臨床場面における長所・問題点を吟味することによって，同法の臨床での活用可能性について検討する。

1. 実験的研究における条件交替法

1.1. 少数被験者実験計画法と条件交替法の基本的手続き

　多数被験者実験計画法（large-N experimental designs）では，多数の被験者が実験群と統制群に割り振られ，各代表値（たとえば平均値）の差が統計的に検定されて，実験変数の効果が判断される。他方，少数被験者実験計画法では，基本的には，1人の

---

*大阪市立大学大学院文学研究科後期博士課程
**関西学院大学社会学部助教授

被験者内で，ベースライン条件と実験条件が継時的に実施される。たとえば，ベースラインでは実験変数を導入せずに数セッション，標的行動を測定し，安定したデータが得られたら，実験条件へと移行し，そのもとでの標的行動をひき続き測定する。少数被験者実験計画法では，標的行動に及ぼす実験変数の効果のプロセスが明らかになるため，臨床に適した実験計画法として採用されてきた（Thomas, 1975; Kratochwill, 1978; Kazdin, 1982; Barlow & Hersen, 1984; 芝野, 1986）。

従来の少数被験者実験計画法の主要な方法は，次の3つであった（Baer, Wolf, & Risley, 1968）。ＡＢ法（AB design）では，ベースラインで安定データが得られたあとに，実験条件へと移行される（図1参照）。実験変数の効果の有無は，ベースラインと実験条件間のデータの水準（level）・傾向（trend）・変動性（variability）を，視覚的に精査（visual inspection）することによって判断される。条件の移行に伴う標的行動の変化はコインシデンス（coincidence）と呼ばれるが（出口, 1989），ＡＢ法では1回のコインシデンスしか存在しないため，実験変数の内的妥当性について説得力の乏しい実験計画法とされている。

したがって，実験的研究では，つぎの反転法（reversal design）が使用されることが多い。反転法とは，実験条件後に再びベースラインへと反転させる実験計画法を

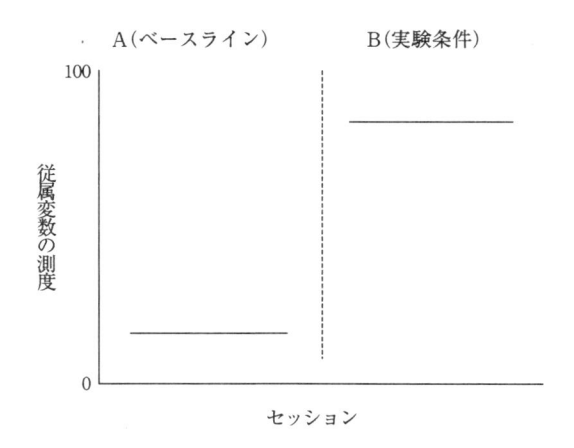

図1　基本的な AB 法のグラフ

横軸はセッション，縦軸は従属変数の測度。Aはベースライン条件，Bは実験条件を示す。詳細は本文参照。

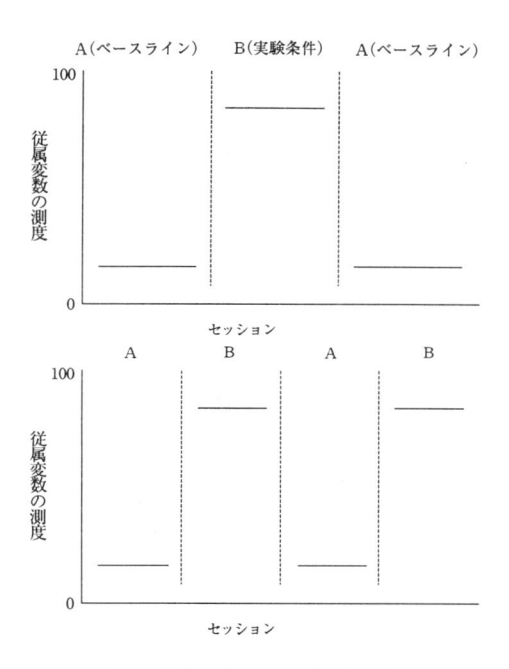

図2 基本的な反転法のグラフ

横軸はセッション，縦軸は従属変数の測度。Aはベースライン条件，Bは実験条件を示す。上のグラフはABA法，下のグラフはABAB法を表す。詳細は本文参照。

いう（図2参照）。たとえば，ＡＢＡ法（ABA design）では，ベースライン・実験条件のあとに，ふたたびベースラインへと反転させる。ＡＢＡＢ法（ABAB design）では，ベースライン・実験条件・ベースラインのあと，さらに実験条件が実施される。ＡＢＡ法では2回，ＡＢＡＢ法では3回のコインシデンスが存在するため，標的行動の変化が実験変数によって引き起こされた可能性が高まる（Carter, 1976; Jayaratne & Levy, 1979）。ただし，反転法は，実験変数を撤去しても元に戻りにくい，反転性のない（irreversible）標的行動に対しては，適用できない。たとえば，自転車の運転・水泳などはいったん獲得されると，元の状態には戻りにくい行動である。また，反転法を臨床で使用するときには，行動が改善しているにもかかわらず，処遇技法の適用を中止することになる。これは倫理的に困難である。

そこで，複数の被験者・標的行動・場面間でＡＢ法を実施し，実験条件への導入時期を異ならせることによって，反転法の問題点を回避しようするのが，多層ベースライン法（multiple baseline design）である（図3参照）。たとえば，被験者間（across subjects）多層ベースライン法の場合，被験者1では2セッション，被験者2では4セッション，被験者3では6セッションのベースラインのあとに，実験条件が導入される。行動間（across behaviors）多層ベースライン法では，1人の被験者の複数の行動が対象となり，場面間（across situations）多層ベースライン法では，1人の被験者のある標的行動に対して，複数の場面でＡＢ法が実施される。被験者・標的行動・場面の数だけ，コインシデンスの回数が存在し，ベースラインへと反転させることなく，実験変数の内的妥当性を高めることができる。

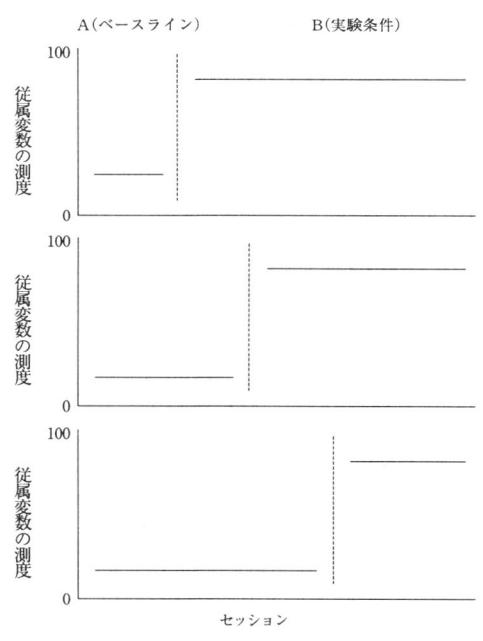

図3　基本的な多層ベースライン法のグラフ

　　横軸はセッション，縦軸は従属変数の測度。Aはベースライン条件，Bは実験条件を示す。実験条件への導入時期を被験者間，標的行動間，場面間で異ならせて，AB法が実施される。詳細は本文参照。

以上に対して，条件交替法は，2つ以上の実験条件の効果を比較する場合に使用される少数被験者実験計画法である。その原型は，多層要素ベースライン法（multi-element baseline design）の名称で，Sidman（1960）によって報告されている。

条件交替法は，基本的には，2つ以上の実験条件が一定の順序で実施される実験計画法であり，グラフ化して示すと図4のようになる。条件Aを実施した次のセッションで条件Bが行われ，その次のセッションでは，再び条件Aが実施される。ただし，同一の順序が繰り返されることによって生じる効果を除去するために，条件の実施順序はランダムとし，カウンターバランスさせる。たとえば，授産施設における精神薄弱者の作業遂行行動に対して，言語教示と賞賛という2つの訓練条件を，計10セッションで比較するとする。このとき，各条件をランダムな順序で実施し，10セッション終了時点で，おのおのが5セッションずつ行われているように計画するのである。条件交替法では，各条件の実施ごとにコインシデンスが存在することになる。

条件交替法を実験に適用する場合には，コントロール条件としてのベースラインが必要であり，図5の3つのヴァリエイションに分類されている（Heward, 1987）。

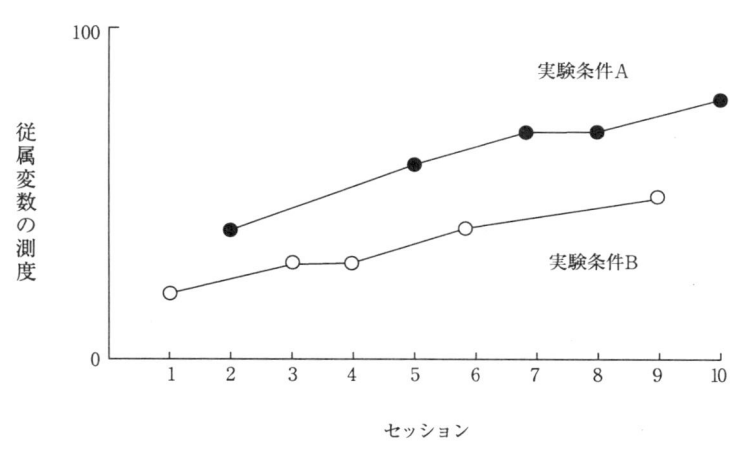

図4　条件交替法の基本的手続き

横軸はセッション，縦軸は従属変数の測度を表す。●は実験条件A，○は実験条件Bのデータを示す。詳細は本文参照。

第2章　条件交替法の近年の適用動向と臨床場面での活用可能性

すなわち，(1) ベースラインのあとに，条件交替法が実施される方法，(2) ベースラインのあとに条件交替法が導入され，もっとも効果的であることが明らかになった実験条件が，最後に適用される方法，(3) 条件交替法の中にベースラインを組み込む方法，の3種類である。Heward (1987) は，このうち，(2) がもっとも標準的な方法である，としている。

現在まで，条件交替法を適用したときの標的行動の変化に関するモデルは報告されていないが，2つの条件を比較するとき，たとえば次のようなパターンが考えら

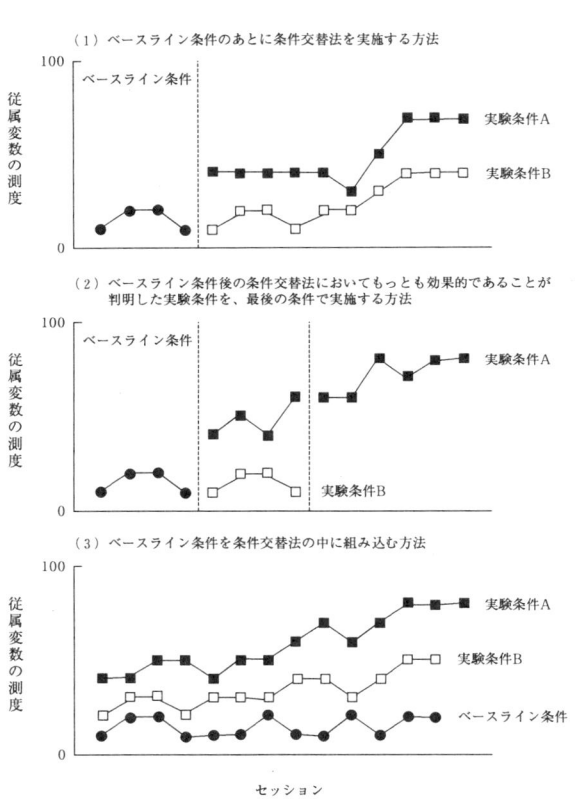

図5　条件交替法の3つの適用方法

横軸はセッション，縦軸は従属変数の測度を表す。●はベースライン条件，■は実験条件A，□は実験条件Bを示す。詳細は本文参照。

れる（図6参照）。①時間の経過につれて，実験条件の効果の差が拡大するケース。たとえば，精神薄弱児の発語は，非随伴的（non-contingent）強化によって活性化（activate）されることがあっても，長く随伴性にさらされるにつれて，随伴的（contingent）強化の効果が明らかになることが予想される。②実験開始時点では条件の効果に差があるが，その後の効果は同一であるケース。たとえば，2つの教科学習プログラムを実施すると，おのおのの学習効率が一定の差で増加していく場合などが，これに当たるであろう。

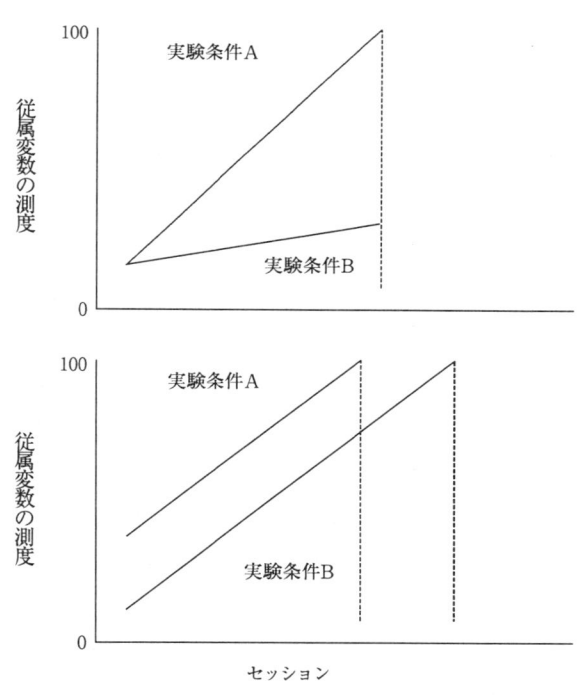

図6　条件交替法におけるデータのパターン

横軸はセッション，縦軸は従属変数の測度を表す。各直線は実験条件A，実験条件Bのデータを示す。詳細は本文参照。

1．2．条件交替法の近年の適用動向

本節では，応用行動分析の実験的研究における，条件交替法の適用動向を調査する。

1980年～1990年の11年間に，"Journal of Applied Behavior Analysis（JABA）"に掲載された原著論文（research articles）・短報（brief reports）を対象とした。原著・短報の論文総数と実験総数を調べたあと，条件交替法を適用した論文をピック・アップし，被験者・標的行動・実験手続き・実験計画法の種類を列挙した。

その結果，11年間に"JABA"に掲載された原著・短報の総数は437本，実験総数は565であった。これらの実験の実験計画法を分類すると，少数被験者実験計画法は92.6％（523／565），多数被験者実験計画法は7.4％（42／565）を占めた。

少数被験者実験計画法の内訳は，多層ベースライン法32.7％（171／523），複数の実験計画法の併用22.0％（115／523），反転法17.6％（92／523），条件交替法13.2％（69／523），ＡＢ法2.3％（12／523），その他12.2％（64／523）であった。複数の実験計画法の併用とは，多層ベースライン法と他の実験計画法（たとえば，ＡＢＡ法）とを併用した場合であるため，実質的には，半数以上の実験が，多層ベースライン法を適用していることになる。条件交替法を適用した論文は49本，実験総数は69であった。11年間実験総数に占める割合は，多層ベースライン法，併用，反転法の次に来る。

図7は，少数被験者実験計画法の内訳の推移を示す。縦軸は少数被験者実験計画法の中での割合（％），横軸は年を表している。条件交替法の割合は，当初の8年間は10％前後であったのに対して，1988・1989・1990年の最近の3年間は20％を越えている。11年間の実験総数に占める割合は，反転法に比べて小さいが，この3年間では条件交替法のほうが多い。これらの結果は，少数被験者実験計画法の中で，条件交替法が増加しつつあることを示唆している。

資料（論文末尾に掲載）には，調査対象となったすべての条件交替法適用論文が，列挙されている。左から，著者，被験者，標的行動，実験手続き，実験計画，掲載号・頁を表す。1989年に評論論文（discussion articles）と特集論文が各1本ずつ，1990年にテクニカル論文（technical articles）が1本報告されている。これらは，本調査の分析対象ではなかったが，参考のため末尾に掲載した。

表1は，実験計画法の集計結果を示す。条件交替法を単独で適用した実験と，他

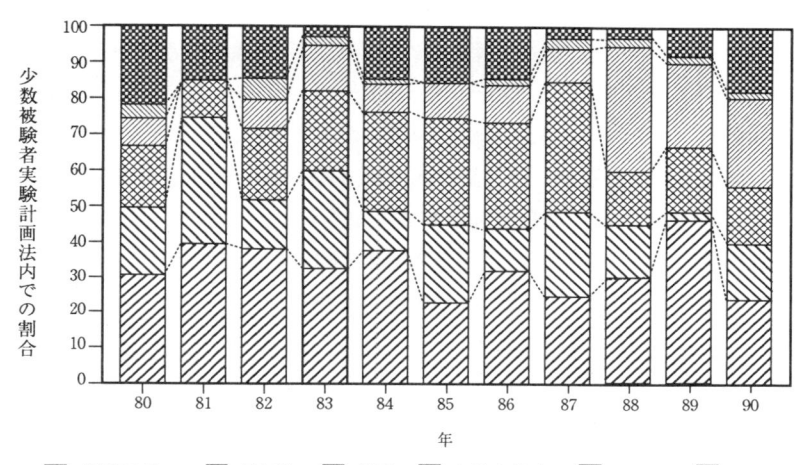

図7 少数被験者実験計画法の内訳の割合（％）の推移

横軸は年，縦軸は少数被験者実験計画法における内訳の割合（％）を表す。多層BL法とは「多層ベースライン法」のことである。内訳は，多層ベースライン法，反転法，複数の実験計画法の併用，条件交替法，AB法，その他，に分かれている。詳細は本文参照。

表1 実験計画法の集計結果

各数値は実験総数（69）に対する割合（％）であり，かっこ内の数値は（当該の実験計画法に分類された実験数／実験総数）を表している。条件交替法の単独適用の「ベースラインなし」は，ベースライン条件を設けていない実験を意味する。詳細は本文参照。

| 条件交替法の単独適用 |||||条件交替法と他の実験計画法との併用 |||||合計|
(1)	(2)	(3)	ベースラインなし	計	反転法	条件変化法	多層ベースライン法	多層ベースライン＋反転法	計	
15.9	11.6	4.3	13.0	44.9	18.8	11.6	17.4	7.2	55.1	100
(11/69)	(8/69)	(3/69)	(9/69)	(31/69)	(13/69)	(8/69)	(12/69)	(5/69)	(38/69)	(69/69)

第2章　条件交替法の近年の適用動向と臨床場面での活用可能性　　57

の実験計画法と併用した実験とに分けて、集計している。条件交替法を単独で適用した実験は、さらに、1節で紹介した3つのヴァリエイション（図5参照）と、ベースライン条件のない条件交替法との4つに分類した。条件交替法と併用された実験計画法は、さらに、反転法・条件変化法（changing conditions design. Alberto & Troutman, 1986）・多層ベースライン法に分類した。多層ベースライン法の中には、類似の実験計画法である多層プローブ法（multiple probe design. Horner & Baer, 1978）を含めた。表1の各数値は、実験総数に対する割合を示しており、かっこの中は、当該の実験計画法に分類された実験数を実験総数で割った形で表されている。

条件交替法を単独で適用した実験は、全体の44.9％（31／69）であった。その内訳の中では、(1)が35.5％（11／31）、ベースラインなしが29％（9／31）、(2)が25.8％（8／31）、(3)が4.3％（3／69）であった。Heward（1987）は、(2)の方法がもっとも一般的な適用法である、と述べているが、それを支持する結果とはならなかった。

条件交替法が他の実験計画法と併用された実験は、全体の55.1％（38／69）であった。その内訳の中では、反転法、多層ベースライン法、条件変化法の順に多く、おのおの、34.2％（13／38）、31.6％（12／38）、21.1％（8／38）であった。条件交替法・多層ベースライン法・反転法の3つが併用されている実験は、13.2％（5／38）であった。全体として見ると、併用実験のほうが、条件交替法単独の実験よりも多かった。

併用が多い理由は、次のように考えられる。条件交替法は少数被験者実験計画法の中では比較的新しく、のちに詳述するが、実験条件間の相互作用について明らかでない点が多い。そのため、説得力の乏しい実験計画法であると研究者が考え、内的妥当性を高めるために、他の実験計画法を組み合わせたことが考えられる。

なお、条件交替法を適用した実験に特徴的な、被験者・標的行動・手続きの種類を分析したが、明瞭な特徴は見いだせなかった。

調査結果をまとめると、実験的研究において、条件交替法を適用した論文が増加しつつあり、他の少数被験者実験計画法と併用した実験が、条件交替法を単独で適用した実験よりも多かった。

2. 臨床場面における条件交替法

2.1. 臨床場面における条件交替法の長所
本節では，データ評価の観点と，実施上の観点から，臨床場面での条件交替法の長所を検討する。

2.1.1. データ評価上の長所
データ評価における条件交替法の長所は，多数被験者実験計画法で使用されてきた統計的検定が適用可能な点にある。

標的行動の変化は，統計的に有意であると同時に，臨床的な有意性が必要であることは言うまでもない。たとえば，授業時間の10％を着席していた多動児が，処遇の結果，20％を着席するようになり，その差に統計的な有意性が認められたとしても，臨床的には意味があるとは言えない。つまり，10％増加しただけでは，問題行動が改善された，とは言えない。そこで従来は，グラフ化したデータを視覚的に精査して，じゅうぶんに標的行動が変化した場合にのみ，実験変数の効果がある，と判断されてきた（Parsonson & Baer, 1986）。しかし，その反面，視覚だけに頼る分析方法は，効果的技法としての可能性を持つ処遇法を捨て去ってしまう可能性をはらんでいる（芝野，1986）。Kazdin (1984) は，視覚的精査に頼る研究者には，実験変数に効果があるにもかかわらず帰無仮説を受け入れてしまうという，タイプⅡのエラーを犯す傾向がある，と指摘している。そこで，視覚的には判断しにくい変化を評価し得る方法として，統計的手続きを採用することは，処遇技法の開発において大きな意味を持つ，と考えられるのである。

ところが，従来，少数被験者実験計画法において1人の被験者から得られたデータに対しては，t検定やF検定などの統計的分析法が適用可能かどうか，について疑問が多かった（Hartmanm, Gottman, Jones, Gardner, Kazdin, & Vaught, 1980; Marsh & Shibano, 1984）。なぜならば，少数被験者実験計画法のデータには，時間的な系列依存性（serial dependency）が含まれているため，個々のデータに統計的な独立性が認められないからである。そこで，系列依存性を持つ時系列（time series）データに用いることのできる統計的手続きが必要になる。その1つがたとえばARIMA (autoregressive integrated moving average) モデルであるが，芝野 (1986) は，①多数のデータ・ポイントが必要である，②数学的理論が難解である，③パラメータの推

定が煩雑である，という理由から，プラクティショナーが実践しにくい方法である，としている。そして，臨床で活用可能な簡便な手続きとして，ＡＲ（autoregressive）モデルを紹介している。

　条件交替法では，1人の被験者が短期間のうちに，ランダムな順序で2つ以上の条件を経験する。つまり，ＡＢ法などとは異なり，条件のランダマイゼイションがなされている。したがって，おのおののデータ・ポイントが独立していると考えられ，対応のないランダマイゼイション検定（randamization test）が適用可能である，とされている（Kazdin, 1982, 1984）。ランダマイゼイション検定とは，間隔尺度（interval scale）の数値に対して使用可能な検定法であり，分布の正規性や分散の斉一性を前提とせず（肥田野・瀬谷・大川, 1961），データに系列依存性が存在しても適用できる（Kazdin, 1984）。

　以下では，Kazdin（1984）が用いた仮想例に若干の変更を加えて，具体的な検定方法を述べる。教室で逸脱行動を示す児童に対して，通常の学級活動（条件Ａ）と，教師による賞賛（条件Ｂ）の2つの実験条件を計8セッション実施し，注目行動のパーセンテイジを比較したところ，表2のデータが得られた。条件ＡよりもＢのほうが効果的であることが先行研究から予測されるので，ここでは片側検定を使用する。はじめに，実験条件Ａ，Ｂの各データは，2つの母集団からのランダム・サンプルであるとして，各平均値間に差がない，つまり，同一の母集団に属するという帰無仮説を立てる。

　計算手順はまず，8個のデータのうち4個が一方の条件，たとえば条件Ａに属する場合の数を算出する。それは，8！／4！4！で70通りである。2条件間で平均値の差が最大になる極端な組合せは，最小値から4個（10, 15, 20, 25）が条件Ａ，最大値から4個（70, 75, 80, 85）が条件Ｂに属する場合である。この組合せが生じる確率は1／70，つまり.014であり，まれにしか起こらない結果と言える。つまり，5％の有意水準で帰無仮説を棄却できる。

　このように考えて，帰無仮説を棄却できる極端な組合せを求める。有意水準を.05に設定すれば，それは70×.05＝3.5通りである。棄却域が整数でない場合には，より大きな整数を選択することが推奨されているので（Conover, 1980），4通りとなる。表3のように，条件間の平均値の差が大きい順に4番目までを並べ，この中に表2で示した実際の組合せが入るかどうか，を見ると，2番目であることがわかる。そ

の確率は 2／70 で，.029 である。したがって，帰無仮説は棄却され，教師による賞賛という実験変数に効果がある，と判断されるのである。以上は片側検定であったが，いずれの条件のほうが効果的であるか，についての予測が成立しがたい場合には両側検定を使用し，確率の値はすべて倍となる。

このように，実際に得られたデータの組合せが，すべての組合せの中でどのくらい極端であるか，を計算し，その確率が有意水準よりも小さいならば，帰無仮説を棄却する方法が，ランダマイゼイション検定である。

表2　実験条件 A，B で得られた仮想データの組み合わせ
（Kazdin，1984 の図 9－2 を改変）[p. 64 参照]

左から実験条件，測定値，測定値の合計，平均値を示す。詳細は本文参照。

実験条件	データ	Σ	$\overline{X}$
A	20、15、10、50	95	23.75
B	25、60、65、70	220	55.00

表3　8個のデータの有意な組み合わせ
（Kazdin，1984 の図 9－3 を改変）[p. 64 参照]

実験条件 A，B の平均値の差の大きい順に，データの組合せが並べられている。8 個のデータのすべての組合せは 70 通りあり，有意水準を.05 に設定すると 70 ×.05 ＝ 3.5 となるため，本表に示されているように，4 番目までが有意な組合せとなる。このうち，表 2 のデータは 2 番目であるため，帰無仮説棄却することができる。詳細は本文参照。

条件A	$\overline{X}$A	条件B	$\overline{X}$B	$\overline{X}$B-$\overline{X}$A
20、10、15、25	17.50	50、60、65、70	61.25	43.75
20、10、15、50	23.75	25、60、65、70	50.00	26.25
50、10、15、25	25.00	20、60、65、70	53.75	28.75
60、10、15、20	26.25	25、50、65、70	52.50	26.25

さらに，Kazdin（1984）は，実験条件がランダムな順序で実施されている場合には，データに系列依存性が存在しても，ランダマイゼイション検定に近似の方法として，伝統的な t 検定や F 検定が適用できる，と主張している。なぜなら，条件がランダムに割り振られているため，t 値や F 値はランダム分布（randomization distribution）に密接に近似することが知られているからである（Box & Tiao, 1965）。試みに彼は，先述した 2 つの実験条件の仮想データを，ランダマイゼイション検定と，対応のない t 検定によって分析した。その結果，ランダマイゼイション検定の結果と，t 検定の結果は近似していた。

　この結果から Kazdin（1984）は，t 検定や F 検定による代用が可能である，と結論している。このとき，t 検定の代わりに，マン・ホイットニーの U 検定が適用可能なことも示唆している。U 検定とは，t 検定の前提である間隔尺度を満たさない数値に使用される，検定力の高い方法である。つまり，測定値が順序尺度（ordinal scale）と見なされる場合には，U 検定を使えばよい，というのが彼の主張である。条件交替法で得られたデータが，t 検定や F 検定で分析可能ならば，少数被験者実験計画法と多数被験者実験計画法との直接比較が可能となるため，実験計画法の分野への貢献は大きい，と考えられる。

2．1．2．実施上の長所

　少数被験者実験計画法では，まずベースライン条件を実施し，そこで安定したデータを得ることが必須とされている。しかし，家庭内暴力や自傷行動など，早急にクライエントの行動を改善すべき臨床事例では，ベースラインの実施は困難である。従来は，その対処法として，まず処遇（B）を実施し，効果が見られてからベースライン（A）に戻し，最後に処遇を再開する，ＢＡＢ法（BAB design）が推奨されてきた。しかし，即座に処遇を開始するという点では臨床に適しているものの，行動が改善されたにもかかわらず，ベースラインに戻さなければならないという点で，やはり実施上の困難が伴う。

　これらに対して，条件交替法では，すでに効果の認められている複数の処遇技法のどれが，当該の事例にもっとも効果的かを決定したい場合には，ベースラインを省略することができる。たとえば，恐怖症に対しては，系統的脱感作法，フラッディング法，モデリング法などは効果的であるというデータが存在するため，プラクティショナーの関心は，当該のクライエントに対して，どれがもっとも効果的かに

ある。この場合，ベースラインは必ずしも必要とは言えない。

Wacker, McHahon, Steege, Berg, Sasso, & Melloy（1990）は，同様の観点から，多層ベースライン法に類似の手続きと条件交替法を組み合わせた，「系列的条件交替法 (sequential alternating treatments design)」を提案した。これは，基本的には，ベースラインなしの条件交替法を実施したあとに，一方の技法だけの条件を，被験者・行動・場面間で時期を異ならせて，順に導入する方法である。

たとえば，「〜して遊ぼう」と言う友人（play peer）と，「〜の遊び方を教えてあげる」と言う友人（instruct peer）が，障害児の社会的な行動に及ぼす効果を検討するとき，最初に条件交替法を実施する（図8参照）。次の条件では，2人の友人はともに，MikeとSamに対しては，instruct peerとなり，Billに対してはplay peerとなる。

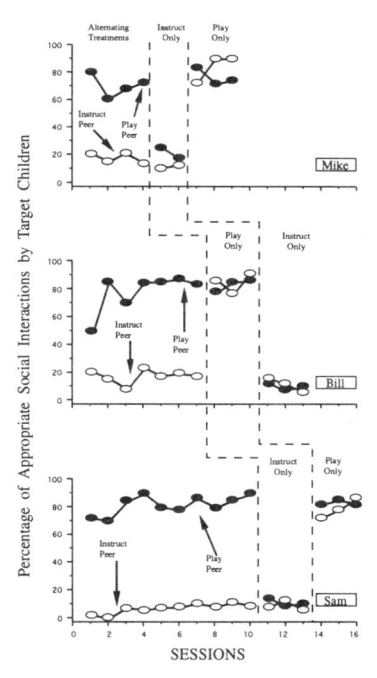

図8 被験者間の系統的条件交替法の例
（Wacker et al., 1990の図1より引用）

横軸はセッション，縦軸は被験児（障害児）の社会的な行動の生起のパーセンテイジを示す。詳細は本文参照。

最後の条件では，逆に，Mike と Sam に対しては play peer，Bill には instruct peer となる。このように，まず条件交替法を実施し，次に導入時期と順序を被験者間で異ならせて，各条件を導入していくのが，系列的条件交替法である。

また，Wacker et al.（1990）は，早急に処遇を実施し，かつ，効果的にその行動を抑制したい行動が標的の場合には，図9に見られる方法が可能である，としている。さまざまな活動中に自傷行動を示す1人の精神薄弱児を対象として，歯みがきなど4つの活動（各グラフの右に表示）を取り上げ，それに従事しているときに自傷行動が生起すると，当該の活動に戻るように要求する技法を条件交替法によって比較する。比較する技法は，「積極的に要求する（active demands）」技法と，「消極的に要求する（passive demands）」技法である。そして，効果の見られた積極的要求の技法を，複数の活動間で導入時期を異ならせて，引き続き単独で実施するのである。

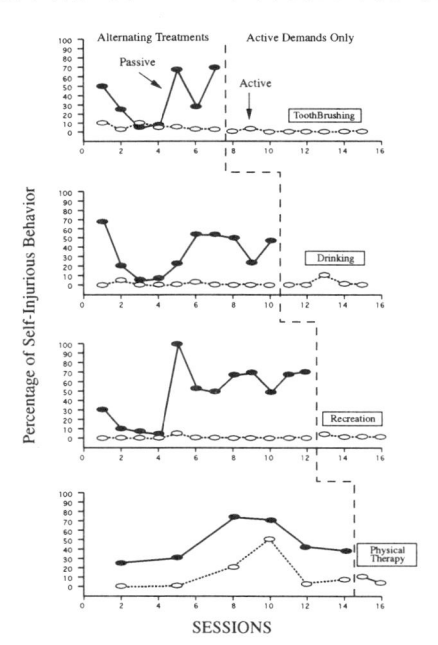

図9　活動間の系列的条件交替法の例
（Wacker et al., 1990 の図2より引用）

　　横軸はセッション，縦軸は被験児（精神薄弱児）の自傷行為の生起のパーセンテイジを示す。詳細は本文参照。

系列的条件交替法では，ベースラインを実施していないので，処遇の絶対的な効果を示すデータは得られない。しかし，複数処遇間の相対的な効果は分析できる。行動修正（behavior modification）の分野では，1つの問題行動に対して多数の技法の効果が報告されつつあるため，当該の標的行動に対して複数の技法が適用可能な事例では，利用価値の高い方法である。

　条件交替法の実施上の長所の2点目は，短い期間で処遇の効果が明らかになる点である。複数の条件を急速に交替させるため，他の少数被験者実験計画法に比べて，各処遇の効果がより早く判明する。たとえば，処遇BとCを典型的な反転法で比較すると，ＡＢＡＣＡという実験計画となる（Aはベースライン）。かりに，おのおのの条件を5セッションずつ実施した場合，全部で25セッションを要することになる。他方，条件交替法を用いて，ベースラインを含めた3条件を比較すると，所要セッション数はわずか15セッションですむ。また，ベースラインを実施しない場合，セッション数はさらに少なく，10セッションとなる。言うまでもなく，臨床では，できるだけ早急に，しかも効率よく標的行動を改善する必要がある。その意味で，条件交替法の時間的な節約性（parsimony）は，大きな利点と言える。

2．2．臨床における条件交替法の問題点と対処法

　本節では，条件交替法の問題点について論じ，臨床場面における適用上の注意点について検討する。

　条件交替法を臨床において適用する場合，1人のクライエントに複数の処遇技法が実施されるため，各技法間で相互作用が生じる可能性がある（Barlow & Hayes, 1979; Barlow & Hersen, 1984; McGonigle, Rojahn, Dixon, & Strain, 1987; Hains & Baer, 1989）。Barlow & Hayes（1979）は，この相互作用を「複数条件間の干渉（multiple treatment interference）」と呼んでいる。これは，処遇技法AとBの効果が，おのおのが単独で実施されたときの効果とは，異なるかも知れない可能性のことを言う。

　その具体例は，持ち越し効果（carryover effect）である（Barlow & Hayes, 1979）。つまり，処遇技法Aを実施した次のセッションで，技法Bが行われたとき，Aの効果が波及し，その結果，単独で実施されたときに比べて，Bの効果が増加，あるいは減少するかも知れない。たとえば，賞賛による強化と食物による強化を，条件交替法で比較したときに得られたデータは，いずれかの手続きを単独で実施した場合

よりも，効果が大きい，あるいは小さいものになるかも知れない。Heward（1987）は，各条件で適用される技法が類似している場合，つまり，クライエントにとって条件間の弁別が困難な場合に，持ち越し効果が生じる傾向にある，としている。持ち越し効果が生じると，各技法の正確な評価が困難，あるいは不可能になってしまう。

先述したKazdin（1984）は，論理的には，条件のカウンターバランスによって，相互作用は相殺できる，とした。しかし，Hains & Baer（1989）は，条件間に相互作用の可能性がある限り，それを無視することはできない，として，Sidman（1960）による「独立的確証（independent verification）」と「機能的操作（functional manipulation）」の方法を紹介し，相互作用を同定する手続きについて考察している。相互作用の検討は，基礎研究としては確かに重要であるが，条件数の増加によって複雑な実験計画となるため，臨床的には実践困難，あるいは不可能な方法になる恐れがある。現時点では，条件交替法の基礎実験がじゅうぶんに行われているとは言えないため，基礎研究における実験的・理論的検討を待ったうえで，事例に応じて考慮していくのが妥当であろう。したがって，当面は，条件交替法を実施するうえで，最低限必要な次のようなルールを実行していくべきである。

Barlow & Hersen（1984）は，条件交替法を適用するときに，次の3点を実施すべきである，と指摘している。①処遇技法の実施順序をカウンターバランスさせる，②セッション間の時間間隔を十分に取る，③クライエントが各処遇技法を弁別できるようにする。このうち，②については，臨床では1週間に1セッションが一般的なので，実験的研究に比較すると，じゅうぶんな時間間隔と言える。③については，臨床で比較するのは類似した技法ではなく，クライエントが弁別可能な明瞭に異なる技法にすべきであろう。これら3点がプラクティショナーが留意すべき点である。

以上のような，データ評価上と，実施上の長所から，条件交替法は臨床において十分に活用可能な実験計画法であることが示唆される。ただし，比較的新しい実験計画法であり，データの蓄積が少ないため，今後，多くの臨床事例に適用することによって，その長所・短所を明確にする必要がある。たとえば，どのようなクライエント・行動・技法のときにもっとも適しているのか，処遇の交替の回数や処遇の実施間隔はどのくらいが適当か，などについて明瞭にすることが，今後の課題であろう。そして，必要ならば，臨床に即した適用方法を新たに考案することが望まれる。

要　　約

　本論文では，少数被験者実験計画法の1つである条件交替法を取り上げ，臨床場面での活用の可能性を検討した。まず，条件交替法の基本的な手続きを紹介し，"Journal of Applied Behavior Analysis"における，1980から1990年までの11年間の適用動向を調査した。その結果，①条件交替法の適用が増加しつつある。特に1988・1989・1990年の3年間は，実験総数の20％以上を占める，②他の実験計画法を併用した実験が，条件交替法単独の実験よりも多い，ことが明らかになった。次に，臨床での長所として，データ評価の観点から，多数被験者実験計画法で発展してきた統計的検定が，条件交替法のデータに適用可能であることを論じた。実施上の観点からは，①必ずしもベースライン条件を設ける必要がない，②所要期間が短い，ことが長所であることを指摘した。これらの長所から，条件交替法の臨床での活用可能性は，他の実験計画法に比べて高いことが示唆された。最後に，条件間の相互干渉の問題と，その対処手続きについて述べ，条件交替法の今後の課題について論議した。

　キーワード：条件交替法，少数被験者実験計画法，カウンターバランス，複数条件間の干渉，多数被験者実験計画法，応用行動分析

引用文献

Alberto, P. A., & Troutman, A. C. 1986 *Applied Behavior Analysis for Teachers (2nd ed.).* Columbus: Merrill Publishing Company.

Baer, D. M., Wolf, M. M., & Risley, T. R. 1968 Some current dimensions of applied behavior analysis. *Jounal of Applied Behavior Analysis,* 1 (1), 91-97.

Barlow, D. H., & Hayes, S. 1979 Alternating treatments design: One strategy for comparing the effects of two treatments in a single subject. *Journal of Applied Behavior Analysis,* 12 (2), 199-210.

Barlow, D. H., & Hersen, M. 1984 *Single case experimental designs: Strategies for studying behavior change (2nd ed.).* New York: Pergamon Press.（高木俊一郎・佐久間徹（監訳）1988　1事例の実験デザイン　二瓶社）

Box, J. E. P., & Tiao, G. C. 1965 A change in level of non-stationary time series. *Biometrica,* 52, 181-192.

Carter, R.D. 1976 *Designs and data patterns in intensive experimentation.* Unpublished monograph, School of Social Work, University of Michigan, Ann Arbor.

Conover, W. J. 1980 *Practical nonparametric statistics* (2nd ed.). New York: Wiley.

出口　光　1989　行動修正　小川隆（監修）杉本助男・佐藤方哉・河嶋孝（共編）行動心理ハンドブック　培風館　95-106.

Hains, A. H. & Baer, D. M. 1989 Interaction effects in multielement designs: Inevitable, desirable, and ignorable. *Journal of Applied Behavior Analysis,* 22 (1), 57-69.

Hartmann, D. P., Gottman, J. M., Jones, R. R., Gardner, W., Kazdin, A. E., & Vaught, R. S. 1980 Interrupted time-series analysis and its application to behavioral data. *Journal of Applied Behavior Analysis,* 13 (4), 543-559.

Heward, W. L. 1987 Reversal and alternating treatments designs. In J. O.Cooper, T. E.,Heron, & W. L. Heward, *Applied Behaivor Analysis,* 163-194. Columbus: Merrill Publishing Company.

肥田野直・瀬谷正敏・大川信明　1961　心理教育統計学　培風館

Horner, R. D., & Baer, D. M. 1978 Multiple-probe technique: A variation on the multiple baseline. *Journal of Applied Behaivor Analysis,* 11 (1), 189-196.

Jayaratna, S., & Levy, R. L. 1979 *Empirical clinical practice.* New York: Columbia University Press.

Kazdin, A. E. 1982 *Single-case research designs: Methods for clinical and applied settings.* New York: Oxford University Press.

Kazdin, A. E. 1984 Statistical analyses for single-case experimental designs. In D. H. Barlow & M. Hersen, *Single case experimental designs: Strategies for studying behavior change* (2nd ed., 285-324). New York: Pergamon Press.（高木俊一郎・佐久間徹（監訳）1988　1事例の実験デザイン　二瓶社　279-319）

Kratochwill, T. R (Ed.) 1978 *Single subject research: Strategies for evaluating change.* New York: Academic Press.

Marsh, J. C., & Shibano, M. 1984 Issues in the statistical analysis of clinical time-series data. *Journal of Social Work and Abstracts,* 20, 7-12.

McGonigle, J. J., Rojahn, J., Dixon, J., & Strain, P. S. 1987 Multiple treatment interference in the alternating treatments design as a function of the intercomponent interval length. *Journal of Applied*

Behavior Analysis, 20 (2), 171-178.

Parsonson, B. S., & Baer, D. M. 1986 The graphic analysis of data. In A. Poling & R. W. Fuqua (Eds.), *Research methods in applied behavior analysis: Issues and advances,* 157-186. New York: Plenum.

芝野松次郎 1986 単一事例実験計画法における評価手続き—ARモデルの臨床への応用— 関西学院大学社会学部紀要，52, 33-42.

Sidman, M. 1960 *Tactics of scientific research: Evaluating experimental data in psychology.* New York: Basic Books.

Thomas, E. J. 1975 Uses of research methods in interpersonal practice. In N. A. Polansky (Ed.), *Social work research* (2nd. ed.), 254-283, Chicago: The University of Chicago.

Wacker, D., McMahon, C., Steege, M., Berg, W., Sasso, G., & Melloy, K. 1990 Applications of a sequential alternating treatments design. *Journal of Applied Behavior Analysis,* 23 (3), 333-339.

資料　1980から1990年までの"Journal of Applied Behavior Analysis"において条件交替法を適用した論文

　左から，著者，被験者，標的行動，実験手続き，実験計画，掲載号・頁。実験計画の欄の「ATD」は条件交替法，「マルチ」は多層ベースライン法，「マルチプローブ」は多層プローブ法を示す。たとえば，「ATD＋マルチ」は条件交替法と多層ベースライン法が併用されていることを意味する。「ATD（1）」とあるのは，条件交替法が単独で適用されている実験であり，その数字は，図2（p.51参照）の3つのヴァリエイションのいずれかを表す。「ATD（BLナシ）」は，条件交替法においてベースライン条件を実施していない実験を指す。末尾に1989年の討論論文，特集論文，1990年のテクニカル論文が掲載されている。詳細は本文参照。

著　者	被験者	標的行動	実験手続き	実験計画	号・頁
Neef, N. A., Iwata, B .A., & Page, T. J.(1980)	発達障害者（3名）	単語の習得と保持行動	1：高い密度で強化する手続き 2：粗い密度で強化する手続き	ATD＋マルチ	13（1）153-158
Martin, G., Pallotta- A., Johnstone, G., & Cleso Goyos, A. (1980)	精神遅滞者（16名）	作業行動	1：午前中に実施される訓練 2：午後に実施される訓練	ATD＋マルチ＋ABA	13（1）183-190
Ollendick, T. H., Matson, J. L., Esveldt-Dawson, K., & Shapiro, E. S. (1980)	実験1　学習障害のMBD児（2名）	スペリング	実験1 1：正の練習手続き 2：正の練習＋正の強化手続き 3：ベースライン	ATD（2）	13（4）645-654
	実験2　情緒障害児（2名）	スペリング	実験2 1：正の練習＋正の強化手続き 2：伝統的な手続き＋正の強化手続き 3：伝統的な手続き	ATD（2）	

著者	被験者	標的行動	実験手続き	実験計画	号・頁
Van Houten, R., Nau, P. A. Mackenzie-Keating, S. E., Sameoto, D.,& Colavecchia, B. (1982)	実験1 健常児・特殊学級在籍児（各1名）	破壊的行動	実験1 1：ベースライン 2：言語叱責 3：言語叱責＋非言語による叱責	ATD＋ ABAB	15（1） 65-83
	実験2 健常児（1名）	破壊的行動	実験2 1：1m離れて，言語による叱責 2：7m離れて，言語による叱責	ATD＋ ABAB	
Hurlbut, B. I., Iwata, B. A. & Green, J. D. (1982)	複数の障害を持つ青少年（3名）	非音声の言語行動	1：ブリス（Bliss）訓練法 2：アイコニック（Iconic）訓練法	ATD (1)	15（2） 241-258
Geller, E. S., Paterson, L.,& Talbott, E. (1982)	ドライバー（多数）	シートベルト着用行動	1：報酬を随伴させる手続き 2：報酬を随伴させない手続き	ATD＋ ABAB	15（3） 403-415
Carey, R. G., & Bucher, B. (1983)	精神遅滞児（5名）	課題従事行動	1：比較的長い時間の正の練習 2：比較的短い時間の正の練習	ATD＋ マルチ	16（1） 101-109
Remington, B., & Clarke, S. (1983)	自閉児（2名）	サイン使用行動	1：サインによる訓練法 2：同時法＋サインによる訓練法	ATD＋ マルチ	16（3） 315-328
Barrera, R. D., & Sulzer-Azaroff, B.(1983)	自閉児（3名）	命名行動	1：音声による訓練法 2：さまざま方法による全体的訓練法	ATD (1)	16（4） 379-394
Repp, A. C., Barton, L. E., & Brulle, A. R. (1983)	実験2 精神遅滞児（1名）	破壊的行動	実験2 1：ベースライン 2：比較的短い時間のDRO手続き 3：比較的長い時間のDRO手続き	ATD (3)	16（4） 435-445
Bachman, J. E., & Fuqua, R. W. (1983)	精神遅滞児（4名）	不適切行動	フェイズ1 1：ウォームアップ 2：ジョギング フェイズ2 1：練習なし 2：ジョギング	ATD＋ マルチ	16（4） 477-484

著　者	被験者	標的行動	実験手続き	実験計画	号・頁
Mosk, M. D., & Bucher, B.(1984)	実験1 精神遅滞児 （6名）	視覚－運動技能	実験1 1：プロンプト 2：プロンプト＋シェイピング	ATD (1)	17 (1) 23-34
	実験2 精神遅滞児 （6名）	身辺処理技能	実験2 1：プロンプト 2：プロンプト＋シェイピング	ATD (1)	
Singh, N. N., & Singh, J (1984)	精神遅滞児 （4名）	学業行動	1：ベースライン 2：適切な教科書を下見する 3：その他の教科書を下見する	ATD (2)	17 (1) 111-119
Touchette, P. E., & Howard, J. S. (1984)	精神遅滞児 （3名）	弁別行動	1：CRF／CRFスケジュール 2：CRF／FR3スケジュール 3：FR3／CRFスケジュール	ATD＋マルチプローブ	17 (2) 175-188
Sisson, L. A., & Barrett, R. P. (1984)	精神遅滞児 （3名）	文章の読み行動	1：発語訓練法 2：複数の方法による全体的訓練法	ATD＋マルチ	17 (4) 559-566
McGee, G. G., Krantz, P. J., & McClannahan, L. E. (1985)	自閉症児 （3名）	前置詞の使用行動	1：伝統的な訓練法 2：機会利用型訓練法	ATD＋マルチ	18 (1) 17-31
Gettinger, M. (1985)	スペリングの貧弱な児童 （9名）	スペリング	1：教師による教示手続き（手がかりあり） 2：教師による教示手続き（手がかりなし） 3：生徒による教示手続き（手がかりあり） 4：生徒による教示手続き（手がかりなし）	ATD (1)	18 (2) 167-171
Wacker, D. P., Berg, W. K., Wiggins, B., Muldoon, M., & Cavanaugh, J. (1985)	精神遅滞児 （5名）	マイクロスイッチの使用行動	4つの異なる感覚刺激をランダムな順序で標的行動に随伴させる	ATD＋マルチ	18 (2) 173-178

著　者	被験者	標的行動	実験手続き	実験計画	号・頁
Dunlap, G., & Johnson, J. (1985)	自閉症児（3名）	課題従事行動	1：被験児が予測可能な指導法 2：被験児が予測不可能な指導法	ATD＋マルチ＋ABA	18（3）227-236
Odom, S. L., & Strain, P. S.(1986)	自閉症児（3名）	社会的に相互作用する行動	1：教師が先導する訓練法 2：友人が先導する訓練法	ATD＋マルチ	19（1）59-71
Clarke, S., Remington, B., & Light, P.(1986)	精神遅滞児（3名）	受容言語とサイン使用行動	1：既知の単語を使用する手続き 2：未知の単語を使用する手続き	ATD＋ABA	19（3）231-239
Singh, N. N., Watson, J. E., & Winton, A. S. W. (1986)	実験1 精神遅滞児（1名）	顔を叩く自傷行動	実験1 1：顔面を遮断（screening） 2：スプレーによる顔への水吹きつけ	ATD＋ABA	19（4）403-410
	実験2 精神遅滞児（1名）	指なめ行動	実験2 同上	ATD＋ABA	
	実験3 精神遅滞児（1名）	耳をこする行動	実験3 1：スプレーによる顔への水吹きつけ 2：強制的に腕を制止し、上げ下げさせる	ATD＋ABA	
Mace, F. C., & Knight, D. (1986)	精神遅滞児（1名）	異食行動	フェイズ2 1：訓練者との相互作用なし 2：訓練者との制限された相互作用 3：訓練者とのひんぱんな相互作用 フェイズ3 1：ヘルメットなし 2：シールドのないヘルメット着用 3：シールド付きのヘルメット着用	ATD＋ABCDAD	19（4）411-416

著　者	被験者	標的行動	実験手続き	実験計画	号・頁
McGonigle, J. J., Rojahn, J., Dixon, J., & Strain, P. S. (1987)	実験1 精神遅滞児 （1名）	大声を出す行動	実験1 1：行動を中断させる手続き 2：視覚的遮断（screening） 3：ＤＲＯ手続き 4：消去手続き	ATD＋ABABCBC	20（2）171-178
	実験2 精神遅滞児（1名）	破壊的な非服従的行動	実験2 1：視覚的遮断 2：ＤＲＯ手続き	ATD＋ABCDCEF	
Sainato, D. M., Strain, P. S., Lefebvre, D., & Rapp, N.(1987)	精神遅滞児（5名）・健常児（6名）	クラス移動時の適切な行動	1：友人による手助け 2：ベルによるプロンプト	ATD(2)	20（3）285-291
Charlop, M.H., Burgio, L. D., Iwata, B. A., & Ivancic, M. T. (1988)	発達遅滞児（3名）	不適切行動	2名に対して 1：3つの罰刺激をランダムな順序で適用する手続き 2：過剰修正法	ATD＋ABABAB	21（1）89-95
			1名に対して 1：3つの罰刺激をランダムな順序で適用する手続き 2：「駄目」と言う	ATD＋ABABABAB	
Stern, G. W., Fowler, S.A., & Kohler, F.W. (1988)	問題行動を持つ児童（2名）	課題に従事しない行動＋破壊的行動	1：友人を監視する 2：友人に監視される	ATD＋マルチ＋ABA	21（1）103-109

著者	被験者	標的行動	実験手続き	実験計画	号・頁
Mace, F. C., Hock, M. L., Lalli, J. S., West, B. J., Belfiore, P., Pinter, E. & Brown, D. K. (1988)	実験1 精神遅滞者 （1名）	指示に従う行動	実験1・2・3 1：「〜しろ」と命令	ATD＋ ABCDCE	21（2） 123-141
	実験2 精神遅滞者 （1名）	指示に従う行動	2：「〜するな」と命令の2条件の効果を，さまざまな条件の反転法と併合して検討	ATD＋ ABABC	
	実験3 精神遅滞者 （1名）	指示に従う行動		ATD＋ ABABAC	
	実験4 精神遅滞者 （2名）	教示に従って課題を行う行動	実験4 1：ベースライン 2：高い確率の命令 3：実験者による注意	ATD (1)	
	実験5 精神遅滞者 （1名）	課題遂行行動	実験5 1：プロンプト 2：随伴性管理 　　（management） 3：高い確率の命令	ATD＋ ABAC	
Repp, A. C., Felce, D., & Barton, L. E. (1988)	精神遅滞児 （3名）	頭叩き行動・ステレオタイプな行動	被験者1 1：正の強化手続き 2：負の強化手続き 被験者2 1：正の強化手続き 2：自己刺激手続き 被験者3 1：負の強化手続き 2：自己刺激手続き	ATD (2)	21（3） 281-289

著　者	被験者	標的行動	実験手続き	実験計画	号・頁
Wacker, D. P., Wiggins, B., Fowler, M., & Berg, W. K. (1988)	実験1 複数の障害を持つ生徒 （5名）	スイッチ押し行動	実験1 スイッチを押している間、おもちゃが動く。被験者ごとに2種のおもちゃを使用。	ATD＋マルチ	21 (4) 331-343
	実験2 複合障害を持つ生徒 （10名）	スイッチ押し行動	実験2 1：録音テープから教師のメッセージが随伴 2：1の手続き＋教師の注目が随伴	ATD＋マルチ	
	実験3 複合障害を持つ生徒 （3名）	遊びや飲物の要求行動	実験3 各要求行動に対して、教師の特定のメッセージが随伴	ATD (1)	
Baer, R .A., Detrich, R., & Weninger, J. M. (1988)	実験2 健常児 （3名）	おもちゃ遊び行動	実験2 1：言語を先行させずに強化 2：言語を先行させて強化 3：言行一致を強化	ATD＋ABCA	21 (4) 345-356
Clarke, S., Remington, B., & Light, P. (1988)	実験1 精神遅滞児 （4名）	サイン使用行動	実験1 1：サイン単独の訓練法 2：複数の方法による全体的訓練法	ATD＋マルチ＋ABA	21 (4) 419-426
	実験2 フェニルケトン尿症の児童 （1名）	同上	実験2 同上	ATD＋マルチプローブ	
Lloyd, J. W., Bateman, D. F., Landrum, T. J., & Hallahan, D. P. (1989)	情緒・学習障害児 （5名）	注意を集中させる行動・学業行動	1：注意集中行動の自己記録法 2：学業行動の自己記録法	ATD＋マルチ＋ABA	22 (3) 315-323

著者	被験者	標的行動	実験手続き	実験計画	号・頁
Jordan, J., Singh, N. N., & Repp, A. C.(1989)	精神遅滞者（5名）	ステレオタイプな行動	フェイズ2 1：ベースライン 2・3：2つの異なる課題 フェイズ3 1：ベースライン 2：寛大な指導法 3：視覚的遮断 フェイズ4 1：ベースライン 2：視覚的遮断	ATD＋ ABCDE	22（1） 9-22
Steege, M. W., Wacker, D. P., Berg, W. K., Cigrand, K. K., & Cooper, L. J. (1989)	実験1 複数の障害を持つ児童（1名）	実験1 自傷行動。ただし，その予備研究として，スイッチ押し行動に，1：ラジオ音が随伴する条件，2：ファン音が随伴する条件，を比較	ATD (BLナシ)	22（1） 23-33
	実験2 精神遅滞児（1名）		実験2 自傷行動。ただし，最も効果的な技法を同定する予備研究として，1：タイムアウト，2：課題をやらせる，3：非構造的な遊び，4：リスポンスコスト，を比較		
Valcante, G., Roberson, W., Reid, W. R., & Wolking, W. D. (1989)	複数の障害を持つ児童（1名）	課題学習行動	1：被験者が反応するまでの時間（長） 2：被験者が反応するまでの時間（短） 3：試行間間隔（長） 4：試行間間隔（短）	ATD (BLナシ)	22（1） 43-55
McDonnell, J., & Ferguson, B. (1989)	精神遅滞者（4名）	小切手を書き，自動金銭出納機を使用する行動	1：時間遅延法（time delay） 2：プロンプトを減少させる方法	ATD＋ ABA	22（1） 85-91

著　者	被験者	標的行動	実験手続き	実験計画	号・頁
Van Houten, R., & Rolider, A. (1989)	実験1 四則計算が苦手な児童（10名）	計算行動	実験1 1：問題カードの継時的な呈示方法 2：カードの急速な再呈示方法	ATD (BLナシ)	22（1） 111-118
	実験2 加算・引算が苦手な児童（10名）	同上	実験2 1：矯正法 2：矯正法＋言語的叱責	ATD (BLナシ)	
	実験3 積算が苦手な児童（6名）	同上	実験3 1：訓練者と被験者が膝を突き合わせて訓練 2：訓練者と被験者が机を間にして訓練	ATD (BLナシ)	
	実験4 加算が苦手な児童（2名）	同上	実験4 1：ベースライン 2：複数の方法による訓練パッケージ	ATD (BLナシ)	
Iwata, B. A., Pace, G. M., Kalisher, M. J., Cowdery, G. E., & Cataldo, M. F. (1990)	実験1 自傷行動を持つ青少年（7名）	自傷行動	1：訓練者が注意を払う 2：訓練者が課題を要求する 3：医学的治療 4：1人にさせておく 5：遊ぶ機会を与える	ATD (BLナシ)	23（1） 11-27
Charlop, M. H., Kurtz, P. F., & Casey, F. G. (1990)	実験1 自閉症児（4名）	課題遂行行動	1：ステレオタイプな行動に従事する機会を与える 2：食物強化 3：手続き1・2をランダムに実施する	ATD (BLナシ)	23（2） 163-181
	実験2 自閉症児（3名）	課題遂行行動	1：遅延エコラリアの機会を与える 2：食物強化 3：手続き1・2をランダムに実施する	ATD (BLナシ)	
	実験3 自閉症児（3名）	課題遂行行動	1：常同行動の機会を与える 2：ステレオタイプな行動に従事する機会を与える 3：食物強化	ATD (1)	

著　者	被験者	標的行動	実験手続き	実験計画	号・頁
Mace, F. C., McCurdy, B., & Quigley, E. A. (1990)	実験1 成績不良児 （1名）	数学の問題を解く行動	1：社会的強化 2：食物強化	ATD＋ ABCDEF	23（2） 197-205
	実験2 精神遅滞児 （1名）	課題遂行行動	1：ピーナツバター・カップス 2：M&Mチョコレート	ATD＋ ABCBDED	
Parsons, M.B., Reid, D. H., Reynolds, J., & Bumgarner, M. (1990)	精神遅滞者 （4名）	課題従事行動	1：より好む課題をさせる 2：より好まない課題をさせる 3：課題を選択させる	ATD (BLナシ)	23（2） 253-258
Cooper, L. J., Wacker, D. P., Sasso, G. M., Reimers, T. M., & Donn, L. K. (1990)	失行症児 （8名）	着席して課題従事する行動	1：難しい課題をやらせて両親が注目 2：難しい課題をやらせて両親が無視 3：簡単な課題をやらせて両親が注目 4：簡単な課題をやらせて両親が無視	ATD (2)	23（3） 285-296
Kohler, F. W., & Greenwood, C. R. (1990)	健常児 （7名）	協力行動	1：標準的なチュータリング手続き 2：修正されたチュータリング手続き	ATD (2)	23（3） 307-322
sborne, K., Rudrud, E., & Zezoney, F. (1990)	大学の野球部員 （5名）	適切にカーブを打つ行動	1：ベースライン 2：1/4インチのマーク付きボール使用 3：1/8インチのマーク付きボール使用	ATD (1)	23（3） 371-377
Steege, M. W., Wacker, D. P., Cigrand, K. C., Berg, W. K., Novak, C. G., Reimers, T. M., Sasso, G. M., & Deraad, A. (1990)	精神遅滞児 （2名）	自傷行動	行動査定のために次の4条件を比較 1：被験児1人にする（ベースライン） 2：自傷行動に短い休憩を随伴 3：自傷行動に社会的関心を随伴 4：拮抗行動の分化強化	ATD (3)	23（4） 459-467

著　者	被験者	標的行動	実験手続き	実験計画	号・頁
Cowdery, G. E., Iwata, B. A., & Pace, G. M. (1990)	自傷行動を持つ児童（1名）	自傷行動	1：ベースライン 2：トークンによるDRO強化手続き 3：社会刺激によるDRO強化手続き	ATD (3)	23（4）497-506
Mace, F. C., & Belfiore, P. (1990)	精神遅滞者（1名）	ステレオタイプな行動	実験者1と2が高い確率の要求条件を交互に実施	ATD＋ABAB	23（4）507-514
Singh, N. N., & Solman, R. T. (1990)	精神遅滞児（8名）	命名行動	1：単語カードと絵を呈示 2：単語カードだけを呈示 3：大きな単語カードと絵を呈示 4：大きな単語カードだけを呈示	ATD (2)	23（4）525-532
評論論文 Hains, A. H., & Baer, D. M. (1989)	条件交替法の各実験条件間で生じる相互作用について論議				22（1）57-69
特集論文 Likins, M., Salzberg, C. L., Stowitschek, J. J., Kraft, B. L., & Curl, R.(1989)	実験2 精神遅滞者（3名）	サラダの品質をチェックする行動	実験2 1：モデリング・教示などからなる一致（coincidental）訓練 2：一致訓練＋品質チェック訓練	ATD＋マルチ	22（4）381-393
テクニカル論文 Wacker, D., McMahon, C., Steege, M., Berg, W., Sasso, G., & Melloy, K.(1990)	臨床に適した方法として，ベースライン条件を設けない条件交替法を提案し，その方法を「系列的条件交替法」と命名。その長所・短所を論議。				23（3）333-339

第3章

ヒトの行動形成法としての自動的反応形成手続き

大阪市立大学　桑田　繁

はじめに

　精神遅滞児・者に対する応用行動分析アプローチの効果は，多数の研究によって実証されてきた（Matson, 1990）[10]。応用行動分析の訓練プログラムは主にオペラント条件づけの原理に基づいているが，具体的な行動に焦点を置いたその方略は，①適応行動をいかに形成するか，②形成された適応行動をいかに維持させるか，③不適応行動をいかに減少・消失させるか，の3点に集約させることができる。

　そのうち行動の形成については，従来，シェイピング（shaping）の手続きが多用されてきた。シェイピングとは，ある基準を満たした反応にだけ正の強化子を呈示し，その基準を漸次的に上げながら，消去による反応の変動性を利用して，最終的に標的反応を形成する手続きをいう。そのほかに応用場面で利用可能な行動形成法としては，チェイニング，物理的誘導法，モデリング法，教示法が指摘されている（佐藤, 1987）[15]。

　ところで，応用行動分析において検討されてこなかった行動形成法として，自動的反応形成（autoshaping）の手続き（Brown & Jenkins, 1968）[3]があげられる。自動的反応形成は，行動分析の理論的枠組みに疑問を提起する現象として，ハト・ラットなどの動物を用いた基礎実験の中で検討されてきたため，ヒトを対象とした研究はわずかしか行われてこなかった。臨床場面での行動形成法としては未開拓であり，新しい手法として利用できる可能性が指摘される。本稿では，自動的反応形成の基本的手続き・知見とヒトの自動的反応形成の実験を概観し，臨床場面での利点と活用可能性について論議する。

I 自動的反応形成の概略

1 自動的反応形成とその基本的手続き

Brown & Jenkins (1968)[3] は空腹なハトを被験体とし，スキナー箱と呼ばれる実験箱 (Fig. 1 参照) を用いて次の実験を行った。実験箱の前面パネルの円形のキイに白色ライト (キイライト) を 8 秒間点灯させ，その消灯と同時に餌を 4 秒間呈示した。このキイライトの点灯と餌の対呈示試行が，平均 60 秒の試行間間隔で繰り返し行われた。その結果，36 羽すべてのハトに平均 45 試行で，点灯したキイライトに対するつつき反応 (キイつつき反応) が形成された。

このように，刺激 (たとえば点灯したキイライト) と刺激 (たとえば餌) の対呈示試行を繰り返した結果，先行の刺激 (点灯したキイライト) に対する接近・接触反応が形成された場合に，その手続きは自動的反応形成手続き，その行動的事実は自動的反応形成と呼ばれる (Fig. 2 参照。以後，先行の刺激を先行刺激，先行刺激に後続する刺激を後続刺激と呼ぶ)。先行刺激は後続刺激を信号し，かつ，後続刺激は餌・水のような一般に"報酬"と呼ばれる刺激であるため，自動的反応形成は報酬を信号する刺激への接近・接触反応ともいわれる (Hearst & Jenkins, 1974)[6]。

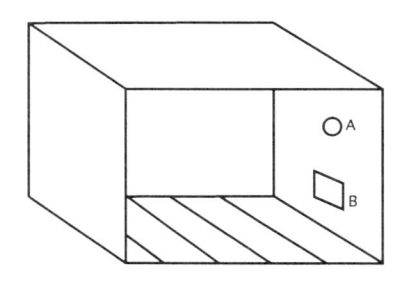

Fig. 1 スキナー箱

A はキイであり，自動的反応形成手続きではこの部分に先行刺激であるキイライトが点灯される。B は餌呈示口であり，背部の餌箱がこの部分に一定時間，上昇することによって，後続刺激である餌が呈示される。

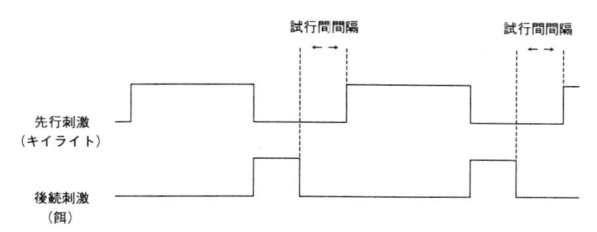

Fig. 2　自動的反応形成手続き

　自動的反応形成手続きでは，先行刺激（たとえばキイライト）と後続刺激（たとえば餌）の対呈示試行が繰り返される。試行と試行の間には試行間間隔が挿入される。本図では，試行間間隔は一定になっているが，試行ごとに変動させる手続きのほうが一般的である。

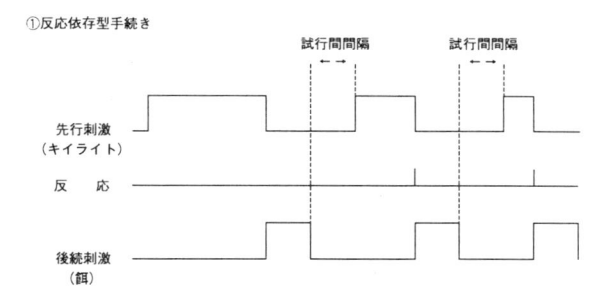

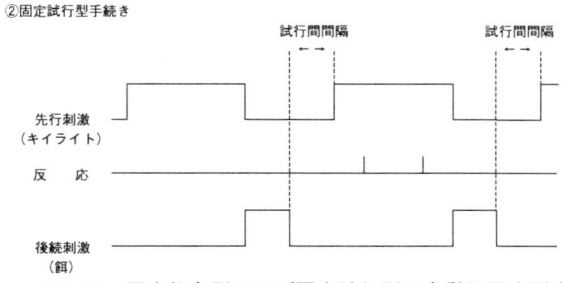

Fig. 3　反応依存型および固定試行型の自動的反応形成手続き

　①反応依存型手続きでは反応が生じると即時に後続刺激（たとえば餌）が呈示されるが，②固定試行型手続きでは反応の有無にかかわらず，所定の時間だけ先行刺激（たとえばキイライト）が呈示され，その後に，後続刺激（餌）が呈示される。

第3章　ヒトの行動形成法としての自動的反応形成手続き　　83

自動的反応形成手続きは，反応依存型（response-dependent）と固定試行型（fixed-trial）に大別される。被験体の反応が生じない試行において先行刺激と後続刺激が対呈示される点は同一であるが，反応が生じた後の手続きが異なる（Fig. 3参照）。反応依存型手続きでは，点灯したキイライト（先行刺激）に対して被験体の反応が生起すれば即時にキイライトが消灯され，餌（後続刺激）が呈示される。固定試行型手続きでは，点灯中に反応が何回生じても定めた時間はキイライトは点灯され続け，消灯と同時に餌が呈示される。

2　行動分析における自動的反応形成の意義

　シェイピングは被験体が所定の反応を自発すれば正の強化子を呈示するという点で，"反応―刺激（強化子）随伴性"であるオペラント強化随伴性に基づいているが，自動的反応形成手続きは反応とは無関係に，先行刺激と後続刺激（正の強化子）を繰り返し対呈示する点に特徴がある。つまりその手続きは"刺激―刺激随伴性"であるレスポンデント強化手続きに相当する。そのため行動分析における自動的反応形成の意義は，たとえばハトのキイつつきのような，フリーオペラント場面における代表的なオペラント反応と見なされてきた反応が，レスポンデント強化手続きによって形成可能である事実を示した点にあった。現在では，自動的反応形成手続きによって形成される反応は，レスポンデント反応であることが一般的な知見となっている（Tomie, Brooks, & Zito, 1989)[18] [注1]。

　なお，反応が形成されたあとは，即時に（反応依存型）あるいは遅延して（固定試行型），餌が呈示されるというオペラント強化随伴性にさらされるため，以後，反応は維持すると考えられる。自動的反応形成手続きによる形成後の反応維持は特に，正の自動的反応維持（positive automaintenance）と呼ばれる。自動的反応形成・維持はハトだけでなく，ラット・サルをはじめとした多種の被験体で認められている（詳細は山田, 1987)[23]。

3　反応形成の必要条件・促進条件

　自動的反応形成の必要条件・反応形成を促進する条件について，動物実験では次の諸点が明らかになっている。

　必要条件として第1に，後続刺激は正の強化価を持つ刺激でなければならない。

後続刺激には餌・水などが多用されるが,実験期間中は正の強化子として機能するようにそれらの摂取は制限される。第2に,先行刺激と後続刺激は対呈示されなければならない。レスポンデント条件づけの実験において統制条件として利用される,中性刺激と無条件刺激が独立に呈示される手続き (Rescorla, 1967)[14] や,まったく対呈示されない手続き (Kremer & Kamin, 1971)[9] をハトの自動的反応形成の実験に適用すると反応は形成されず,先行刺激と後続刺激を対呈示すると反応が形成される事実が報告されている (Bilbrey & Winokur, 1973)[2]。

促進条件として第1に,先行刺激が局在した (localize) ほうが反応は形成・維持されやすい。たとえば,キイライトが実験箱全体にぼんやりと拡散する群に比べて,キイにだけ点灯する(局在する)群のほうがハトの反応は早く形成され,維持された (Wasserman, 1973)[19]。キイライト拡散群で反応が形成・維持されにくいのは,反応の標的となるキイライトの所在があいまいなためであるとされている (Hearst & Jenkins, 1974)[6]。第2に,後続刺激から後続刺激までの時間 (cycle time. C) に対する先行刺激の呈示時間 (trial time. T) の比 (C／T) は,期待比 (expectancy ratio) と呼ばれ (Fig. 4 参照),この値が大きいほど反応形成は早い (Gibbon & Balsam, 1981)[5]。ただし,1.5以下では反応は形成されないことが示されているため (Kaplan, 1984)[7],期待比は反応形成の必要条件でもある。

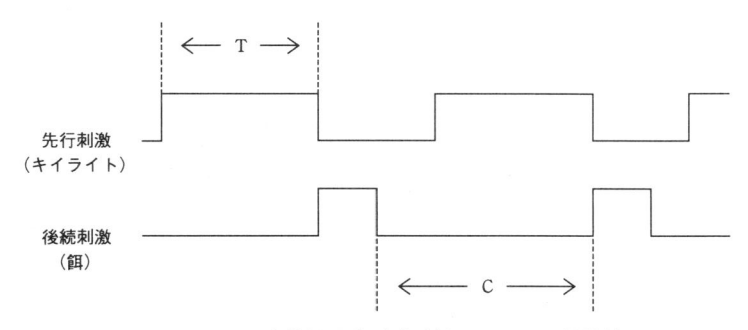

Fig. 4　自動的反応形成手続きにおける期待比

T (trial time) は先行刺激（たとえばキイライト）の呈示時間,C (cycle time) は後続刺激（たとえば餌）から後続刺激までの時間間隔を示し,C／Tは期待比と呼ばれる。たとえば,キイライトの点灯時間が4秒,餌から餌までの時間間隔が20秒の場合,期待比は20／4で算出し,5となる。

Ⅱ　ヒトを被験者とした自動的反応形成の実験

1　健常児・者を被験者とした実験

　Zeiler（1972）[24]は健常な4・5歳の幼児を対象として，点灯したキイライト（先行刺激）とキャンディ（後続刺激）の対呈示を繰り返した。反応が生じると即時にキイライトが消灯し，キャンディが呈示される反応依存型手続きであった。その結果，1人を除いたすべての被験児に，ライト点灯中のキイを押す反応が形成・維持された。反応が形成されなかった被験児は力が弱いために反応として検出されなかったが，キイを触る反応は毎試行，観察された。反応が形成された被験児は，当初はキイを見ないが，試行の経過につれてキイに定位・接近するようになり，最終的にキイに接触し押し始めた。これらは Brown & Jenkins（1968）[3]において，ハトがキイをつつき始めるまでに示した諸反応と酷似していた。

　Anderson, Buskist, & Miller（1981）[1]は5～7歳児を被験児として，ピエロの顔に見立てた実験装置を使用した（Fig.5参照）。ピエロの鼻に点灯したライトを先行刺激とし，後続刺激である1セント硬貨は口から呈示した。鼻の背部にはキイが取り付けられていた。その結果，キイライト点灯中に反応が生じると即時に硬貨が呈示される反応依存型手続きと，反応の有無にかかわらず8秒間のキイライト点灯後に硬貨が呈示される固定試行型手続きのいずれにおいても，ピエロの鼻を押す反応（キイ押し反応）が形成された。しかし，キイライトと硬貨が独立に呈示されると，反応は形成されなかった。

　成人を被験者とした実験は，Pithers（1985）[12]によって行われた。大学生を対象として，先行刺激にキイライト，後続刺激に2セント硬貨が使用された。キイライトの近くにはレバーが取り付けられていた。その結果，キイライトと硬貨が対呈示される群（固定試行型手続き）に，キイライト点灯中のレバー引き反応が形成・維持された。しかし，まったく対呈示されない群では反応は形成されなかった。成人の男性を被験者として，押しボタン・ライトの点灯とポルノ・ビデオを対呈示すると，ボタン押し反応が形成されたという結果も報告されている（木村・福井・稲木, 1990）[8]。

　以上は，それまで自発されていなかった反応を形成する実験であったが，一定の水準で生起している反応を自動的反応形成手続きによって増加させ，刺激性制御を確立させる実験が報告されている。Wilcove & Miller（1974）[21]は大学生を被験者とし

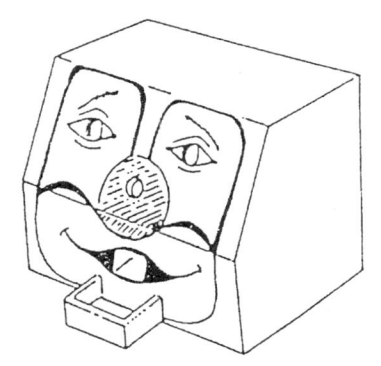

Fig. 5 Anderson, Buskist, & Miller (1981) で使用された実験装置

先行刺激としてピエロの鼻にキイライトが点灯され，後続刺激として口から1セント硬貨が呈示された。

て，パネル・ライトと硬貨を対呈示させた。パネル・ライトの近くにはレバーが取り付けられていた。その結果，パネル・ライトだけが点灯され硬貨は呈示されない条件のレバー押し反応数は，ライトが点灯しているときも，点灯していないときもほぼ同一であった。つまり，自動的反応形成手続きが実施されなくても，どの被験者もライト点灯の有無にかかわらずレバーを押していた。次にパネル・ライトと硬貨が対呈示される固定試行型手続きを実施すると，ライト点灯時の反応数は増加した。しかし，ライトが点灯していないときの反応数は変化しなかった。この結果は，自動的反応形成手続きによって，すでに生起している反応を，点灯したパネル・ライトという刺激の制御下に置くことが可能であることを示唆している。また，大学生を被験者とした木村ほか（1990）[8]では，すでに生じているライトを見る反応が，ライトとコンピュータ・グラフィック画像の対呈示によって増加した。

2 精神遅滞児を被験者とした自動的反応形成の実験

Ragain, Anson, & Sperber（1976）[13]は，9〜13歳の精神遅滞児（IQの範囲は25〜40。平均35）を対象として，パネル・ライトの点灯とチョコ・キャンディを対呈示させた。その結果，反応依存型・固定試行型のいずれの手続きでも，パネル・ライトの近くに取り付けられたレバーを押す反応が形成・維持された。また，

Deckner, Wilcox, Maisto, & Blanton (1980)[4] は，パネル・ライトの周期的な点灯・消灯を繰り返し，パネル押し反応が生じると食物を呈示して，精神遅滞児の反応を形成した。そのうち，パネル・ライトと食物による固定試行型手続きに移行すると，低いレベルで反応が維持した。

Siegel (1977)[17] は，ヒトは水面に浮いている物に対して排尿する傾向にあるとして，トイレの中には入るが便器に対する排尿反応が形成されていない 3 名の男子精神遅滞児に，水面に木片の浮かんだ便器を使用させた。その結果，便器への排尿反応は増加した。この手続きが厳密な意味で自動的反応形成手続きに相当するかどうかは疑問であるが，臨床場面で適応行動を形成した試みとしては評価される。

以上，ヒトの自動的反応形成を概観したが，実験数がきわめて少なく，確実な知見は得られていない。ただし，自動的反応形成手続きによって，キイ押し・レバー押し反応などが形成可能であることは明らかになっている。そのためには，①先行刺激と後続刺激が対呈示されること，②後続刺激は正の強化価を持つ刺激（金銭や食物）であること，を満たす必要がある（Pithers, 1985)[12]。反応の維持については，後続刺激（正の強化子）が遅延して呈示される固定試行型手続きであっても，反応依存型手続きに比べてレベルは低いが，反応は維持される（Anderson et al., 1981 [1]; Ragain et al., 1976 [13]）。

Ⅲ 臨床場面における自動的反応形成手続きの利点と活用の可能性

シェイピングでは，被験者の反応を常に監視して，所定の反応が自発されたときに即時に強化子を呈示しなければならず，しかもその手続きを対象児・者ごとに実施する必要がある。それは訓練者の時間や労力を要する作業であるうえに，効果は臨床経験や勘などによって影響されがちである。他方，自動的反応形成手続きの利点は自動化が可能な点にある。訓練に先だって，コンピュータなどによって手続きが自動化されれば，他に特別な訓練者の時間・労力は必要としない。臨床経験の長短や勘といった要素も排除することができる。また，シェイピングで多用されるプロンプトは，刺激外プロンプト（extra-stimulus prompt）として，刺激の過剰選択性（stimulus overselectivity）を示す重度障害児の適切な弁別学習に干渉する事実が知られているが（Schreibman, 1975)[16]，自動的反応形成手続きは刺激内プロンプト（within-stimulus prompt）に相当するため，この問題を回避できる可能性が示唆されている

(Deckner et al., 1980)[4]。

　また，応用行動分析では標的反応に関する観察の信頼性（観察者間同意率）を算出する作業は必須となっているが，定めたとおりに訓練が実施されたかどうかという手続きの信頼性は，ほとんど報告されてこなかった（Peterson, Homer, & Wonderlich, 1982)[11]。今後，手続きの信頼性の算出は必須になると考えられるが，自動化された手続きならば，信頼性を容易に検討できる。

　他方，臨床場面における自動的反応形成手続きの限界は，標的反応がキイ押しやレバー押しなどの比較的単純な反応に限られる点にある。これに対し，シェイピングは標的反応が広範囲にわたり，非常に複雑な行動をも形成できる。ただ臨床では，できるだけ多数の行動形成法を選択肢として持つことは重要であるため，自動的反応形成手続きに適した標的反応と対象児・者のタイプを同定し，活用する可能性が残されている。

　自動的反応形成手続きは自動化という点で，今後ますます普及すると考えられるパーソナル・コンピュータに適合しており，パソコンを使った軽作業における活用の可能性が指摘される。渡辺・望月（1990)[20]は施設に入所している精神薄弱者の余暇の過ごし方の一つとして，パソコンを用いた独習のシステムを開発した。対象者は基本的な機械操作の後に，タッチスクリーンへの反応を標的反応とした条件性弁別課題を遂行した。このような独習の形態を多数の対象者に適用するならば，たとえば作業所において，タッチスクリーンへの反応による物品の選別作業を非常に多数の精神遅滞児・者に実施させる場合などでは，自動的反応形成手続きによる選択反応などの形成は実用的であるかも知れない。

　ただし現状として，ヒトの自動的反応形成について，包括的な知見が得られるまでには至っていない。今後，臨床への適用可能性の観点に立って，ヒト，中でも障害児・者を被験者とした実験を数多く実施し，どのような先行刺激，後続刺激，対象児・者のときに，どのような反応の形成と維持が可能かという条件を明確にすることが急務であろう。

注1）自動的反応形成をレスポンデント条件づけの結果と見なす先駆けとなったのは，負の自動的反応維持（negative automaintenance）と呼ばれる現象であった（Williams & Williams, 1969）。その詳細は，Tomie et al.（1989）を参照。

引用文献

1) Anderson, V. J., Buskist, W. F. & Miller, J.R. (1981): The effects of autoshaping and automaintenance schedules on responding in children. The Psychological Record, 31, 519−528.
2) Bilbrey, J. & Winokur, S. (1973): Control for and constraints on auto-shaping. Journal of the Experimental Analysis of Behavior, 20, 323−332.
3) Brown, P. L. & Jenkins, H. M. (1968): Auto-shaping of the pigeon's key-peck. Journal of the Experimental Analysis of Behavior, 11, 1−8.
4) Deckner, C. W., Wilcox, L. M., Maisto, S. A. & Blanton, R. L. (1980): Autoshaping of abnormal children. Journal of Abnormal Child Psychology, 8, 329−350.
5) Gibbon, J. & Balsam, P. (1981): Spreading association in time, Locurto, C. M., Terrace, H. S. & Gibbon, J. (Eds.): Autoshaping and conditioning theory. New York: Academic Press, 219−253.
6) Hearst, E. & Jenkins, H. M. (1974): Sign-tracking: The stimulus-reinforcer relation and directed action. Autsin, Texas:The Psychonomic Society.
7) Kaplan, P. S. (1984): Importance of relative temporal parameters in trace conditioning: From excitation to inhibition. Journal of Experimental Psychology: Animal Behavior Processes, 10, 113−126.
8) 木村　裕・福井　至・稲木康一郎（1990）：視覚刺激を無条件刺激として用いたヒトの自動的反応形成のこころみ．心理学研究, 61, 351−355.
9) Kremer, E. F. & Kamin, L. J. (1971): The truly random control procedure:Associative or nonassociative effects in rats. Journal of Comparative and Physiological Psychology, 74, 203−210.
10) Matson, J. L. (Ed.)(1990): Handbook of behavior modification with the mentally retarded(2nd ed.). New York: Plenum.
11) Peterson, L., Homer, A. L. & Wonderlich, S. A. (1982): The integrity of independent variables in behavior analysis. Journal of Applied Behaivor Analysis, 15, 477−492.
12) Pithers, R. T. (1985): The roles of event contingencies and reinforcement in human autoshaping and omission responding. Learning and Motivation, 16, 210−217.
13) Ragain, R. D., Anson, J. E. & Sperber, R. D. (1976): Autoshaping and maintenance of a lever-press response in mentally retarded children. The Psychological Record, 26, 105−109.
14) Rescorla, R. A. (1967): Pavlovian conditioning and its proper control procedures. Psychological Review, 74, 71−80.
15) 佐藤方哉（1987）：行動分析―徹底的行動主義とオペラント条件づけ―．安田生命社会事業団（編・発行）：臨床心理学の基礎知識, 47−192.
16) Schreibman, L. (1975): Effects of within-stimulus and extra-stimulus prompting on discrimination learning in autistic children. Journal of Applied Behavior Analysis, 8, 91−112.
17) Siegel, R. K. (1977): Stimulus selection and tracking during urination: Autoshaping directed behavior with toilet targets. Journal of Applied Behavior Analysis, 10, 255−265.
18) Tomie, A., Brooks, W. & Zito, B. (1989): Signtracking: The search for reward, Klein. S. B. & Mowrer, R. R. (Eds.): Contemporary learning theories: Pavlovian conditioning and the status of traditional learning theory. Hillsdale, N. J.: Lawrence Erlbaum Associates, 191−223.
19) Wasserman, E. A. (1973): The effect of redundant contextual stimuli on autoshaping the pigeon's keypeck. Animal Learning & Behavior, 1, 198−206.

20）渡辺浩志・望月　昭（1990）：施設の中で一人で勉強できる：パソコンを使った自習システムの試み．行動分析学研究，4，27–37.
21）Wilcove, W. G. & Miller, J. C. (1974): CS-UCS presentations and a lever: Human autoshaping. Journal of Experimental Psychology, 103, 868–877.
22）Williams, D .R. & Williams, H. (1969): Auto-maintenance in the pigeon: Sustained pecking despite contingent non-reinforcement. Journal of the Experimental Analysis of Behavior, 12, 511–520.
23）山田恒夫（1987）：適応行動としての自動的反応形成―パブロフ条件づけの反応遂行理論―．大阪大学人間科学部紀要，13，245–267.
24）Zeiler, M. D. (1972): Superstitious behavior in children: An experimental analysis. Reese, H. W. (Ed.), Adavances in child development and behavior Vol.7. New York: Academic Press, 1–29.

第4章

新しい実験計画法としての単一被験者法の紹介（Ⅰ）
―その適用方法と群間比較法との相違―

桑田　繁*

> **要旨**：本論文は，実験心理学領域の新しい実験計画法である，単一被験者法の論理と適用方法を，従来の群間比較法と対比させながら紹介した。単一被験者法は，個体内比較によって個体行動の制御変数を同定することを目的としており，その特徴として，①行動の測定の繰り返しによる安定データの獲得，②ベースラインと実験条件の反復による，実験変数と従属変数の関数関係の同定，を指摘した。AB法，反転法，多層ベースライン法，条件交替法，の各方法について，その適用方法と長所・問題点を論じた。あわせて，群間比較法の問題点，鍼灸学への適用の可能性についても論述した。

はじめに

　実験心理学では，従来の群間比較法（groupcomparison designs）[注1]の他に，単一被験者法（single subject designs）[注2]と呼ばれる実験計画法が定着しつつある。単一被験者法は，個体の行動[注3]の制御変数を同定するうえで有効であり，鍼灸学においても活用可能な方法と考えられる。そこで本論文では，群間比較法の問題点を指摘するとともに，単一被験者法の基本的考え方と具体的適用方法を紹介する。

＊ Shigeru KUWATA 作陽音楽大学，専任講師（心理学）。（社）全日本鍼灸学会，研究委員会，情報・評価班顧問。明治東洋医学院専門学校，非常勤講師
Key Words：単一被験者法，個体内比較，コインシデンス，群間比較法，安定データ

1. 群間比較法の方法と問題点
1．1．群間比較法の適用方法

　実験の実施に先だって，その手順とデータの処理方法を決定する作業は総称して，実験計画法と呼ばれ，実験変数[注4]と従属変数の関数関係を同定するためには，不可欠な段階とされている。従来の実験心理学が多用してきた群間比較法は基本的には，次の手順で構成されている。

　①実験変数を実施する実験群（experimental group）と，実施しない対照群（control group）を設け，両群のデータに差はない，つまり，実験変数の効果はないとする帰無仮説（null hypothesis）を立てる。②多数の被験者を半数ずつ，実験群と対照群に無作為に（random）割り振る。③実験実施後，各群のデータの代表値（おもに平均値）の差を統計的に検定し，有意水準（おもに5％）にしたがって，帰無仮説を採択あるいは棄却する。④帰無仮説が採択されれば実験変数の効果なし，棄却されれば効果あり，と判定する。

　基本的には，鍼灸学で多用されているのは，この群間比較法である。たとえば，帰無仮説を立てたうえで，鍼治療を行う実験群と行わない対照群に，多数の被験者を半数ずつ無作為に割り振る。実験の結果，平均値データが得られたら，両群の分布の正規性と分散の等質性を確認したうえで，対応のないt検定にかける。帰無仮説を5％水準で棄却できれば，その鍼治療に効果がある，つまり，独立変数として認めることができる。さらにはプラシボー群を加えて，分散分析（analysis of variance）によって有意差を検定する方法が一般的である。

1．2．群間比較法の問題点

　群間比較法の基本論理は，次の2点にあると考えられる。

　①多数の被験者のデータの代表値を算出することによって，群内の個体差・測定誤差・偶然誤差などの誤差を相殺・統制する。②実験変数だけを群間で異ならせることによって，実験変数以外の剰余変数（extraneous variables）を相殺・統制する。

　よく知られているように，群間比較法は，農業の分野において，一定の土地からの収穫量を比較するためにFisher[1]が確立した方法であり，その場合には代表値による比較は妥当である。しかし，個体の行動の予測と制御を目的とする心理学からは，以下の4つの問題点が指摘される。

　第1は，代表値を算出することにより，個々の被験者に関する情報が無視される

点である。群内の各個体データはばらついているのが通常であり，代表値に相当する被験者は存在しない。実験群と対照群の代表値の相違は，少数の被験者のデータによって生じたかも知れず，他の多数の被験者には群間差が存在しない可能性がある。つまり，中に実験変数の効果の認められない被験者がいても，代表値間で有意な差があれば，実験変数の効果ありと結論されることになる。

また，代表値からの結論が，個体データからの結論と相違する場合がある。たとえば Sheridan [2] は，ヒトの学習が悉無律的に生じるか，漸次的に生じるかを検討した。Fig. 1 は各個体の結果を示している。いずれの被験者のデータでも，悉無律的に学習が成立しているが，平均データを求めると Fig. 2 の曲線になる。つまり，代表値だけに注目すると，学習は漸次的に成立する，と誤って結論されることになる。

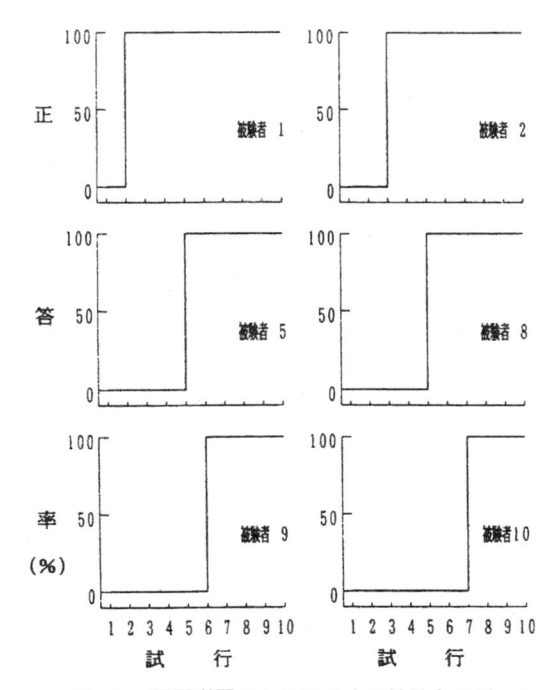

Fig. 1　課題学習における6人の被験者のデータ

(Sheridan(1971)の Fig. 2-1 を一部抜粋・改変して引用)　横軸は試行数，縦軸は課題の正答率（%）を表す。個々の被験者のデータは悉無律的に変化している。

第4章　新しい実験計画法としての単一被験者法の紹介（Ⅰ）

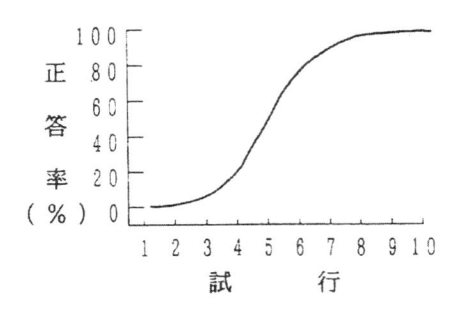

Fig. 2　課題学習における全被験者の平均データ

(Sheridan(1971)のFig. 2-1を一部改変して引用)　横軸は試行数，縦軸は課題の正答率（％）を表す。全被験者のデータは漸次的に変化している。

　第2は，個体差・測定誤差・偶然誤差などを誤差と見なし，多数被験者のデータの統計的処理によって相殺・統制する点である。しかし，個体差の存在は，実験変数の効果が不十分であることを意味しており，測定誤差や偶然誤差は実験場面の構成の未熟さから生じている。統計的に処理するのではなく，誤差を生じさせている変数の同定こそが必要であると考えられる。

　第3は，実験変数が個体の行動に効果を及ぼすプロセスが明らかにならない点である。群間比較法では，実験変数を経験した被験者（実験群）と，経験しなかった被験者（対照群）のアウトカム・データが比較される。この方法では結果しか明らかにならないが，我々が知りたいのは，アウトカム・データだけでなく，実験変数が連続的に実施された場合に，ある個体が示す変化過程についてのプロセス・データである。

　第4は，剰余変数の等質な多数の被験者を必要とする点である。群間比較法では，群間のデータの差が実験変数によって生じたことを確証するために，剰余変数に関して群間で意味のある違いがないように実験を計画する。たとえば，障害児を用いた実験では，知能指数（IQ）は主要な剰余変数であるため，実験ではほぼ同じIQの子供を多数用意する必要がある。あるいは，IQの高い順に実験群と対照群に割り振り，群間でIQに違いがないようにするマッチングの手法が使われる。しかし，特に個人レベルの臨床研究では，症状・年齢などが等質な被験者を多数そろえることは

必ずしも容易ではない。

　以上の問題点は，鍼灸における有効性の個体差の問題や，多標本を無作為に集めて対照群を作成することの難しさとも相通じる。

2．単一被験者法の論理と適用方法

　群間比較法とは異なる論理に立ち，その問題点を補う実験計画法として，以下に述べる単一被験者法が注目されている[3-7]。

2．1．単一被験者法の論理

　単一被験者法の論理は，集団を扱う群間比較法とは対照的に，個体に及ぼす実験変数の効果を検出しようとする点にある。群間比較法のように，多数個体のデータの統計処理によって，個体差をはじめとした誤差を相殺・統制しない。むしろ個体差を，実験変数の効果が不十分である結果と見なし，より効果的な変数を明瞭にできる実験計画法を組もうとする。その際に基本となるのは，個体内比較という考え方であり，1被験者の中で，実験変数の効果を検証しようとする論理である。単一被験者法は次に述べる2つの特徴をもつ。

　第1に，1個体の行動を繰り返し測定することで，一定の傾向や変動性のない，精度の高い安定データ（steady state data）を求める。群間比較法の測定は基本的には1回（1セッション）だが，単一被験者法では多数のセッションを行う。安定データを求める理由は，個体内比較にもとづく単一被験者法では，データに傾向（trend）や変動性（variability）があっては，従属変数の変化が実験変数に帰因することを主張しにくくなるからである。

　測定の繰り返しはまた，実験事態に内在する測定誤差・偶然誤差の変動や，被験者要因を明らかにする。たとえば，実験装置の故障や被験者の体調などが，毎セッションのデータに反映されるため，実験者は即時に対応手段を講じることができる。また，被験者のデータ次第では，次に予定していた実験条件の内容も変更できる。この柔軟性は，基礎研究だけでなく，臨床研究においても非常に有効である。

　第2に，1人の被験者に対して，群間比較法でいう対照群と実験群をおのおの1つの条件として，時間軸上で順に実施し，その結果から実験変数と従属変数の関数関係を明らかにしようとする。条件の移行に伴って行動が変化することは，コインシデンス（coincidence）と呼ばれ，剰余変数の統制，および実験変数と従属変数の関

数関係の同定のかなめとされている。コインシデンスについてはあとで詳細に述べる。

2．2．単一被験者法の適用方法

Baerら[8]は主要な方法として，AB法（AB design）・反転法（reversal designs）・多層ベースライン法（multiple baseline design）を提唱した。本論文では，これらに条件交替法（alternating treatments design）[9]を加え，おのおのを具体的に紹介しながら，単一被験者法の特徴を詳述する。なお，基本的方法の1つである基準変化法（changing criterion design）には触れない。詳細はHartmann & Hall[10]を参照されたい。

2．2．1．AB法

Fig.3の横軸はセッション，縦軸は従属変数である行動の測定値を表す。実験は通常，1日に1セッション行うので，横軸は日数と見なしてもよい。最初のベースライン（baseline）条件は行動を測定するだけで，実験変数を適用しない条件であり，群間比較法の対照群に相当する。ベースラインはデータが十分に安定するまで行い，セッション間の変動や，一定の傾きがある場合には，続けて行動を測定する。グラフには，各セッションの代表値をデータ・ポイントとしてプロットする。

安定したデータの指標としては，一般に，安定基準（stability criteria）を設定する[7,11]。

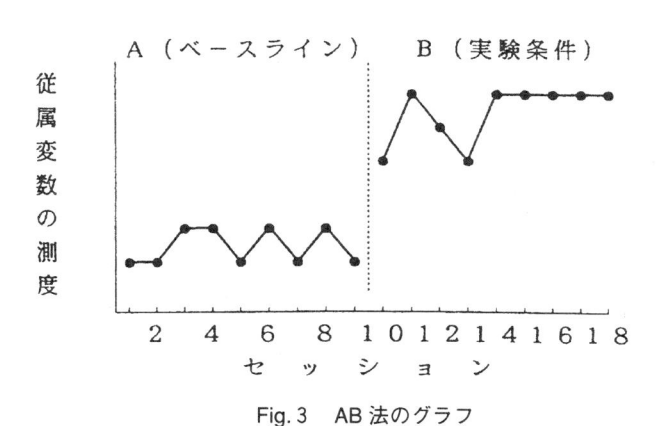

Fig.3　AB法のグラフ

横軸はセッション，縦軸は従属変数の制度。Aはベースライン，Bは実験条件を表す。詳細は本文参照。

たとえば，動物実験の場合，最低18セッション実施して，最終9セッションを3セッションずつ3つのブロックに分けて，ブロックごとに平均値を出し，①3ブロック間に上昇・下降傾向がないこと，かつ，②各平均値が最終9セッション全体の平均値の±5％以内におさまること，が基準の1つとして用いられている。ヒトが被験者の場合には，最低6セッション実施して，最終3セッションの平均値の±15％以内に3セッションの個々のデータがおさまることや，最低4セッション実施して，その平均値の±15％以内に前半2セッションの平均値と後半2セッションの平均値がおさまること，などが使用されている。これらの厳しい安定基準を満たすまでセッションを継続するため，1つの実験には長期間を要する。

ベースラインにおいて安定基準を満たすと，次に実験変数を毎セッション適用する実験条件に導入する。実験条件は群間比較法の実験群に相当し，ベースラインと同一の安定基準を満たすまで，セッションが繰り返される。ベースラインをAとし，実験条件をBとすることから，この方法はAB法と呼ばれる。1回の実験変数の導入によって行動が変化しても，同時に存在した他の剰余変数が原因である可能性が残されている。そのため，1回のコインシデンスしかないAB法は，一般に，説得力の乏しい実験計画法とされている。

2．2．2．反転法

反転法は，実験条件後に再びベースラインへと反転させる方法をいう（Fig. 4参照）。たとえば，ABA法（ABA design）では，ベースライン（A）を行い，実験条件（B）を実施したあとに，再度ベースライン（A）を実施する。最後のベースラインは最初のベースラインと同一の手続きである。ABA法のあとに再び，実験条件（B）を実施する方法はABAB法（ABAB design）と呼ばれる。このように，以前の条件を再度実施する方法を総称して，反転法と呼ぶ。実験目的に応じては，さらに反転を繰り返すABABA法，ABABAB法などが可能である。

BとCという2つの条件を検討したい場合には，ABACA法という実験計画となる。ただし，順序効果の可能性が認められる場合には，被験者の半数はABACA法，残りの半数はACABA法として，その効果を明瞭にしようとする。その他，実験目的に応じて，多様なヴァリエイションが可能である。反転という言葉は，操作だけでなく，その結果としての行動の変化をも包含しているため，純粋に操作だけを記述した用語として，撤去法（withdrawal designs）が使用される場合もある[3]。

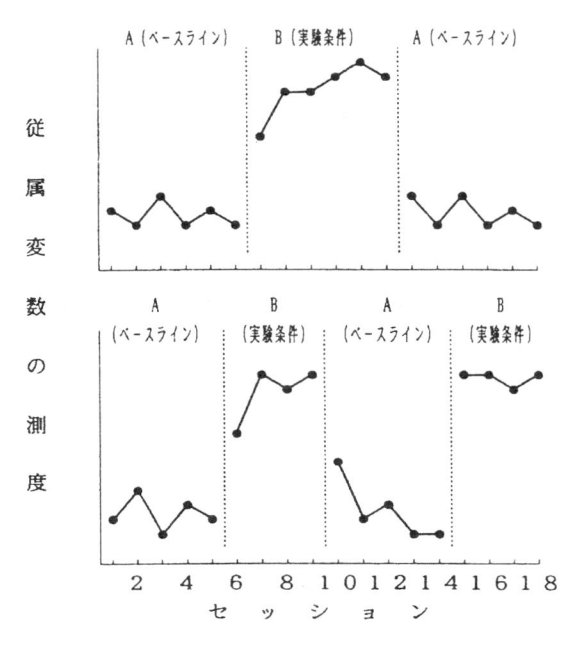

Fig. 4 反転法のグラフ

横軸はセッション，縦軸は従属変数の測度。Aはベースライン，Bは実験条件を表す。上のグラフはABA法，下のグラフはABAB法を表す。詳細は本文参照。

ABA法ではAからBへの移行と，そのBから次のAへの移行に伴うコインシデンスの2回，ABAB法では，AからB，BからA，AからBという3回のコインシデンスが存在する。このように反転法の長所は，AB法に比べて，実験変数の内的妥当性（internal validity）についての説得性が高い点にある。コインシデンスの回数についての絶対的基準は存在しない。単一被験者法では，コインシデンスが多いほど，実験変数によって行動が変化したことのもっともらしさ（plausibility）が増加すると考える。もっともらしさは，実験データやそのグラフを見る者が，実験変数と従属変数の関数関係について納得するかどうか，に依存する。学会誌の論文の受理基準は典型例の1つであり，単一被験者法を容認する学会では一般に，少なくとも反転法以上，つまり2回以上のコインシデンスが必要とされている。ただし，実験目

的・手続き・データに説得性が認められるならば，AB 法であっても容認されることはいうまでもない。

反転法には 2 つの問題点が指摘される。第 1 に，実験変数を撤去しても元のレベルに戻りにくい，非可逆的な（irreversible）行動には適用できない。たとえば，自転車の運転や水泳は，獲得すると練習しなくても長期間，一定の水準で保持される。このような非可逆的な行動を ABA 法で検討しても，実験条件で行動が変化してしまうと，最後のベースラインでは元のレベルに戻らない。第 2 は倫理上の問題である。特に臨床研究では，症状が改善したにもかかわらず，治療（実験変数）を行わないベースラインに戻してしまう点は，倫理的な意味で問題といえる。

同様の倫理的問題は鍼灸の臨床研究にも当てはまる。また，特に鍼治療に持続的効果がある場合には，ABA 法による効果の検討が難しいことに留意すべきである。

2.2.3. 多層ベースライン法

多層ベースライン法は，反転法の問題点を補う方法として多用されている。ここでは被験者間（across subjects）多層ベースライン法だけを紹介し，行動間（across behaviors）多層ベースライン法，場面間（across situations）多層ベースライン法には触れない。詳細は Baer ら[8])を参照されたい。

被験者間多層ベースライン法は基本的には AB 法にもとづくが，相違点は複数の被験者間で実験変数の導入時期を異ならせる点にある。これは，ベースラインで安定基準を満たした被験者から順に，実験条件へと導入することで実現すればよい。Fig. 5 は，上から被験者 1，2，3 とラベルされており，3 人のデータを 1 つのグラフとして表現している。個々の被験者に注目すると，ベースラインに続いて実験条件が導入される AB 法であるが，その導入時期が被験者間で相違している。このとき，どの被験者も，実験条件の導入と同時に行動が変化すれば，実験変数の効果のもっともらしさは増加する。被験者ごとにコインシデンスがあるため，3 回のコインシデンスが存在することになる。被験者間で実験条件への導入を意図的にずらせるのは，従属変数の変化が実験変数に帰因することを明瞭にしたいためである。

被験者間多層ベースライン法の長所としては，第 1 に，ベースラインへと反転させないので，反転法の問題を解消することができる。つまり，非可逆的な行動に適用でき，倫理的問題を回避できる。第 2 に，基本的には AB 法だが，被験者の数だけコインシデンスが存在するので，実験変数の内的妥当性を確認するうえで，通常

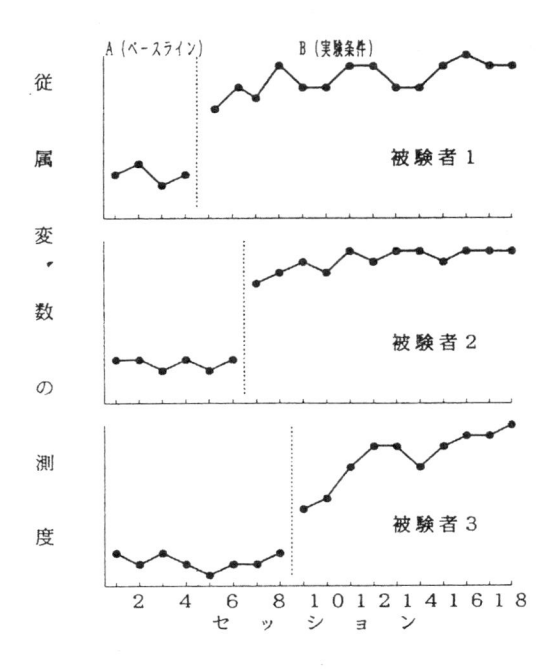

Fig. 5 被験者間多層ベースライン法のグラフ

横軸はセッション，縦軸は従属変数の測度。Aはベースライン，Bは実験条件を表す。実験条件への導入時期を被験者間で異ならせて，AB法が実施される。詳細は本文参照。

のAB法よりも有効といえる。第3に，どの被験者にもコインシデンスが得られた場合，被験者間で結果が再現（replicate）されたことになるので，独立変数の外的妥当性（external validity），つまり実験効果の一般性が保証されやすくなる。

他方，問題点の第1は，個体内ではなく，複数の被験者間でコインシデンス数を増加させている点である。単一被験者法は個体内での結果の再現性を重視するので，被験者間での比較は実験的統制として弱いと考える。第2に，被験者間で同時期に安定データが得られた場合には，なおベースラインを継続しなければならない被験者が出てくる。長期間のベースラインは，実験者・被験者双方にとってのコストとなるため，その可能性がある場合には，多層プローブ法（multiple probe design）[12]と

呼ばれる方法で対処する必要がある。詳細は Horner & Baer[12], Barlow & Hersen[3] を参照されたい。

2.2.4. 条件交替法

条件交替法は，2つ以上の実験条件の効果を比較する場合に多用される（Fig.6 参照）。ただし，同一順序の繰り返しによって生じる効果を除去するために，条件の実施順序は相殺（counterbalance）させる。この場合，各条件の実施ごとにコインシデンスが存在すると考えられる。

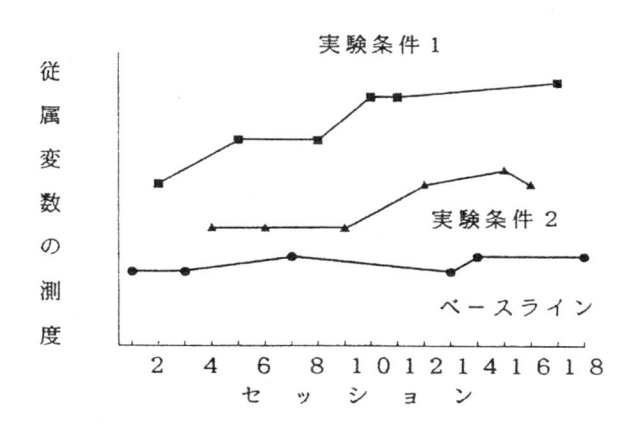

Fig.6　条件交替法のグラフ

横軸はセッション，縦軸は従属変数の測度。●はベースライン，■は実験条件1，▲は実験条件2を示す。詳細は本文参照。

条件交替法の利点は，①複数の実験条件の相対的効果の検討が目的の場合，必ずしもベースラインを実施する必要がない，②条件の実施順序の相殺化がなされるため，群間比較法で用いる統計的検定法を適用できる，③反転法に比べて，短期間で複数の条件の効果を比較できる，ことが指摘されている[13-14]。単一被験者法のうち条件交替法がもっとも，鍼灸学において活用できる可能性を有していると考えられる。なぜなら，実際の臨床場面では，治療を行わないベースラインの実施は不可能であり，当該症状に対して適用可能な複数の治療法のうち，もっとも効果的な方法

を決定したい場合がしばしばあるからである。さらに、条件交替法ではランダマイゼイション検定（randamization test）が適用可能とされているため、治療法を客観的に評価できる。

他方、問題点としては、条件間で生じる相互作用の可能性が指摘される[9, 15]。たとえば、一方の条件の効果が他方の条件の行動に影響を及ぼすという持ち越し効果（carry-over effect）が生じれば、各条件の効果を妥当に評価できない。Barlow & Hersen[3]は対策として、①条件の実施順序を相殺させる、②セッション間の時間間隔を十分に取る、③被験者が各実験条件を明瞭に区別できるようにする、ことを推奨した。持ち越し効果について厳密な基礎研究がなされていない現在、当面はこれらに従うことが必要と考えられる。条件交替法の適用法およびデータ処理法についての詳細は、桑田・芝野[13]を参照されたい。

以上、主要な単一被験者法を紹介した。これらの方法は互いに排他的ではなく、実験目的や手続きに応じて、さまざまな組合せが可能である。

おわりに

単一被験者法か群間比較法かの選択は、実験目的に大きく依存している。ただ、単一被験者法は、個体を研究対象とする分野において活用の可能性を有しており、基礎研究だけでなく、治療法の効果測定を目的とする臨床研究にも適合する点が特徴的である。これまで群間比較法が多用されてきた鍼灸学において、今後、単一被験者法の適用が期待される。ただし、適用に際しては、単一被験者法は事後的な事例研究法ではなく、厳密な実験的統制を必要とする実験計画法であることへの十分な理解が必要であろう。同時に、鍼灸学の研究目的に応じた創意工夫が必要であることはいうまでもない。本論文で紙面の都合上、触れることのできなかった、単一被験者法における実験データの分析評価法、独立変数の外的妥当性の問題、今後の課題などについては、稿を改めて詳述したい。

謝　辞

本論文の草稿に対して貴重な御示唆を下さった、明治鍼灸大学生理学教室の川喜田健司先生と、全日本鍼灸学会、研究委員会、情報・評価班班長の七堂利幸先生に深く感謝致します。

注1）心理学では，多標本実験計画法とほぼ同義の用語として，群間比較法が多用されている。
注2）単一症例法（single case designs），少数被験者法（small-N designs），個体内分析法（individual analysis designs）などの名称があるが，本論文では単一被験者法で統一した。
注3）心理学が行動を研究対象とするのに対して，鍼灸学は身体症状を対象としている。以下，行動を症状に置き換えて読むことが可能である。
注4）本論文では，実験において操作する変数を実験変数と呼び，それが従属変数に効果をもつ変数であることが判明した場合にのみ，独立変数と呼ぶ。

参考文献

1) Fisher, R. A.: Statistical methods and scientific inference, Macmillan (Hanfer Press), New York, 1956.
2) Sheridan, C. L.: Fundamentals of Experimental Psychology, Holt, Rinehart & Winston, New York, 1976.
3) Barlow, D. H., & Hersen, M.: Single case experimental designs: Strategies for studying behavior change(2nd ed.), Pergamon Press, New York, 1984. 高木俊一郎・佐久間徹（監訳），1事例の実験デザイン，二瓶社，大阪，1988.
4) Kazdin, A. E.: Single-case research designs: Methods for clinical and applied settings, Oxford University Press, New York, 1982.
5) Kratochwill, T. R. (Ed.): Single subject research: Strategies for evaluating change, Academic Press, New York, 1978.
6) Robinson, P. W., & Foster, D. F.: Experimental psychology: A small-N approach, Harper & Row Publishers, New York, 1979.
7) Sidman, M.: Tactics of scientific research: Evaluating experimental data in psychology, Basic Books, New York, 1960.
8) Baer, D. M. et al.: Some current dimensions of applied behavior analysis, Journal of Applied Behavior Analysis, 1, 91-97, 1968.
9) Barlow, D. H., & Hayes, S.: Alternating treatments design: One strategy for comparing the effects of two treatments in a single subject, Journal of Applied Behavior Analysis, 12, 199-210, 1979.
10) Hartmann, D. P., & Hall, R. V.: The changing criterion design, Journal of Applied Behavior Analysis, 9, 527-532, 1976.
11) Perone, M.: Experimental design in the analysis of free-operant behavior, In I. H. Iversen & K. A. Lattal (Eds.), Experimental analysis of behavior(part 1) 135-171, Elsevier Science Publishers, New York, 1991.
12) Horner, R. D., & Baer, D. M.: Multiple-probe technique: A variation on the multiple baseline, Journal of Applied Behavior Analysis, 11, 189-196, 1978.
13) 桑田　繁・芝野松次郎: 条件交替法の近年の適用動向と臨床場面での活用可能性，関西学院大学社会学部紀要，64, 193-210, 1991.
14) Wacker, D., et al.: Applications of a sequential alternating treatments design, Journal of Applied Behavior Analysis, 23, 333-339, 1990.
15) Hains, A. H., & Baer, D. M.: Interaction effects in multielement designs: Inevitable, desirable, and ignorable, Journal of Applied Behavior Analysis, 22, 57-69, 1989.

Introduction of Single Subject Designs as New Experimental Designs (I)
Their practical methods and comparison with group comparison designs

Shigeru Kuwata
Sakuyo College of Music.
Information & Evaluation Research Group, the Research Committee of Japan Society of Acupuncture

Summary:

The present-paper introduced the logics and practical methods of single subject designs by comparing them with group comparison designs. It was pointed out that the single subject designs assert that controlling variables for a subject's behavior should be identified using individual analysis. Those characteristics were summarized as(a)acquisition of steady state data resulting from repeated measurement of target behaviors, and(b)identification of the functional relationship between experimental variables and dependent variables by successive comparison between baseline and experimental condition. The methods, advantages and problems in the principal single subject designs, such as AB design, reversal designs, multiple baseline design and alternating treatments design were explained. Several problems in the group comparison designs were pointed out and the possibilities for applying the single subject designs to research on acupuncture were discussed.

Key Words: single subject designs, individual analysis, coincidence, group comparison designs, steady state data.

第5章

新しい実験計画法としての単一被験者法の紹介（II）
―データの分析評価法―

桑田　繁*

> **要旨：**本論文は，単一被験者法におけるデータの分析評価法について論述することを目的とした。統計的有意性よりも臨床的有意性を重視するという基本的考え方について論じたのち，第1に，もっとも多用されている視覚的精査の方法を紹介した。第2に，系列依存性の可能性を有する個体データの分析評価には，時系列分析法が適していることを指摘し，その簡便な方法としてC統計を紹介した。第3に，母集団の分布型を考慮しなくてもよいノン・パラメトリックな検定法の有用性を論じた。第4に，探索的データ解析法が単一被験者法の基本的考え方に適合することを示唆し，今後の適用を推奨した。単一被験者データに適合する検定法の同定と開発が急務であるが，同時に，個体データに対する視覚的精査を併用することの重要性を強調した。

はじめに

前稿[1]では，群間比較法（group comparison designs）と比較しながら，単一被験者法（single subject designs）の論理と適用方法を紹介した。群間比較法では，データの分析評価法として統計的検定法が確立されている[注1]。他方，単一被験者法では，グラフ化したデータを視覚的に検討する方法が多用されており，検定の適用は少ない。

Shigeru KUWATA 作陽音楽大学，専任講師（心理学）。(社)全日本鍼灸学会，研究委員会，情報・評価班顧問。明治東洋医学院専門学校，非常勤講師

Key Words：視覚的精査，時系列分析法，ノン・パラメトリック法，探索的データ解析法，単一被験者法

その理由としては，①統計的な有意差を偏重する傾向への反発，②従来の検定法が単一被験者データに適用できるかどうかについての疑問，があげられる。本論文では，この2点を詳述しながら，単一被験者法におけるデータの分析評価の基本的な考え方と方法について論述する。

1．単一被験者法におけるデータの分析評価法の基本的考え方
1．1．統計的有意性と臨床的有意性

特に臨床研究では，実験変数の統計的有意性（statistical significance）の他に，臨床的有意性（clinical significance）を考慮する必要がある。両者が一致しないと考えられる場合，問題が生じる。たとえば，自閉症児や重度の発達障害児はしばしば激しく自分の手をかんだり，頭を叩く。これらは自傷行動（self-injurious behaviors）と呼ばれ，患児の身体を傷つけ，適切な学習の妨げとなるため，完全に除去するか十分に低減させる必要がある。そのため，治療訓練の結果，かりに1日当りの自傷行動への従事時間が50分から45分に減少し，統計的有意差があったとしても，臨床的には意味があるとはいえない。有意水準5％に代表される統計的有意性の有無の点からのみ，効果判定をしている研究が多いが，単一被験者法は臨床的有意性をより重視し，個体の行動に及ぼす効果的な制御変数を同定することを目的としている。

以上の観点は，鍼灸学でも重要であると考えられる。

1．2．視覚的精査

臨床的有意性を重視するという理由から，従来の単一被験者法は，視覚的に見て十分に行動が変化したときにだけ実験変数の効果がある，つまり独立変数として認める，と判定しようとしてきた[4-6]。この方法は視覚的精査（visual inspection）[6] 注2）と呼ばれる。データをグラフ化し，主として，条件間における水準（level）・傾き（trend）・変動性（variability）の相違に注目して，目で見て明瞭にわかるほどにデータが変化していることを基準に分析評価する。

Fig. 1〜3は，ベースラインと実験条件のデータの3つのパターンを表す。パターン1は水準，2は傾き，3は変動性の点で上下のグラフは異なる。実験変数に効果がなければ，上グラフのようにベースライン・データの継続が予測される。下グラフのような変化があれば，変数の効果ありと判定できる。前稿[1]ではデータの安定性を強調したが，扱うデータ次第では，実験変数の導入によって一定の傾きや変動

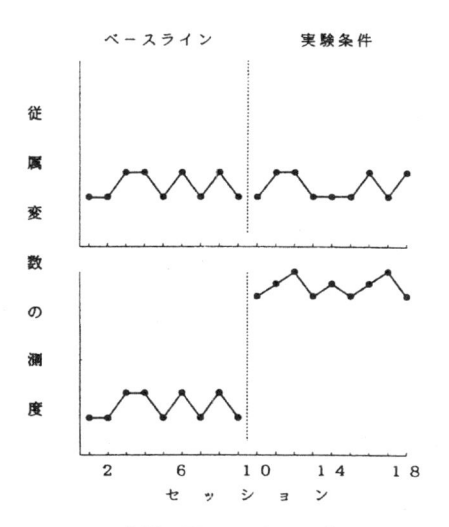

Fig. 1 水準に関するグラフ（パターン１）

横軸はセッション，縦軸は従属変数の測度。上は実験変数の効果なし，下は効果ありと判定されるグラフを示す。詳細は本文参照。

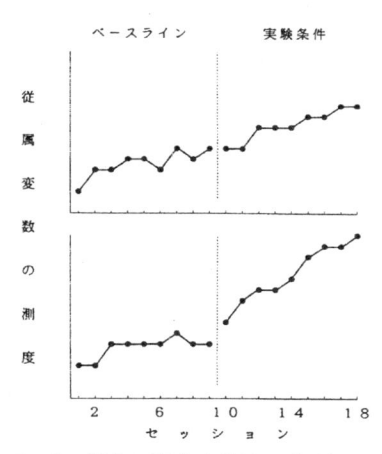

Fig. 2 傾きに関するグラフ（パターン２）

横軸はセッション，縦軸は従属変数の測度。上は実験変数の効果なし，下は効果ありと判定されるグラフを示す。詳細は本文参照。

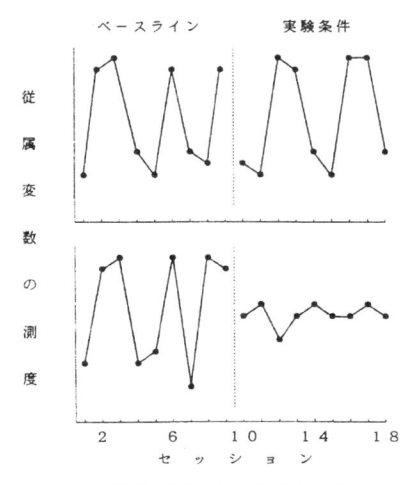

Fig. 3　変動性に関するグラフ（パターン3）

横軸はセッション，縦軸は従属変数の測度。上は実験変数の効果なし，下は効果ありと判定されるグラフを示す。詳細は本文参照。

性が変化するかどうか，が検討課題となる。

　Parsonson & Baer（1978, 1992）[4-5]やKazdin（1982）[8]は，グラフの検討に際し着目すべき点として，①ベースラインの安定性，②条件内の変動性の変化，③異なる条件間の変動性の相違，④異なる条件間のデータの重なり（overlap），⑤条件内のデータ・ポイント数，⑥条件内の傾きの変化，⑦異なる条件間の傾きの相違，⑧異なる条件間の水準の相違，⑨2度以上実施されたときの同一条件間のデータ分析，⑩条件内において水準・傾き・変動性に変化が生じ始めるまでの潜時（latency），などを指摘した。その他，グラフの種類や縦軸・横軸の取り方なども，視覚的精査を制御する変数として重視されている[5]。単一被験者データのグラフ作成方法は，Heward（1987）[7]，Kazdin（1982）[8]，Parsonson & Baer（1978）[4]に詳しい。視覚的精査によって効果ありと判定されれば，統計的にも有意であることはいうまでもない。

　視覚的精査の補助的な手段として，①代表値を表す横線，②中央値（median）を基準に求めた直線（回帰直線 regression line で代用してもよい）をデータにあてはめる中央分割法（split middle technique），③ベースライン・データの平均値から上下2標準偏差の箇所に横線を引き，それ以上の変化が実験条件で生じるかを分析する方

法，などがある。これらの方法は，データの記述や要約のうえでは有効と考えられる。視覚的精査の詳細は，Kazdin（1982, 1984）[8-9]，Parsonson & Baer（1978, 1992）[4-5]，芝野（1986）[10]を参照されたい。

1．3．視覚的精査の問題点

視覚的精査には次の問題点が指摘される。第1に，分析評価の基準があいまいな点である。実験者の主観的判断を避けるために，実験とは無関係な第3者が評価者となることで対処することがあるが，特に実験変数がわずかな行動の変化しか生まない場合，評価者の判定はさまざまで，一貫した結果が得られないことが報告されている[11-12]。学会誌への投稿論文に対する査読者の判定が一応の基準とも考えられるが，根本的な解決にはなっていない。

第2に，効果的な独立変数になり得る可能性をもつ実験変数を見過ごす，あるいは捨て去る可能性がある。たとえば，Kazdin（1984）[9]は第2種の誤り（type II error）の傾向を指摘している。統計学における第2種の誤りとは，本来，実験変数に効果があるにもかかわらず，効果なしと判定する可能性を指すが，ここでは行動に及ぼす効果の点から，従属変数の十分な変化を求めるがあまり，小さな効果を見過ごす可能性と見なすことができる。現段階ではわずかな効果であっても，実験的検討を重ねれば，将来，効果的な独立変数になり得るかも知れない。

以上の論議を経て，視覚的精査が多用される一方で，統計的検定法の適用が試みられるようになった。

2．単一被験者法データに対する統計的検定法の適用

2．1．問題の所在

第1の問題は，単一被験者法データに従来の検定法が適用できるかどうか，という点にある。対応のあるt検定や繰り返しのある分散分析の適用は，被験者数が少なすぎるという理由により，適当とはいえない。そこで，Gentile et al.（1972）[13]は，ABAB法で得られた個々のデータを独立したものと見なして，分散分析（analysisof variance）を適用した。ベースライン（A）と実験条件（B）をおのおの対照群と実験群とし，条件間の差を群間差，条件内の差を群内誤差として，その比の有意性を検定した。しかし，この試みには次のような批判がなされた。単一被験者法では，1人の被験者から経時的に繰り返しデータを測定している。そのため，時間的な系列

依存性（serial dependency）を含んでいる可能性が高く，個々のデータが相互に独立しているとはいえない。対応のない t 検定や完全無作為化の分散分析は，統計的に独立したデータに対する検定法であり，その保証のないデータには適さない[9, 12, 14, 15]。

　第 2 に，経時的な単一被験者データの検定結果からは，不適切な結論が導かれる可能性がある[8-9]。Fig. 4 の上グラフでは，ベースラインと実験条件のデータの代表値（横の点線）間に有意差があったとしても傾きは同一であり，実験変数に効果があるとはいえない。逆に下グラフでは，有意差がなくても傾きは正反対であり，実験変数の効果が認められる。これらの例では，機械的に検定するよりも，傾きの有無や方向性の点からグラフを視覚的に検討したほうが適切な結論が導かれる。鍼灸学においても継時的データを扱う場合には，同様の注意が必要であろう。

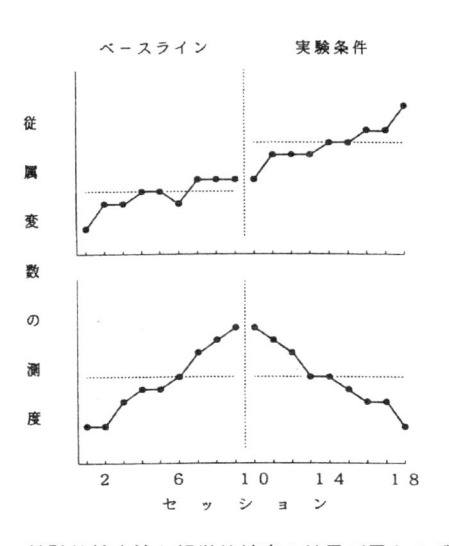

Fig. 4　統計的検定法と視覚的精査の結果が異なるグラフ

横軸はセッション，縦軸は従属変数の測度。横の点線はベースラインと実験条件のデータの代表値を示す。詳細は本文参照。

2．2．時系列分析法（Ⅰ）— ARIMA・AR モデルとその問題点 —

前節の論議を経て，単一被験者法で得られるのは時間軸に沿って連続的に測定される時系列データ（time-series data）であり，系列依存性をもつ可能性が高いことから，Gottman & Glass（1978）[12]，Hartmann et al.（1980）[15]，McCleary & Welsh（1992）[16]は，時系列分析法（time-series analysis）による分析がもっとも適している，と主張した。

ARIMA（autoregressive integrated moving average）モデルは高度な時系列分析法の1つとして知られている。しかし，数学的な理論が難解であり，パラメーターの推定が煩雑であるため，特に臨床家にとっては実用的とはいえない。そこで芝野（1986）[10]は簡便な方法として，AR（autoregression）モデルを推奨している。これは，時系列データに内在する系列依存性を分析・除去して回帰を行い，独立変数の効果を取り出す手法である。ただし，独立変数の効果が徐々に出現し，最終的に一定の水準に達するという線形の（linear）仮定に立っており，ある時点で急激に効果を発現する変数の分析には適さない。

現在では，時系列分析法が単一被験者データをもっとも鋭敏に分析評価し得る方法であることに，多くの研究者が同意している[15-17]。しかし，ARIMA・AR モデルを含めた従来の方法は，数多くのデータ・ポイントを必要とするという大きな問題点をもっている。1条件当りのデータ・ポイント数は，少なくとも35個[14]あるいは50個以上[15]が必要とされる。しかし，これらを満たす安定基準が要求される実験は皆無に等しい。データ数は実験目的と手続きに依存するものであり，少数で目的を満足させる実験も存在する。この点は，鍼灸学の臨床研究においても問題と見なせる。

2．3．時系列分析法（Ⅱ）— C 統計 —

多数のデータを要するという問題点を解決し得る時系列分析法として，Tryon（1982, 1984）[18-19]は，Young（1941）[20]によって開発されたC統計（C statistic）を提唱した。C統計は時系列データの傾きの有無を推定する方法であり，①データが8個以上あれば適用できる，②計算が簡便である，という利点をもつ。以下，適用方法を簡略に述べる。詳細は Tryon（1982, 1984）[18-19]，河合ほか（1988）[21]を参照されたい。

適用方法は2段階からなり，まずベースラインで得られたデータについてC統計

を行う。有意差がない，つまりデータに傾きがなければ，次にベースラインと実験条件を合わせたデータについて C 統計を実施する。傾きがあれば実験変数の効果あり，なければ効果なし，と判定する。ベースライン・データに傾きがある場合には手続きを変更する。その方法は Tryon（1982）[18] に述べられているが，基本的には，傾きのない安定データが得られるまでベースラインを継続することが望ましい。

N 個のデータがある場合，C は次式によって算出する。

$$C = 1 - \frac{\sum_{i=1}^{N}(X_i - X_{i-1})^2}{2 \cdot \sum_{i=1}^{N}(X_i - \bar{X})^2} \quad \cdots\cdots(1)$$

i はセッション番号，X_i は第 i セッション目のデータ，$\bar{X}$ は全データの算術平均値を表す。標準誤差である S_c は，次式から算出する。

$$S_c = \sqrt{\frac{N-2}{(N-1)\cdot(N+1)}} \quad \cdots\cdots(2)$$

S_c に対する C の比は，Z（標準得点）として次式で求める。

$$Z = \frac{C}{S_c} \quad \cdots\cdots\cdots\cdots\cdots\cdots\cdots\cdots\cdots(3)$$

N（データ数）が 25 個以上の場合，Z は正規分布する。ただし，少なくとも 8 個以上あれば，正規性はある程度保たれることがわかっている。有意差は，得られた N と Z をもとに検定する。Table 1 は，N が 8 から 26 以上まで変化した時の，有意水準 1％と 5％の C および Z の値を表す。N が 26 以上の場合の Z はすべて，5％では 1.6447，1％では 2.3262 を採用する。

Table.1 各データ数（N）における有意水準5％，1％のCとZの値

(河合ら（1988）より一部改変して引用)

N	5% C	5% Z	1% C	1% Z
8	0.5088	1.6486	0.6686	2.1664
9	0.4878	1.6492	0.6456	2.1826
10	0.4689	1.6494	0.6242	2.1958
11	0.4517	1.6495	0.6044	2.2068
12	0.4362	1.6495	0.5860	2.2161
13	0.4221	1.6495	0.5691	2.2241
14	0.4092	1.6494	0.5534	2.2310
15	0.3973	1.6493	0.5389	2.2369
16	0.3864	1.6492	0.5254	2.2423
17	0.3764	1.6492	0.5128	2.2470
18	0.3670	1.6491	0.5011	2.2513
19	0.3583	1.6489	0.4900	2.2550
20	0.3502	1.6488	0.4797	2.2585
21	0.3426	1.6488	0.4700	2.2616
22	0.3355	1.6486	0.4609	2.2647
23	0.3288	1.6485	0.5421	2.2676
24	0.3224	1.6484	0.4440	2.2700
25	0.3165	1.6484	0.4361	2.2717
26以上		1.6447		2.3262

　C統計は傾きの大きさを検討する方法ではない。変動性を基準にして傾きの有無を検討する方法である。そのため，変動性の大きいデータからは有意差は得られない。Tryon（1982）は，ベースライン・データの安定基準としても使用できるとしている。C統計を行って有意でない（傾きがない）ならば安定データと見なして実験条件に移行するが，有意ならばさらにベースラインを継続する。

　C統計をめぐる論議はBlumberg（1984）[22]とTryon（1984）[19]に詳しいが，さらに多くの適用例を待つ必要がある。現時点では，①ベースラインと実験条件のデータ数をほぼ同数にする，②実験条件データだけについてもC統計を行い，考察の参考にする，ことが推奨されている[21]。なお，少ないデータ数で可能な時系列分析法は，疫学の分野においても報告されている[23]。

2.4. ノン・パラメトリック法

　t検定や分散分析などのパラメトリックな検定法は，母集団から多数の標本を無作為に抽出して（random sampling），複数の群に無作為に割り振り（random assignment），①各群のデータが正規分布している，②群間で分散に有意差がない，③扱うデータが間隔尺度（interval scale）以上である，という前提条件を確認し，適用する必要がある。しかし，心理学では，これらの前提条件を満たさないデータ，たとえば，母集団の分布型が不明であったり，間隔尺度とは見なせないデータがしばしば対象となる。その場合には，ノン・パラメトリックな検定法で対処されている。順序尺度データを対象とすることの多い鍼灸学でも，同様の方法が取られている[2-3]。

　群間比較法とは異なる論理と方法に立つ単一被験者法のデータには，パラメトリック法による分析は適さない。しかし，母集団の分布型を考慮しない（distribution free）ノン・パラメトリック法ならば適用できる，と考える研究者は多い。たとえば，Edgington（1992）[24]や Busk & Marascuilo（1992）[14]は，実験計画とデータの種類に応じて，ランダマイゼイション検定（randomization test），フリードマンの検定（Friedman two-way analysis of variance by ranks），符号順位検定（sign rank test），符号検定（sign test）などを推奨している。

　ノン・パラメトリック法を使用しても，検定結果だけにしか注目しないと，不適切な結論を導くことには注意する必要がある。

2.5. 探索的データ解析法

　探索的データ解析法（exploratory data analysis）は，手元に得られたデータからなんらかの構造を探索的に探り出す，新しい方法として注目されている[25]。標本の抽出法や母集団の分布型に関する仮定が満たされているかどうか，が未知な場合でも使用できる。①はずれ値の影響を受けにくい抵抗性の高い統計量を使用する，②実測値と予測値とのずれ（残差）を詳しく分析する，③データを単純な形に変換し，再表現する，④データをグラフや図で視覚的にわかりやすく示す，という特徴がある。その基本的な論理は，単一被験者法におけるデータの捉え方に適合する点が多い。現時点では適用例はないが，今後，有用な方法として期待される。詳細はTukey（1977）[25]，渡部ほか（1985）[26]を参照されたい。

おわりに

　今後，単一被験者データに適合する検定法の同定および開発が急務だが，同時に，個体データへの視覚的精査を併用する必要があることはいうまでもない。代表値の検定結果のみから実験変数の効果を判定しようとする態度は，臨床的有意性を見落とす結果を招く。いかにして両者を整合性よく併用していくかが，今後の課題といえる。また，本稿では触れ得なかったが，データの分析評価は，選定され測定されたデータが妥当性と信頼性を有していることを前提としている。研究を始めるに当たって，この点は十分に吟味しておく必要がある。少数の被験者を対象とした単一被験者法で得られた結果が，どの程度一般化できるか，という外的妥当性（external validity）の問題については，次稿で論議したい。

謝　辞

　本論文の草稿に対して貴重な御示唆を下さった，明治鍼灸大学生理学教室の川喜田健司先生と，全日本鍼灸学会，研究委員会，情報・評価班班長の七堂利幸先生に深く感謝致します。

　注1）鍼灸データへの検定法は，七堂（1992a, b）[2-3]に詳しい。
　注2）その他に「目視」「視検」「視認」などの訳語があるが，現時点では定訳はない。
　　　　visual analysis, fine-grained graphic analysis などと呼ばれることもある。

参考文献

1) 桑田　繁：新しい実験計画法としての単一被験者法の紹介（I）―その適用方法と群間比較法との相違―，全日本鍼灸学会雑誌　43（1）；28-35．1993
2) 七堂利幸：鍼灸の臨床評価（18）―統計処理I―，医道の日本，9月号，96-103，1992a.
3) 七堂利幸：鍼灸の臨床評価（19）―統計処理II―，医道の日本，10月号，89-95，1992b.
4) Parsonson, B .S., & Baer, D. M.: The analysis and presentation of graphic data, In Kratochwill, T. R.(Ed.): Single subject research: Strategies for evaluating change, Academic Press, New York, 101-165, 1978.
5) Parsonson, B. S., & Baer, D. M.: The visual analysis of data, and current research into the stimuli controlling it. In Kratochwill, T. R. & Levin, J. R.(Eds.): Single-case research design and analysis: New directions for psychology and education, Lawrence Erlbaum Associates Publishers, Hilldale, New Jersey, 15-40, 1992.
6) Sidman, M.: Tactics of scientific research: Evaluating experimental data in psychology, Basic Books, New York, 1960.
7) Heward, W. L.: Production and interpretation of graphic data displays, In Cooper, J. O. et al.(Eds.), Applied Behavior Analysis, Merrill Publishing Company, Columbus, 106-141, 1987.
8) Kazdin, A. E.: Single-case research designs: Methods for clinical and applied settings, Oxford University Press, New York, 1982.
9) Kazdin, A. E.: Statistical analyses for single-case experimental designs, In Barlow, D. H., & Hersen, M.(Eds.): Single case experimental designs: Strategies for studying behavior change, 2nd ed., Pergamon Press, New York, 285-324, 1984, 高木俊一郎・佐久間徹（監訳），1事例の実験デザイン，二瓶社，大阪，279-319，1988.
10) 芝野松次郎：単一事例実験計画法における評価手続き―ARモデルの臨床への応用―，関西学院大学社会学部紀要，52，33-42，1986.
11) Furlong, M. J., & Wampold, B. E.: Intervention effects and relative variation as dimensions in experts' use of visual inspection, Journal of Applied Behavior Analysis, 15, 415-421, 1982.
12) Gottman, J. M., & Glass, G. V.: Analysis of interrupted time-series experiments, In Kratochwill, T. R.(Ed.): Single subject research: Strategies for evaluating change, Academic Press, New York, 197-235, 1978.
13) Gentile, J. R. et al.: Ananalysis of variance model for the intrasubject replication design, Journal of Applied Behavior Analysis, 5, 193-198, 1972.
14) Busk, P. L., & Marascuilo, L. A.: Statistical analysis in single-case research: Issues, procedures, and recommendation, with applications to multiple behaviors, In Kratochwill, T. R. & Levin, J. R.(Eds.): Single-case research design and analysis: New directions for psychology and education, Lawrence Erlbaum Associates Publishers, Hilldale, New Jersey, 159-185, 1992.
15) Hartmann, D. P. et al.: Interrupted time-series analysis and its application to behavior data, Journal of Applied Behavior Analysis, 13, 543-559, 1980.
16) McCleary, R., & Welsh, W. N.: Philosophical and statistical foundations of time-series experiments, In Kratochwill, T. R. & Levin, J. R.(Eds.): Single-case research design and analysis: New directions for psychology and education, Lawrence Erlbaum Associates Publishers, Hilldale, New Jersey, 41-

91, 1992.
17) Elashoff, J. D., & Thoresen, C. E.: Choosing a statistical method for analysis of an intensive experiment, In Kratochwill, T. R.(Ed.): Single subject research: Strategies for evaluating change, Academic Press, New York, 287-311, 1978.
18) Tryon, W. W.: A simplified time-series analysis for evaluating treatment interventions, Journal of Applied Behavior Analysis, 15, 423-429, 1982.
19) Tryon, W.W.: "A simplified time-series analysis for evaluating treatment interventions": A rejoinder to Blumberg, Journal of Applied Behavior Analysis, 17, 543-544, 1984.
20) Young, L. C.: On randomness in ordered sequences, Annals of Mathematical Statistics, 12, 293-300, 1941.
21) 河合伊六ほか：単一事例計画法における処遇効果のC統計による検定，行動分析学研究, 2, 36-47, 1988.
22) Blumberg, C. L.: Comments on "A simplified time-series analysis for evaluating treatment interventions.", Journal of Applied Behavior Analysis, 17, 539-542, 1984.
23) Rosner, B. et al.: The use of autoregressive model for the analysis of longitudinal data in epidemiologic studies, Statistics in Medicine, 4, 457-467, 1985.
24) Edgington, E.S.: Nonparametric tests for single-case experiments. In Kratochwill, T. R. & Levin, J. R.(Eds.): Single-case research design and analysis: New directions for psychology and education, Lawrence Erlbaum Associates Publishers, Hilldale, New Jersey, 133-157, 1992.
25) Tukey, J. W.: Exploratory data analysis, Addison-Wesley, New York, 1977.
26) 渡部 洋ほか：探索的データ解析入門：データの構造を探る，朝倉書店，東京，1985.

Introduction of Single Subject Designs as New Eexperimental Designs (II)

Analytical evaluation of experimental data

Shigeru Kuwata

Sakuyo College of Music.

Information & Evaluation Research Group, the Research Committee of Japan Society of Acupuncture

Summary:

The present-paper offered the basic ideas and methods of analytical evaluation for the single subject data. Firstly, the reasons that emphasize clinical significance rather than statistical significance of independent variables were discussed, and the visual inspection method that is used most often for single subject data was introduced. Secondly, it was pointed out that the time-series analysis method is appropriate for single subject time-series data that have the possibility of the serial dependency, and C statistic was introduced as a useful analytical technique. Thirdly, the usefulness of nonparametric tests that don't require the normal distribution(distribution free) was discussed. Fourthly, it was suggested that the exploratory data analysis is fitted for the single subject designs and its use was recommended. Finally, the reasons were emphasized that while statistical tests for single subject data should be identified and developed from now on, it is important that the visual inspection method is adopted at the same time.

Key Words: visual inspection, time-series analysis, nonparametric tests, exploratory data analysis, single subject designs

第6章

新しい実験計画法としての単一被験者法の紹介（Ⅲ）
―内的妥当性と外的妥当性―

桑田　繁*

> **要旨**：本論文は，単一被験者法における内的妥当性と外的妥当性について論述することを目的とした。第1に，内的妥当性を高める方法として被験者内再現化を論じた。第2に，外的妥当性を検討する方法として直接的再現化と系統的再現化について論じ，両者を同一実験内で実現させる計画法を述べた。第3に，再現化の中で生じる個体差に対する対処法を紹介した。最後に，外的妥当性に対する群間比較法と単一被験者法の相違を指摘し，鍼灸学の臨床研究における利点を論議した。

はじめに

心理学の実験計画[注1]において内的妥当性（internal validity）とは，独立変数と従属変数との間の因果関係の程度をいう。実験者が操作した独立変数によって従属変数が変化したことの確からしさが保証されれば，内的妥当性は高いと見なされる。例えば，ある鍼刺激によって確かに肩こりが改善されたと言えるならば，その内的妥当性は高い。他方，外的妥当性（external validity）とは，当該の実験結果が他の条件下でも認められることによって，その結果を一般化できる程度をいう。条件とは，性・年齢・症状が異なる他の被験者や異なる実験手続き（例えば，異なる鍼の種類や刺激部

---

* Shigeru KUWATA 作陽音楽大学，専任講師（心理学）。（社）全日本鍼灸学会，学術部，研究委員会・情報評価班顧問
Key Words：内的妥当性，外的妥当性，被験者内再現化，被験者間再現化，単一被験者法

位など）などのことであり，これらが相違しても同一の結果が得られるならば，外的妥当性は高いと見なされる。例えば，20才の肩こり患者の結果が新しい60才の被験者でも認められたり，肩への鍼刺激と同一の結果が腕に対する鍼においても得られれば，外的妥当性は高い。

前々稿および前稿[1-2]では，群間比較法と比較させながら，単一被験者法（single subject designs）の内的妥当性に対する考え方と具体的な適用方法，および，データの分析評価法を論じた。しかし，少数の被験者から得られた結果をどのように一般化させるかという外的妥当性については触れなかった。本論文では，内的妥当性に関する論議を整理したうえで，単一被験者法における外的妥当性について論じることを目的とする。

なお，上述の論文については，C統計の有意水準表に関して記述上の不備が明らかになり，実験データのグラフに関する説明が不十分であるという指摘を受けた。そのため，本稿の末尾では不備を訂正し，単一被験者法のグラフの表示法について具体的に説明する。

1．単一被験者法における内的妥当性

蓋然性（probability）を前提とした科学において「絶対」はありえない。内的妥当性に関しても，独立変数と従属変数の間の因果関係の確からしさを高めることはできるが，絶対的な因果関係を断言することはできないことに，まず留意すべきである。

外的妥当性を検討するためには，まず十分な内的妥当性を有することが保証されている必要がある。内的妥当性を高める方法として，群間比較法では無作為割りつけ（random allocation）が用いられている。これは基本的には，実験群の被験者には実験変数を適用し，対照群には適用せず，その他の変数については群間で違いがないようにする操作をさす。実験変数以外の変数に相違がない2つの群を設定することによって，群間のデータの相違が実験変数の有無によって生じたことが確からしくなる。

他方，単一被験者法は被験者内再現化（intrasubject replication）[3]を用いる。被験者内再現化とは基本的には，実験変数を適用しないベースライン条件と，適用する実験条件を交替して実施する操作をさす。同一条件下で同様の結果が得られ，かつ，

条件間で結果が相違するならば，その相違が実験変数の有無によって生じたことが確からしくなる。条件の移行に伴う測度の変化はコインシデンス（coincidence）と呼ばれる。例えば，ABAB法を用いた結果，A（第1ベースライン条件）からB（第1実験条件），BからA（第2ベースライン条件），AからB（第2実験条件）という3回のコインシデンスが得られ，かつ，AとBが異なったとする。この場合，Bという独立変数と従属変数との因果関係はより確からしくなる。

単一被験者法の各条件で得られるのは，繰り返し観察され測定された精度の高いデータである。このデータが条件の反復に伴って変化すれば，内的妥当性は高いと結論できる。コインシデンスについての詳細は桑田（1993a）[1]を参照されたい。

2．単一被験者法における外的妥当性
2．1．直接的再現化と系統的再現化

心理学において外的妥当性とは，当該の実験で用いた条件以外へと結果を一般化できる程度をさす。そのため，被験者の特性（年齢，性，症状の程度など），独立変数（実験手続き），従属変数（被験者の反応）やその測度の種類，実験装置などの条件の個々について外的妥当性を考える必要がある。群間比較法も単一被験者法もともに，追試を行うことによって外的妥当性を高めようとする。この点で両者に違いはない。

群間比較法では，母集団からの標本の無作為抽出（random sampling）を新しい実験において再度実施し，前の実験と同一の結果が再現されるかどうかによって外的妥当性を検討する。実験群と対照群の間の統計的な差が再び認められれば，外的妥当性は高いと言える。前の実験の実験群・対照群と同一の結果が新しい実験群・対照群でも再現化されるという意味で，この方法は群間再現化（intergroup replication）[3]と呼ばれることもある。

他方，単一被験者法は，群間比較法のような形の標本の無作為抽出を考えていない。例えば被験者に関する外的妥当性についていうと，ある被験者から得られた結果が他の被験者でも認められるということが被験者間で繰り返されることで，外的妥当性が高まると考えられている。つまり，群間の再現化ではなく，個々の被験者間の再現化に注目する。

外的妥当性を検討する方法としては被験者間再現化（intersubject replication）[6]が

使用され，これは直接的再現化（direct replication）と系統的再現化（systematic replication）に大別される[3)注2)]。直接的再現化とは，他の同レベルの被験者に対して同一の手続きを適用する操作をさし，いわゆる追試に相当する。もとの実験と同様の年齢・性などの被験者を対象として，忠実に同じ手続きを遂行した結果，先と同一の結果が得られれば，被験者に関する外的妥当性は高い。Sidman（1960）[3)]は，2名以上の被験者を用いた単一被験者法の実験は自動的に外的妥当性をも検討していることになると指摘している。この観点に立つと，ほとんどの実験が2名以上の被験者であるため，単一被験者法では，1つの実験の中で内的妥当性と外的妥当性がともに検討されていると言える。

　直接的再現化によってデータが再現されたとしても，同レベルの被験者に関する外的妥当性が高まったに過ぎない。年齢・性の異なる他の被験者や手続き，その他の条件に関する外的妥当性を検討するためには，次の系統的再現化が必要となる。これは先行研究と1点のみが異なる条件を設定する操作をいい，例えば，手続きの外的妥当性を検討したい場合，鍼刺激の部位のみを異ならせた実験を新しく行う。そこで同一の結果が得られれば，その直接的再現化を繰り返し行い，さらに違う部位を用いて実験する。このように単一被験者法では，直接的再現化と系統的再現化の反復によって外的妥当性を高めていき，当該の現象を制御している諸変数を徐々に同定しようとする。

　特に手続きの外的妥当性については，系統的再現化の際に，直接的再現化を併用することによって，説得性を増加させることができる。例えば，1つの実験の前半部でABA法によって先行研究の結果を再現させておき，後半ではCという新しい手続きを適用し，ベースライン条件へと反転させるABACA法を用いる（Fig. 1参照）。2度目のAは前半のABAの反転条件であるとともに，後半のACAのベースライン条件を兼ねている。この計画にすれば，同一実験内で直接的再現化（前半のABA）と系統的再現化（後半のACA）が実現でき，もとの手続きの効果と変更を加えた新しい手続きの効果が明らかになる。さらには，再度Cを実施してAへと反転させるABACACA法にしてなおコインシデンスが認められれば，Cの効果をより説得的に結論することができる。ただし，この方法は手続きの相違についてのみ有効であり，年齢や性の相違に関する外的妥当性は検討できない。

　順序効果を考慮したい場合には，ABACA法の他にACABA法も実施しなければな

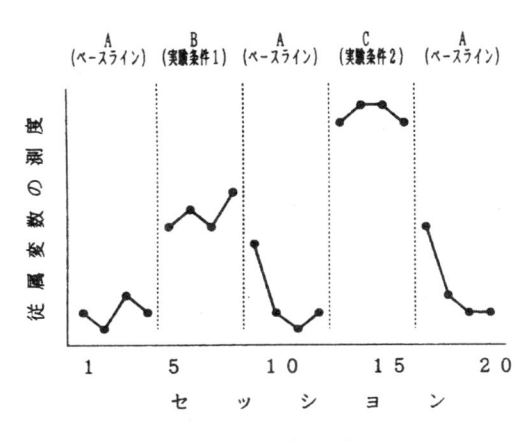

Fig.1 ABACA 法のグラフ

横軸はセッション，縦軸は従属変数の測度。前半の ABA は直接的再現化，後半の ACA は系統的再現化を示す。詳細は本文参照。

らない。この計画は1被験者内では実現できないので，半数の被験者に ABACA 法，残りの半数に ACABA 法を適用することになる。このように，目的に応じて，妥当と考えられる範囲内で，被験者間比較を部分的に取り入れた現実的なヴァリエイションが採用される。

なお，通常の臨床では複数の治療法が併用されることが多い。そのため，Hersen & Barlow（1976）[5]は直接的再現化と系統的再現化の次の段階として，複数の治療法から成る治療パッケージの再現化を試みる臨床的再現化（clinical replication）を提唱している。

2．2．個体差に対する対処法

直接的および系統的再現化を繰り返す中で，被験者によって傾向の異なったデータが得られることがある。群間比較法ではこのような個体差（individual differences）を誤差（error）と考え，実験変数の効果が誤差を統計的に上回るかどうかという点から対処する。しかし，単一被験者法では個体差を統計的に処理しない。基本的には被験者内再現性に注目しながら，個体差を生じさせている諸変数を同定しようとする。

かりに Fig. 2 のように，1 つの実験の中で 4 名の被験者を対象としてある鍼治療を行った結果，2 名ずつ正反対の結果を示したとする。この場合でもまず各被験者ごとにデータを精査し，同一結果が個体内で再現されているかどうかに注目する。被験者内再現性が確認できれば，少なくともその被験者に関しては従属変数に対する当該の実験変数の内的妥当性は高いと言える。次に，併用している他の治療法や体質に関する情報を収集し，結果が相違した原因を推定する。例えば，一方の 2 名が他の医療機関で投薬を受け，他方の 2 名が受けていないことが判明すれば，被験者の半数を薬物投与者，残りの半数を非投与者とした実験を行う。ここで先述の結果が再現されれば，独立変数の効果が薬物投与の有無によって異なる可能性が示唆されることになる。

被験者内において再現性が認められないときも同様に，その原因と考えられる変数を推定する必要がある。例えば，実験装置の故障や被験者の身体的条件の変化な

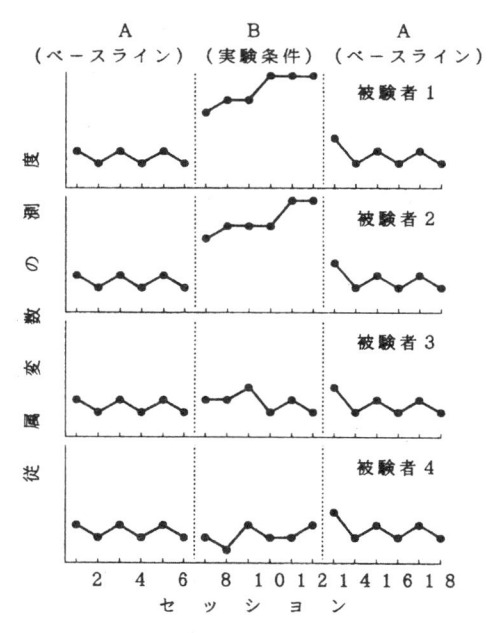

Fig. 2 個体差の見られたグラフ

横軸はセッション，縦軸は従属変数の測度。A ベースライン，B は実験条件を表す。詳細は本文参照。

どを調べて，それらを除去あるいは一定化させて再度実験を行う。前々稿[1]でも述べたように，非可逆的な性質をもつ従属変数は，第2ベースライン条件では，もとのレベルに戻りにくいことにも十分に留意する必要がある。ただし，一般に，実験変数に弱い効果しかないために，他の変数の小さな変動によって被験者内再現性が生じなくなることが多い。この場合には，より強力な実験変数を適用しなければならない。

単一被験者法は1個体に対する継続的な観察・測定と条件の反復にもとづいているため，以上のアプローチが可能となる。

2．3．群間比較法との相違点

多数の被験者を用いる群間比較法に対して，1個体内での測定の繰り返しと再現性を重視する単一被験者法は，1回の実験で少数の被験者しか対象にできないため，外的妥当性への対処には長い時間を要する。しかし，群間比較法に比べて単一被験者法は次の利点を有している。

第一に，群間比較法では，新しい2群を設けて先行実験と同一の結果が再現されたとしても，集団データとしての外的妥当性が高まったにすぎず，その結果を群を構成するすべての被験者に適用できるとは限らない。他方，単一被験者法は個体データを対象としており，被験者数が増えるほど外的妥当性は高まると考えている。事実，単一被験者法を使った原著論文のほとんどは複数個の実験から構成されており，実験を繰り返しデータを累積させて，外的妥当性を高めようとしている。

第二に，群間比較法は，実験変数以外の変数に関して違いのない多数の被験者に対して，同時に実験を行うことを原則としているため，実施には多大な労力を要する。そのため，忠実な追試が行われることは現実にはきわめてまれである。他方，被験者1人でも実施可能な単一被験者法は直接的再現化が容易であり，Fig.2に示した形で系統的再現化を併用することもできる。したがって，群間比較法よりも外的妥当性が検討しやすい。

以上の点は，個体を研究対象とする鍼灸学においても利点と見なすことができると考えられる。

3. 単一被験者法における実験データのグラフ作成法
3.1. C統計の有意水準表とその見方

桑田（1993b）[2]の116ページの記述とTable 1には重大な誤植がある。C統計の有意水準に関する記述だが，文中の「10％」はすべて「1％」が正しい。したがって，Table 1のキャプションは正しくは，「データ数（N）における有意水準5％，1％のCとZの値」となる。Table 1に正しい表を示す。

Table 1 各データ数（N）における有意水準5％，1％のCとZの値

（河合ら，1988より一部改変して引用）

N	5 % C	5 % Z	1 % C	1 % Z
8	.5088	1.6486	.6686	2.1664
9	.4878	1.6492	.6456	2.1826
10	.4689	1.6494	.6242	2.1958
11	.4517	1.6495	.6044	2.2068
12	.4362	1.6495	.5860	2.2161
13	.4221	1.6495	.5691	2.2241
14	.4092	1.6494	.5534	2.2310
15	.3973	1.6493	.5389	2.2369
16	.3864	1.6492	.5254	2.2423
17	.3764	1.6492	.5128	2.2470
18	.3670	1.6491	.5011	2.2513
19	.3583	1.6489	.4900	2.2550
20	.3502	1.6488	.4797	2.2585
21	.3426	1.6488	.4700	2.2616
22	.3355	1.6486	.4609	2.2647
23	.3288	1.6485	.5421	2.2676
24	.3224	1.6484	.4440	2.2700
25	.3165	1.6484	.4361	2.2717
26以上		1.6447		2.3262

Tableの見方は次の通りである。かりに，10個のデータから1.7121というZの値が得られたとする。Table 1の5％水準の列に注目し，Nが10の箇所を見るとZは1.6494となっている。これは5％の有意水準の値が1.6494であることを示している。つまり，1.6494より大きければ5％の有意水準を満たしていることになり，1.7121はこれを満たしている。次に1％水準の列に目を転じると，Zは2.1958となっている。1.7121は2.1958を下回り，1％水準を満たしていない。以上より，本結果は5％水準で有意と結論する。

また，C統計の計算式は次の通りである。

$$C = 1 - \frac{\sum_{i=1}^{N-1}(X_i - X_{i+1})^2}{2 \cdot \sum_{i=1}^{N}(X_i - \bar{X})^2}$$

前稿[2]では右辺の分子のΣの上を「N」としたが，「N－1」が正しい。ただし，式を見ればわかるが，いずれであっても答は同一であり，正答が得られる。

3．2．単一被験者法における実験データのグラフ作成方法

桑田 (1993b)[2]の111と112ページのFig.1～3のキャプションに不備がある。いずれも「上は実験変数の効果あり，下は効果なし」とあるが，これは逆であり，正しくは「上は実験変数の効果なし，下は効果あり」である。

単一被験者法のグラフの作成方法について，ABA法を適用したFig.3[6]をもとに説明する。被験者は精神遅滞の11歳の男児であった。授業中に大声を出すという彼の問題行動がクラスにとってもっとも迷惑である，と担任教師は考えていた。実験の目的は，50分の授業中に問題行動数が3回以下（1分当りの行動数が0.06以下）ならばその日の最後に遊ぶことが許される，という手続きの効果を検討することであった。Fig.3では横軸をセッション，縦軸を1分当りの問題行動数としてデータ・ポイントがプロットされ，条件が縦線で区切られている。訓練条件の横線（DRL LIMIT）は基準回数（1分当り0.06）を示し，問題行動はこれ以下へと減少している。各条件の問題行動数の平均値は第1ベースライン5.7，訓練条件0.11，第2ベースラ

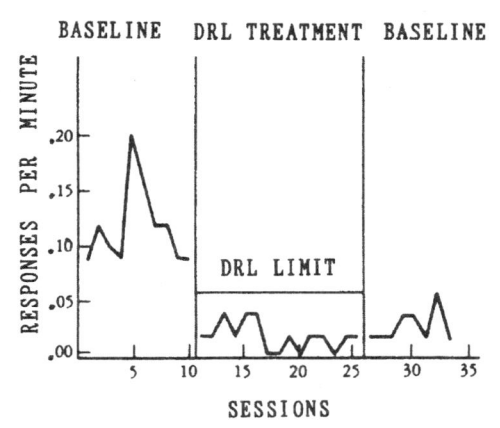

Fig. 3 反転法のグラフ
(Deitz & Repp, 1973 の Fig. 1 を文字を一部改変して引用)

ABA 法。横軸はセッション，縦軸は1分当たりの問題行動数。DRL LIMIT は問題行動数の制限を表す。詳細は本文参照。

イン 0.93 だった。これは担任教師から見て十分な減少だったことから，実際的な意味があったと見なせる。問題行動数を縦軸にしなかった理由は明記されていないが，すべての授業が 50 分定刻で終了したわけではないため，1分当りの回数にそろえたと推定される。なお，この実験では，第2ベースラインで行動が増加していないため，コインシデンスは1回しかない。したがって，臨床的な意味はあるものの，実験的には手続きの効果の実証は不十分と考えられる。

　この図の横軸のセッションとは被験者が受ける1回の実験をさす。原則的には1日に1セッション定刻に実施するのが望ましく，動物実験では忠実に実施されているが，ヒトの被験者の場合には，現実的な制約のためセッション間の間隔が不定期になったり，逆に1日に数セッション実施することもある。Fig. 3 の実験は学校で実施されたため，授業があった日の 50 分授業1回を1セッションとしているが，日数を横軸にしてもよい。目的によっては時間ではなく試行数で1セッションを定義することもある。鍼灸の臨床研究では，1回の鍼治療が1セッションに相当すると考えられるため，治療回数が横軸となるだろう。

　縦軸は従属変数の測度とする。Fig. 3 のように1セッション当りの総計（生データ

は50分当りの行動数であるため）とする他に，複数の試行（trial）からセッションが構成される場合には代表値を用いることもある。例えば，幼児に特定の漢字を50回書かせることを1セッションとし，漢字を書き終えるまでに要した時間を1試行ずつ計測したなら，50試行の平均値（mean）あるいは中央値（median）が1つのデータ・ポイントとなる。また，変化過程ではなく，安定状態の（steady state）データが重要な測度の場合，安定した時点の代表値を条件ごとにプロットする。安定基準の詳細は桑田（1993a）[1]を参照されたいが，例えば，最低18セッション実施して最終9セッションに安定基準を設けた場合，この基準を満たした最終9セッションの代表値のみをプロットする。

Fig. 4 [7]は，フットボールのブロックの指導に対する，従来通りの標準的コーチ法（standard coaching）と，心理学の行動理論にもとづく行動的コーチ法（behavioral coaching）の効果を比較している。横軸は10試行を1セットとし，縦軸は10試行中で正しくブロックできた試行数の割合（％）としている。ブロックの正誤は第3者によって判定された。時間の都合上，1日に最小で1，最大で4セットが実施されたため，日数ではなくセットが横軸となっている。ABAB法を用いた結果，行動的コーチ法の効果が明らかとなっている。

以上のように，実験の目的や内容に応じて，グラフ表示法は異なる。なお，特別な手続きを実施した場合や，被験者の体調不良や装置の故障などの事情があった場合には，そのデータ・ポイントに矢印をつけて示し，図の説明書きに添えることも

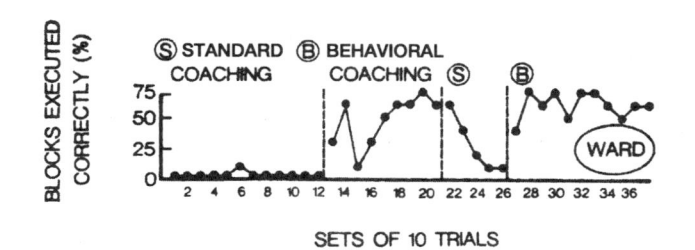

Fig. 4　反転法グラフ

（Allison & Ayllon, 1980 の Fig. 2 を引用）

ABAB法。横軸はセット（10試行1セット），縦軸は10試行中の正しいブロックの割合（％）。WARDは被験者の名前。詳細は本文参照。

ある。これらはグラフを見る側にとって有用な情報となる。近年，単一被験者法の適用対象が広がるにつれて，多様なグラフ表示法が提唱されている。詳細は，Heward（1987）[8]，Kazdin（1982）[9]，Parsonson & Baer（1978）[10]を参照されたい。

おわりに

例えば，単一被験者法を用いて得られた心理学の知見の1つである行動対比（behavioral contrast）は，当初，Reynolds（1961）[11]により2羽のハトを用いて報告されたに過ぎなかった。しかし，長期間にわたる数多くの再現化によって，ヒトを含めた他の種にも見られる現象として定着しており，その制御変数の範囲を同定するために系統的再現化が繰り返されている。単一被験者法はまず，1個体において実験変数の効果を十分に確認する。次に，1回の実験で少数の被験者しか対象としなくても，多数回の実験を繰り返していき，多様な条件の相違の中で同一結果が再現されることによって，外的妥当性が高まり得ると考えられている。その結果，行動対比のような確実な知見を得ることができる。このような単一被験者法は，心理学と同様に個体を対象とする鍼灸学において，今後の活用の可能性を有していると考えられる。

謝　辞

本論文の草稿に対して貴重な御示唆を下さった，明治鍼灸大学生理学教室の川喜田健司先生，全日本鍼灸学会，学術部，研究委員会・情報・評価班班長の七堂利幸先生，東京医科歯科大学難治疾患研究所・情報医学研究部門（臨床薬理学）の津谷喜一郎先生，岡山大学文学部心理学講座の長谷川芳典先生，に深く感謝致します。

注1）鍼灸を含む物理療法の評価においては，主として薬物療法の評価を中心とする臨床薬理学の研究方法をモデルとすることが多いが，臨床薬理学と心理学ではその専門用語（例えば，内的妥当性と外的妥当性）の定義は若干異なる。また，臨床薬理学では同一の目的と方法をもつ複数の研究が同時平行して実施されることがあるのに対して，心理学では継時的に追試を繰り返すことが多い。本稿は心理学における定義と研究方法にもとづいていることを断わっておく。

注2）両者をまとめて研究間確証化（interinvestigatory affirmation）と呼ぶことがある[4]。

参考文献

1) 桑田　繁：新しい実験計画法としての単一被験者法の紹介（Ⅰ）―その適用方法と群間比較法との相違―，全日本鍼灸学会雑誌，43（1）；28-35，1993a.
2) 桑田　繁：新しい実験計画法としての単一被験者法の紹介（Ⅱ）―データの分析評価法―，全日本鍼灸学会雑誌，43（1）；36-43，1993b.
3) Sidman, M.: Tactics of Scientific Research: Evaluating Experimental Data in Psychology, Basic Books, New York, 1960.
4) Robinson, P. W., & Foster, D .F.: Experimental Psychology: A Small-N Approach, Harper & Row Publishers, New York, 1979.
5) Hersen, M., & Barlow, D. H.: Single case experimental designs: Strategies for studying behavior change, Pergamon Press, New York, 1976.
6) Deitz, S. M., & Repp, A. C.: Decreasing classroom misbehavior through the use of DRL schedules of reinforcement, Journal of Applied Behavior Analysis, 6, 457-463, 1973.
7) Allison, M. G., & Ayllon, T.: Behavioral coaching in the development of skills in football, gymnastics, and tennis, Journal of Applied Behavior Analysis, 13, 297-314, 1980.
8) Heward, W. L.: Production and interpretation of graphic data displays, In Cooper, J. O. et al.(Eds.), Applied Behavior Analysis, Merrill Publishing Company, Columbus, 106-141, 1987.
9) Kazdin, A. E.: Single-case research designs: Methods for clinical and applied settings, Oxford University Press, New York, 1982.
10) Parsonson, B. S., & Baer, D. M.: The analysis and presentation of graphic data, In Kratochwill, T. R.(Ed.）: Single subject research: Strategies for evaluating change, Academic Press, New York, 101-165, 1978.
11) Reynolds, G. S.: Behavioral contrast, Jounral of the Experimental Analysis of Behavior, 4, 57-71, 1961.

Introduction of Single Subject Designs as New Eexperimental Designs (Ⅲ)

Internal validity and external validity

Shigeru Kuwata

Sakuyo College of Music.

Information & Evaluation Group, Research Committee, Scientific Division, the Japan Society of Acupuncture

Summary :

The present-paper discussed about the internal and external validity in single subject designs. Firstly, intrasubject replication was introduced as a method to increase the internal validity of single subject data. Secondly, it was pointed out that direct replication and systematic replication are effective in evaluating the external validity,and the experimental design for the direct replication and the systematic replication within a single experiment was introduced. Thirdly, the methods for dealing with individual differences which came out in repeating the replication were discussed. Finally, the theoretical differences between group comparison designs and single subject designs on the external validity were pointed out, and the merits of single subject designs in the clinical research of acupuncture were discussed.

Key Words: internal validity, external validity, intrasubject replication, intersubject replication, single subject designs

第 7 章

The basic ideas and methods for analytical evaluation of experimental data in single-subject experimental designs

Shigeru KUWATA

Abstracts:

The present research introduced the basic ideas and methods for analytical evaluation of data in single-subject experimental designs. The single-subject designs have been using the visual inspection method for data evaluation, because they make much of not statistical significance but practical or clinical significance based on the idea that the difference of data between the baseline and experimental condition should have practical meaning. However, this method has the possibility that might overlook the independent variable which will become an effective variable in future. So the statistical tests for single-subject data such as time-series analysis, non-parametric tests, and exploratory data analysis are now examined. The outline of these methods were explained in the present paper, and at the same time, the importance of using the visual inspection and statistical tests together were emphasized.

Key Words: single-subject experimental designs, group comparison experimental designs, practical or clinical significance, statistical significance, time-series data, C statistic, non-parametric statistical tests, exploratory data analysis

---

This research was presented at "The Workshop on Clinical Research Methodology for Acupucture" in The Third World Conference on Acupuncture, Kyoto, JAPAN, November 1993. Correspondence and reprint requests may be obtained from Shigeru KUWATA, Faculty of Music, Sakuyo College of Music, 1334-1, Yaide, Tsuyama-Shi, 708 Okayama, JAPAN.
（本稿は，1993 年 11 月 21 日に京都で開かれた，第 3 回世界鍼灸学会のワークショップ「鍼灸の臨床研究の方法論」における，英文による研究発表の要旨である）

1. Introduction

I have ever been engaged in clinical psychology, especially behavior therapy and behavior-modification for autistic or mentally handicapped children. After that, I have changed my interest to experimental psychology, especially behavior analysis and learning psychology with animal and human subjects. I have been consistently using single-subject experimental designs in my psychological studies.

Single-subject experimental designs are the methods that have been used in behavior analysis advocated by B. F. Skinner(1904−1990) in experimental psychology. For example, Sidman (1960) has published the book that the basic ideas of single-subject designs are described in detail. Professor Kawakita of Meiji College of Oriental Medicine has introduced the logics and methods of group comparison experimental designs and single-subject experimental designs. So I would like to talk about the basic ideas and methods to analyze and evaluate the experimental data in single-subject designs based on Kuwata(1993a,b).

2. The ideas for data evaluation in group comparison experimental designs and single-subject experimental designs

2. 1. Statistical significance and practical significance

Group comparison experimental designs have been depending on the statistical tests such as t-test or analysis of variance. Anaysis of variance is called ANOVA. Group comparison designs make much of statistical significance in evaluating the obtained experimental data. That is, they think that 5 percent level of significance is very important for evaluating the experimental data.

But single-subject experimental designs make much of practical or clinical significance rather than statistical significance. Practical or clinical significance is based on the idea that the difference between the data of baseline and experimental condition should have practical or clinical meaning, and premises that the large difference of data exists between two conditions. For example, Fig.1 shows the graph of AB design. Experimental condition is the condition that the independent variable, for example, acupuncture is applied to the subject and the baseline condition is that the acupuncture is not applied. If the level of data could be thought

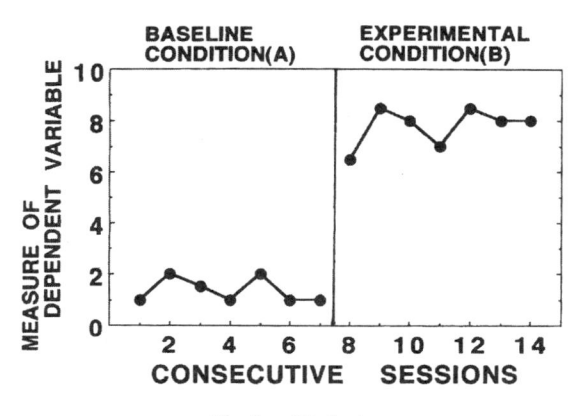

Fig. 1　AB design

to have enough difference from the practical or clinical view, we could evaluate that the acupuncture intervention is surely effective. From this standpoint, single-subject designs have been mainly using not the statistical test but the method called "visual inspection" in evaluating the obtained data, because the statistical tests could not examine the practical or clinical significance.

2. 2. The ideas and problems of visual inspection

The data is presented and expressed as a graph in single-subject experimental designs. For example, Fig.2 shows the change of level, trend, and variability in the data of AB design. Visual inspection is the method that we mainly see and inspect three points, that is, the level, trend, and variability of data in graph across baseline and experimental condition. And if they are clearly different, we could conclude that this treatment is effective for the subject's symptom or behavior. This method is generally called visual inspection, sometimes visual analysis or visual examination. If we conclude the effectiveness of treatment by visual inspection, it is needless to say that the result is statistically significant.

Here I would like to point out two problems of this visual inspection. Firstly, the criteria of evaluation are often different across many evaluators. For example, one person might conclude that this is effective, but another person this is not effective. The criteria are sometimes ambiguous, especially in the case of only a small difference between baseline and experimen-

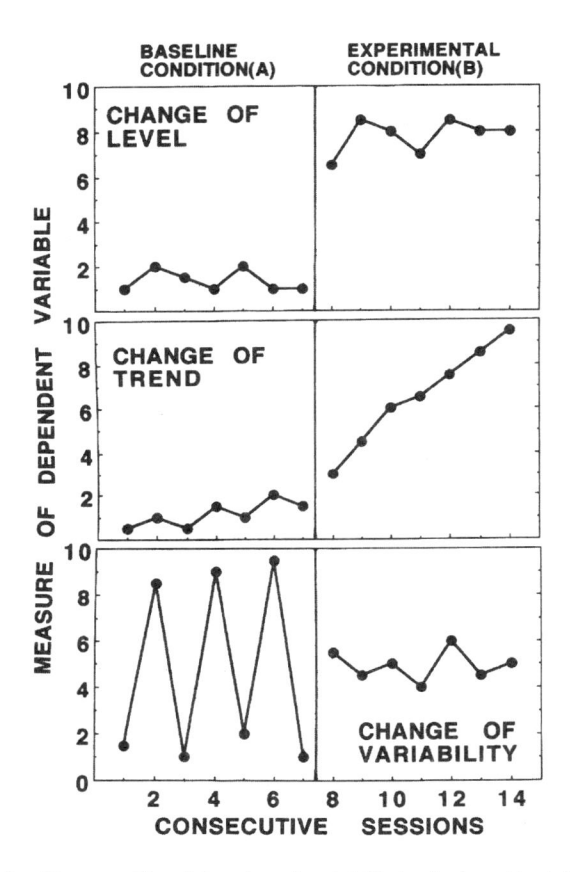

Fig. 2 Change of level, trend, and variability in single-subject data

tal condition. Secondly, we might overlook the treatment that would be effective in future. Kazdin(1982) who is a psychologist in America has pointed out the danger that visual inspection tends to conclude that the present treatment is not effective, because that seeks for the large effect of experimental variable. Even if that effect is small at the present time, there might be the possibility that the treatment will be effective by repeating many experiments. This seems to be a great danger for our studies.

3. The statistical tests for single-subject experimental designs

Because of the above problems in visual inspection, some researchers have started applying the statistical tests for the obtained single-subject data. Many researchers have been discussing about which statistical tests could analyze the data of single-subject experimental designs. Firstly, the statistical tests used in group comparison designs such as t-test or ANOVA are not fit for the single-subject data, because the data are repeatedly measured within a single subject for a long time, in other words, those are time-series data and might have serial dependency. So those could be supposed not to be statistically independent. Parametric statistical tests could fundamentally not analyze the data which are independent each other, so are not fit for analysis of single-subject data.

Now there are two statistical approaches for the data of single-subject experimental designs. One is time-series analysis methods, and another is non-parametric tests(Kratochwill & Levin, 1992).

3.1. Time-series analysis

Time series analyses such as autoregressive integrated moving average model, this is called ARIMA model, or autoregression model called AR model generally seem to be able to analyze the single-subject data. But these methods require many data points at least 30 or sometimes 50 in one condition, so they are not realistic at all in our usual experiments.

Then recently, Tryon(1982, 1984) has asserted that C statistic is fit for the single-subject time series data in *Journal of Applied Behavior Analysis* which is a journal of psychology in America. C statistic which has been designed by Young in 1941 could be applied for the minimum data points of 8. This method examines whether the data have the trend based on that variability. For example, if the data are not variable and clearly have the increasing or decreasing trend, the result of test is statistically significant. Even if the data have the increasing or decreasing trend, if they are very variable, that is, they vary across sessions, the result is not significant. Fig. 3 shows the formula and Table 1 shows the critical values for testing C statistic for sample sizes. C statistic is not appiled to psychological experiments now, but this is a very easy method for evaluating the single-subject data. So I would like to recommend its use.

$$C = 1 - \frac{\sum_{i=1}^{N-1}(X_i - X_{i+1})^2}{2 \cdot \sum_{i=1}^{N}(X_i - \bar{X})^2}$$

$$Sc = \sqrt{\frac{N-2}{(N-1) \cdot (N+1)}}$$

$$Z = \frac{C}{Sc}$$

Fig 3 Formula of C statistic

Each of N, Xi, and $\bar{X}$ shows the total number of data, the ith session's data, and arithmetric mean of all data. Z which means standard score could be calculated by the fraction C divided by Sc which means standard error.

Table 1 Critical values for testing the C statistic for selected sample sizes (N) at the 5% and 1% level of significance (quotation from Kuwata (1993b) based on Young (1941) and Tryon (1982))

	5 %		1 %	
N	C	Z	C	Z
8	.5088	1.6486	.6686	2.1664
9	.4878	1.6492	.6456	2.1826
10	.4689	1.6494	.6242	2.1958
11	.4517	1.6495	.6044	2.2068
12	.4362	1.6495	.5860	2.2161
13	.4221	1.6495	.5691	2.2241
14	.4092	1.6494	.5534	2.2310
15	.3973	1.6493	.5389	2.2369
16	.3864	1.6492	.5254	2.2423
17	.3764	1.6492	.5128	2.2470
18	.3670	1.6491	.5011	2.2513
19	.3583	1.6489	.4900	2.2550
20	.3502	1.6488	.4797	2.2585
21	.3426	1.6488	.4700	2.2616
22	.3355	1.6486	.4609	2.2647
23	.3288	1.6485	.5421	2.2676
24	.3224	1.6484	.4440	2.2700
25	.3165	1.6484	.4361	2.2717
26~		1.6447		2.3262

3. 2. Non-parametric statistical tests

If we use parametric tests such as t-test and ANOVA in group comparison designs, the obtained data must meet the next conditions. Firstly, the data of experimental group and control group must be normally distributed, and the population must be also normally distributed. Secondly, the obtained data must be interval scale or ratio scale. Ordinal scale data could not be analyzed by the parametric tests.

But the data obtained in acupunctrure and psychology do not often meet these conditions. Non-parametric statistical tests could be used in that case. Non-parametric tests do not premise the normal distribution of population and could analyze the ordinal scale data of small sample sizes, that is, small number of subjects. So many researchers propose that single-subject data should be evaluated by non-parametric tests. For example, randomization tests, Friedman's analysis of variance, sign rank test, or sign test are used according to the kind of each experimental design. However, the power of test in non-parametric tests is rather low than parametric tests. The users should be careful for this point in discussing the results.

3. 3. Exploratory data analysis

I have reported on two general approaches for single-subject data evaluation. But, in my opinion, except for these methods, we could use exploratory data analysis method for single-subject experimental data. This method was exploited by Tukey(1977). I do not have time to explain this method in detail. But the characteristic of exploratory data analysis is visual presentation of obtained experimental data. And the basic ideas are similar to the ideas of single-subject designs. So far as I know, this method is not used for single-subject data now. I think that we could and should use this exploratory data analysis for evaluating the single-subject data.

4. Conclusion

Finally, I would like to summarize my presentation. To be sure, some statistical tests and methods are applied for the data of single-subject experimental designs now. But I think that the visual inspection must be used at the same time. Single-subject designs seek for practical or clinical significance not statistical significance. They would like to identify the truly effective variables on each subject's symptom and behavior. We do not need statistical tests if the clear difference of data between the baseline and experimental condition are surely obtained, that is, the independent variable is very effective. In conclusion, I would like to emphasize this critical point.

References

Kazdin, A. E. 1982 *Single-case research designs: Methods for clinical and applied settings.* New York: Oxford University Press.

Kratochwill, T. R., & Levin, J. R.(Eds.) 1992 *Single-case research design and analysis: New directions for psychology and education.* Hilldale, New Jersey: Lawrence Erlbaum Associates Publishers.

Kuwata, S. 1993a Intorduction of single subject designs as new experimental designs(I). *Journal of the Japan Society of Acupuncture,* **43**, 28 − 35. (In Japanese with English abstract).

Kuwata, S. 1993b Intorduction of single subject designs as new experimental designs(II). *Journal of the Japan Society of Acupuncture,* **43**, 36 − 43. (In Japanese with English abstract).

Sidman, M. 1960 *Tactics of scientific research: Evaluating experimental data in psychology.* New York: Basic Books.

Tryon, W. W. 1982 A simplified time-series analysis for evaluating treatment interventions. *Journal of the Experimental Analysis of Behavior,* **15**, 423 − 429.

Tryon, W. W. 1984 A simplified time-series analysis for evaluating treatment interventions: A rejoinder to Blumberg. *Journal of the Experimental Analysis of Behavior,* **17**, 543 − 544.

Tukey, J. W. 1977 *Exploratory data analysis.* New York: Addison-Wesley.

第8章

臨床研究における少数被験者法のデータに対する時系列分析の妥当性の検討

Examination of Validity on Time-series Analysis for Small-N Experimental Designs' Data in Clinical Research

桑田　繁*

Shigeru KUWATA

Abstract:

This research was designed to examine the validity on a time-series analysis for the small-N experimental designs' data from a clinical point of view. Theoretical exmamination for this statistical method showed two problems, that is, a)many data points that could not be gained in usual clinical research are needed, b)inconsistency of the results between visual inspection and statistical tests could not be solved at present. It was concluded that thorough visual inspection is again needed now, because clinical research should take top priority over clinical significance rather than statistical significance.

Key words: small-N experimental designs, time-series analysis, clinical significance, statistical significance, visual inspection

---

＊作陽音楽大学（Sakuyo College of Music）

目 的

　心理学・教育学などの分野における代表的な実験計画法は，多数の被験者によって複数の群を構成し，群間のデータの差を統計的検定（statistical tests）によって解析する群間比較法（group comparison experimental designs）であった。しかし，農業の分野で生まれ，収穫量の比較のために発展したこの方法は，心理学・教育学のような個体の行動を対象とする分野では最適とはいえず，いくつかの問題点が指摘されている[1,2]。

　他方，群間比較法とは独立に，心理学の行動分析（behavior analysis）と呼ばれる領域では，その実験計画法として少数被験者法（small-N experimental designs）が発展してきた。本法は，1人の被験者の行動を繰り返し測定しながら，時間軸に沿って複数の実験条件を継時的に実施する方法であり，群間比較法の問題点を回避し得る方法である可能性が示唆されている[3-5]。

　群間比較法のデータ分析ではt検定や分散分析などが多用されているが，少数被験者法のデータに対しては，統計学上の理由によりこれらの検定は適用できない。現在，視覚的な分析以外では，時系列分析（time-series analysis）と呼ばれる統計的手法が最適であるとされているが，この方法に対する臨床・教育的な視点からの検討は十分にはなされていない。そこで本論文では，少数被験者法を簡単に紹介し，そのデータ分析の基本的な考え方を論じたうえで，行動分析の中の応用・臨床研究を目的とした分野である応用行動分析（applied behavior analysis）の視点に立って，臨床研究における時系列分析の妥当性を検討することを目的とする。

少数被験者法の種類

　Fig.1は，もっとも基本的なＡＢ法（AB design）の仮想データを示す。幼稚園においてある園児の掃除時間を増加させることを目的とした実験を行ったとする。ベースライン条件（baseline condition. A）では1日に10分間，掃除の観察だけを行った。その結果，彼が短い時間しか掃除をしていないことがわかる。データが安定したことを確認してから，6日目から実験条件（experimental condition. B）を開始した。例えば，園児が掃除をすれば保母が十分にほめる，という指導法を毎日実施した。その結果，掃除時間は増加し，最終的には8分前後までになっている。実験変数（指導）と従属変数（掃除行動）との因果関係の程度を内的妥当性（internal validity）

というが，ＡＢ法では，①測定を繰り返してベースラインを安定させる，②データが安定した後に実験変数を導入して行動の変化を観察することによって，掃除行動をほめるという指導法の実施が掃除時間を増加させたことの内的妥当性を高めようとする。

ただし，このＡＢ法では指導法の開始と同時に，偶然に生じた他の要因によって，掃除時間が増加した可能性が残されている。例えば，たまたま家庭で母親が掃除をさせ始めたためかも知れない。そこで，Fig. 2のように，ほめるのを中止してみる。この条件は，実質上，ベースラインと同一なことから，本計画はＡＢＡ法（ABA design）と呼ばれる。その結果，掃除時間が減少すれば，ＡＢ法よりは強く指導法の効果を結論することができる。続いてさらに掃除をほめる指導を再開すれば，その

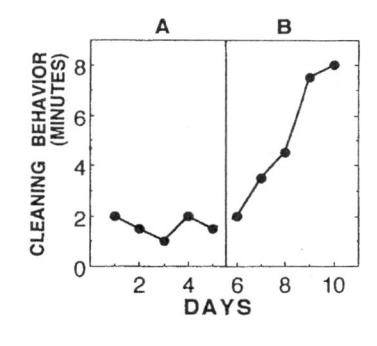

Fig. 1　AB design

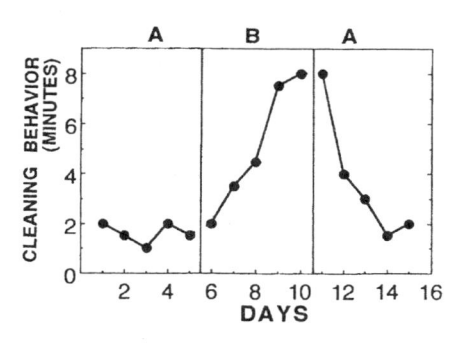

Fig. 2　ABA design(reversal designs)

計画をＡＢＡＢ法（ABAB design）といい，再び掃除時間が増加すれば，指導の効果はより確かになる。ＡＢＡ法やＡＢＡＢ法を含めて，実験条件後にベースラインへと戻す方法を総称して，反転法（reversal designs）という。このように反転法は，再度ベースラインへと反転させ，行動の復元を確認することによって，単純なＡＢ法よりも内的妥当性を高めようとする。

反転法には２つの制限がある。第一に，自転車に乗るとか水泳といった，実験変数の適用を中止してベースラインに戻してももとのレベルまでは戻らない非可逆的な（irreversible）行動には適さない。第二に，改善した行動への指導をやめてしまうことは，倫理的（ethical）に望ましいとはいえない。特に，自傷行動や暴力などの深刻な問題行動であるほど，この問題は大きい。

以上の問題点を回避し，かつ，ＡＢ法よりも内的妥当性を高めようとする方法が，多層ベースライン法（multiple baseline designs）である。Fig.3は，３人のデータを１つのグラフで表現している。個々の園児に対してはＡＢ法だが，Ｂの導入時期が園児間で相違している。その結果，いずれの園児の掃除時間も，指導法の適用と同時に増加し始めていることから，実験変数の効果を結論することができる。このように多層ベースライン法は，被験者ごとに実験条件への導入を意図的にずらせることによって，内的妥当性を高めようとする。

多層ベースライン法の問題点は，長期に渡ってベースラインを継続しなければならない被験者が出てくる点であり，これは実験者・被験者双方にとって負担となる。根本的な解決とはいえないが，この可能性が事前に予想される場合には，Horner & Baer（1978）[6] が提唱した多層プローブ法（multiple probe design）によって対処できる。

以上に見てきたように，単一被験者法の特徴は，個体の行動を継続的に観察・測定しながら，実験変数の実施と撤去を繰り返す点にある。群間比較法のように，少ない測定回数で得られた多数の被験者の平均データから，実験的効果を結論することはしない。なお，研究の目的に応じて上記の中から最適な方法が選択されるが，内的妥当性をより高めるために，複数の方法を組み合わせて行うこともある。例えば，反転法と多層ベースライン法のように，２つ以上の方法を組み合わせることは珍しくない。その他の方法や，少数被験者法の実験計画法としての基本的な論理については，桑田（1993）[7]，桑田・芝野（1991）[8]，Barlow & Hersen（1984）[1] に詳しい。

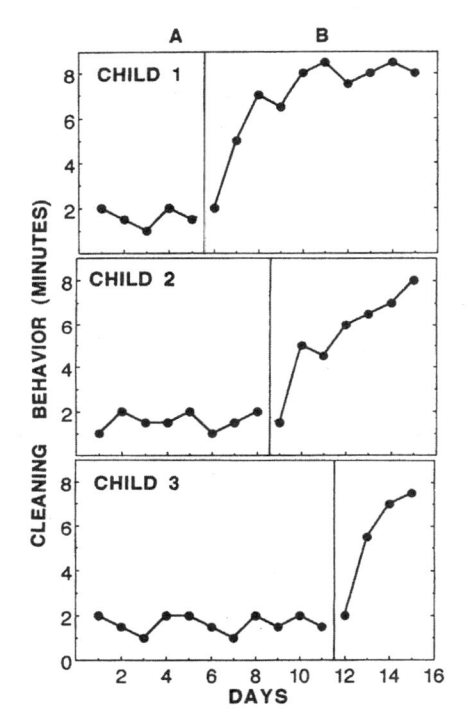

Fig. 3　Multiple baseline designs

視覚的精査と臨床的有意性

　群間比較法のデータ分析には統計的検定が多用されている。例えば，実験群と統制群の分散（variance）をＦ検定によって比較し，5％水準で統計的に有意な差がなければ，やはり5％をもとに両群の平均値（mean）をｔ検定にかける。その結果，有意差が認められれば，実験変数の効果があるという結論になる。

　他方，少数被験者法では，目で見て効果を判定する視覚的精査（visual inspection）あるいは視覚的分析（visual analysis）が多用されてきた[9]。これは，実験の目的を考え，縦・横軸の単位を考慮したうえで，グラフ化したデータの水準（level）・傾き（trend）・ばらつき（variability）を精査して，実験変数の効果を判断する方法をいう。具体的な方法は Parsonson & Bear（1992）[9]に詳しい。評価に際しては，実験者には

バイアスがかかっているため，実験の目的を知らない第3者を評価者とすることがある。このような統計に頼らない評価法を採用するのは，少数被験者法を方法論とする応用行動分析が臨床的有意性（clinical significance）を重視する，という理由が存在するからである[10]。

群間比較法では，5％の有意水準にもとづく統計的有意性（statistical significance）が偏重される傾向にある。しかし，教育・臨床現場では，実験変数が被験者に及ぼす臨床的あるいは実用的有意性の方がより重要である。例えば，ある治療の結果，クライエントの血圧が220から210へと減少し，その差が統計的に有意であったとしても，臨床的には意味があるとはいえない。依然としてきわめて高い危険な数値であるため，より低い健常な数値まで減少させる必要がある。統計的有意性と臨床的有意性が一致していれば問題はないが，教育・臨床分野では，統計的には有意であっても，臨床的には有意とはいえない事態がしばしば生じる。

群間比較法では，有意差検定に固執するあまり，統計的有意性が偏重され，臨床的有意性はあまり考慮されてこなかった。これに対して，少数被験者法では，臨床的有意性を求めるために，目で見て明らかな変化があることを実験変数の効果の基準と考えている。また，日常生活のうえで意味のある変化が生じているかどうか，という社会的妥当性（social validity）を検討するために，クライエントの周囲の人々，例えば，両親・担任教師・友人などにクライエントの行動の変化を評価させるという方法も併用されることが多い。この方法も臨床的有意性を重視するという考え方を基盤としている。

少数被験者法のデータの特性

臨床的有意性にもとづく少数被験者法におけるデータの評価法としては，現在，視覚的精査がもっとも多用されているが，その一方で，この方法に対しては次の問題点が指摘されている。第一に，評価の基準が明瞭ではない点である[11]。実験変数が明らかな行動の変化を引き起こしている場合は問題にはならないが，わずかな変化しか生じさせていない場合，人によって評価はさまざまで一貫性がなくなってしまう。第二に，十分な効果を求めるがあまり，効果的な変数になり得る可能性をもつ実験変数を見逃してしまう可能性が高い点である[12]。現時点では微弱であっても，検討を重ねれば，将来，効果的な変数になり得るかも知れない。

以上の点を問題視する Hartmann, Gottman, Jones, Gardner, Kazdin, & Vaught（1980）[13]や McCleary & Welsh（1992）[14] は，少数被験者法のデータに統計的検定を適用することを提唱している。しかし，ここで障害となる点はデータの特性である。Fig. 1 に見られるように，少数被験者法で測定されるのは，1 人の被験者について連続的に観察されるデータであり，個々のデータ・ポイントが時間的つながりのある系列依存性（serial dependency）を有している可能性が高いため，統計的に独立（statistically independent）しているとは認められない。t 検定や分散分析などの検定法は，データの独立性を前提としており，その保証のない系列依存性のあるデータには適用できない。

このような特性をもつ少数被験者法のデータは，統計学でいう時系列データ（time-series data）に相当し，ベースラインと実験条件の間で 1 度中断がなされるため，特に中断（interrupted）時系列データと呼ばれている[15]。したがって，その分析には時系列分析と呼ばれる手法が最適であると一般に考えられている[13]。

時系列分析

時系列分析の中では，ＡＲＩＭＡ（autoregressive integrated moving average）モデルが代表的なため，以下，Gottman（1981）[16]，Hartmann et al.（1980）[13] にもとづいて簡単に紹介する。

時系列データは deterministic component と stochastic component から構成されている。deterministic component とは実験変数がもたらす効果であり，stochastic component は観察されない誤差（error）を指す。stochastic component はＡＲ（autoregressive）とＭＡ（moving average）という 2 つの過程からなる。ＡＲ過程にはさらに，①white noise と呼ばれる，完全に無作為に生じている要素（random event）と，②その直前の無作為な事象に影響される，時間に依存する規則的な要素，がある。②が系列依存性を生み出していることから，時系列分析では，まず，時系列データの stochastic component を明らかにし，次に，deterministic component としての実験変数の効果を検討しようとする。

時系列分析の中でもＡＲＩＭＡモデルは，ＡＲ過程とＭＡ過程の両者を同時にとらえて，stochastic component を明らかにする手法をいい，次の 4 つの段階からなっている。

①自己相関（autocorrelation function）と偏自己相関（partial autocorrelation function）から，最適なＡＲＩＭＡモデルを暫定的に決める。

②その stochastic モデルからＡＲ過程とＭＡ過程の値（おのおのφとθで表される）を推定する。

③このモデルが適当かどうかを診断的に評価する（適当でなければ①から③を繰り返す）。

④ Fig. 4 のＡからＥに示すいずれかの transfer function をモデルとし，そのパラメータを推定したうえで，実測値が棄却域に入るかどうかを t 検定のような伝統的な手法で検定し，実験変数の効果の有無を結論する。

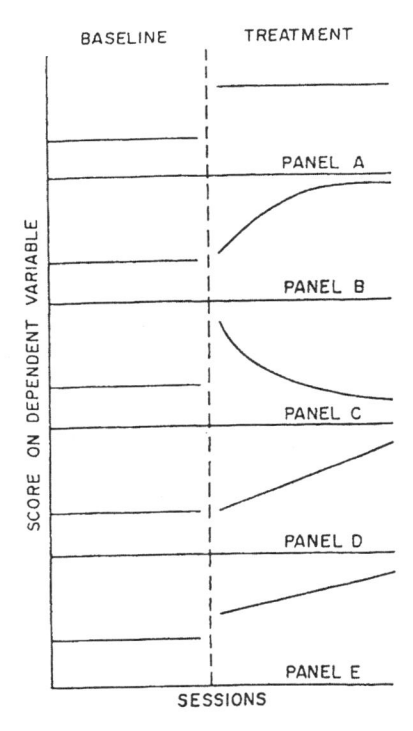

Fig. 4　Transfer functions in ARIMA model (Quotation from Fig.4 in Hartmann et al., 1980)

なお，少数被験者法に適用できるデータ分析法には，時系列分析の他に，ノンパラメトリック（nonparametric）法，探索的データ解析（exploratory data analysis）などが提唱されている[3]。

時系列分析に対する臨床的検討

時系列分析は統計的に考えて妥当な方法であり，少数被験者法データの最適な分析法とされている。しかし，臨床的な観点から妥当性について再検討を加えると，次の問題点を指摘することができる。

第一に，数多くのデータ・ポイントを必要とする点である。一般に，1つの条件（例えば，ベースライン）について50から100個のデータ・ポイントが推奨されている[17]。しかし，通常の教育・臨床場面ではこのような多数のデータが得られることは皆無といってよい。これに対して，Glass, Willson, & Gottman（1975）[18]は，ARIMA（1，0，0）といったwhite noiseだけが存在する単純なモデルが仮定できる場合には，20のデータ・ポイントで十分であるとしているが，この仮定が可能なケースはまれである上に，臨床研究では20個のデータさえも得られにくい。特に，実験変数を適用しないベースラインを長く継続させることはきわめて難しい。1条件につき最低で8個のデータがあれば適用できる簡便なC統計（C statistic）が提唱されてはいるが[19]，その適用例はほとんどなく，妥当性について十分に検討されていない。このように考察すると，時系列分析は現実的なデータ評価手続きとはいえない。

第二に，検定結果と視覚的精査の結果が食い違った場合にどう判断するか，という点である。Jones, Vaught, & Weinrott（1977）[20]は，実験変数の効果が大きくなく，隣りあうデータについて求めたlag 1の自己相関係数が0.75のような大きい値の場合，言い替えると，系列依存性が高い場合に，特に食い違う可能性が高く，このようなことは臨床ではしばしば生じることを指摘している。Hartmann et al.（1980）[13]は，視覚的精査が実験変数の効果なしと判断した場合に検定結果が参考になり，この逆の関係もあると述べ，両法が相補的関係にあるとしている。彼らの主張は両者を併用すべきであるということだと解釈できるが，その具体的な指針は明示されていない。具体的にどのように併用すれば妥当かが明らかでない限り，両者の食い違いの問題は依然残される。

結　語

　データ分析について考えるとき，もう1度，少数被験者法を発展させた応用行動分析の基本的な考え方に立ち戻る必要がある，と考えられる。一般に，実験群と統制群のデータをグラフにしてほとんど差が認められない場合でも，検定すればしばしば有意差が生じる。しかし，このような有意水準5％にもとづく統計的検定によって検出されるのは，日常生活の上では微弱な効果しかないことが多い。多くの研究者は統計的検定を絶対無二の科学的な方法であるかのように考えているが，臨床研究では統計的に有意であることだけで，当該の実験変数に効果ありと判断してよいものだろうか。また，詳細を述べる紙面の余裕はないが，そもそも統計的検定の前提条件である母集団からの標本の無作為抽出（random sampling）は，現実には不可能あるいはきわめて困難なため，現有の方法には根本的な問題点があるとの指摘もなされている[2]。

　応用・臨床的問題の解決を目指す応用行動分析は，元来，個体の行動に及ぼす強力な独立変数を同定することを目的とし，そのために臨床的有意性を重視してきたはずである。統計的検定の採用は統計的有意性の重視につながり，結局，応用行動分析が当初否定した方向に進むことになってしまう。効果的な独立変数を見つけ出すことは容易ではないが，同定された変数が強力な効果をもつならば，視覚的精査について指摘される問題点は問題とはならない。

　心理学や教育学において過去に報告されてきた膨大な量の論文の多くが，統計的有意性を重視して有意水準5％で当該の教育法に効果あり，という結論を下してきた。しかし，果して登校拒否やいじめなどの問題は減少しただろうか。ますます深刻化しつつあるのが現状である。このような状況の中で現在もっとも必要なのは，臨床・教育上の諸問題を解決し得る真に効果的な変数を，ひとつでも多く同定することにある。そのためには，少数被験者法はあくまでも臨床的有意性を最重視すべきであり，有意差検定に頼るのではなく，より徹底した本来の視覚的精査に終始すべきである，と結論できる。

文献

1) Barlow, D. H., & Hersen, M.: *Single case experimental designs: Strategies for studying behavior change(2nd ed.)*. New York: Pergamon Press, 1984.
2) 橘　敏明：医学・教育学・心理学にみられる統計的検定の誤用と弊害．医療図書出版社，1986.
3) Kratochwill, T. R., & Levin, J. R.: *Single-case research design and analysis: New directions for psychology and education*. Hilldale, New Jersey: Lawrence Erlbaum Assosiates Publishers, 1992.
4) Kuwata, S.: The basic ideas and methods for analytical evaluation of experimental data in single-subject experimental designs. *Bulletin of Sakuyo Music College and Sakuyo Junior College*, 27, 9-14, 1994.
5) Sidman, M.: *Tactics of scientific research: Evaluating experimental data in psychology*. New York: Basic Books, 1960.
6) Horner, R. D., & Baer, D. M.: Multiple-probe technique: A variation of the multiple baseline. *Journal of Applied Behavior Analysis*, 11, 189-196, 1978.
7) 桑田　繁：新しい実験計画法としての単一被験者法の紹介（Ⅰ），全日本鍼灸学会誌，43, 28-35, 1993.
8) 桑田　繁・芝野松次郎：条件交替法の近年の適用動向と臨床場面での活用可能性，関西学院大学社会学部紀要，64, 193-210, 1991.
9) Parsonson, B. S., & Baer, D. M.: The visual analysis of data, and current research into the stimuli controlling it, In Kratochwill, T. R. & Levin, J. R.(Eds.), *Single-case research design and analysis: New directions for psychology and education*. Hilldale, NJ: Lawrence Erlbaum Assosiates Publishers, 15-40, 1992.
10) Baer, D. M., Wolf, M. M., & Risley, T. R.: Some current dimensions of applied behavior analysis. *Journal of Applied Behavior Analysis*, 1, 91-97, 1968.
11) Furlong, M. J., & Wampold, B. E.: Intervention effects and relative variation as dimensions in experts' use of visual inspection. *Journal of Applied Behavior Analysis*, 15, 415-421, 1982.
12) Kazdin, A. E.: *Single-case research designs: Methods for clinical and applied settings*. New York: Oxford University Press, 1982.
13) Hartmann, D. P., Gottman, J. M., Jones, R. R., Gardner, W., Kazdin, A. E., & Vaught, R. S.: Interrupted time-series analysis and its application to behavioral data. *Journal of Applied Behavior Analysis*, 13, 543-559, 1980.
14) McCleary, R., & Welsh, W. N.: Philosophical and statistical foundations of time-series experiments, In Kratochwill, T. R. & Levin, J. R.(Eds.), *Single-case research design and analysis: New directions for psychology and education*, Hilldale, NJ: Lawrence Erlbaum Assosiates Publishers, 41-91, 1992.
15) Cook, T. D., & Campbell, D. T.: *Quasi-experimentation: Design and analysis issues for field settings*. Chicago: Rand McNall, 1979.
16) Gottman, J. M.: *Time-series analysis: A comprehensive introduction for social scientists*. Cambridge: Cambridge University Press, 1981.

17) Gottman, J. M., & Glass, G. V.: Analysis of interrupted time-series experiments. In Kratochwill, T. R.(Ed.), *Single subject research: Strategies for evaluating change.* New York: Academic Press, 197 – 235, 1978.
18) Glass, G. V., Willson, V. I., & Gottman, J. M.: *Design and analysis of time series experiments.* Boulder: Colorado Associated University Press, 1975.
19) Tryon, W. W.: A simplified time-series analysis for evauluating treatment interventions. *Journal of Applied Behavior Analysis,* 15, 423 – 429, 1982.
20) Jones, R. R., Vaught, R. S., & Weinrott, M.: Time-series analysis in operant research. *Journal of Applied Behavior Analysis,* 10, 151 – 166, 1977.

第9章

群間比較実験計画法の原理と方法の再検討
Reexamination of logics and methods in groupcomparison experimental designs

桑田　繁*
Shigeru KUWATA

Abstract

The purpose of this paper was to reexamine the logics and methods of group comparison experimental designs which have been very popular for a long time in psychology. The discussion revealed five theoretical and practical problems in those designs and briefly introduced the new three methods which could replace them. Finally, it was pointed out that the society of psychology should accept the new various evaluation methods from now on, although it has been accepting the group comparison experimental designs with inferential statistics uncritically.

Key words：group comparison experimental designs, statistical tests, exploratory data analysis, randomization test, small-N experimental designs

目　的

心理学におけるこれまでの代表的な実験計画法は，多数の被験者によって複数の群を構成し，推測統計学を用い群間のデータの差を統計的検定（statistical tests）によっ

---

* 作陽音楽大学，心理学（Sakuyo College of Music, Psychology）

て解析する群間比較実験計画法（group comparison experimental designs）であった。しかし，農業の分野で生まれ発展してきたこの方法は，個体の行動を検討する上では最適とは言えず，いくつかの問題点をはらんでいることが指摘されている[1-6]。本論文では，個体行動を対象とするのが心理学であるという立場に立って，その研究法としての群間比較実験計画法の問題点を理論的側面と実際的側面から明らかにし，新しい方法について論じる。

群間比較実験計画法の方法

群間比較実験計画法の基本的な方法は次の通りである（Fig. 1参照）。まず，研究に先だって母集団（population）を設定し，そこから標本（sample）を無作為に抽出する（random sampling）。次に，標本を2つの群に無作為に割り付け（random allocation），一方の実験群（experimental group）には実験変数を適用し，他方の統制群

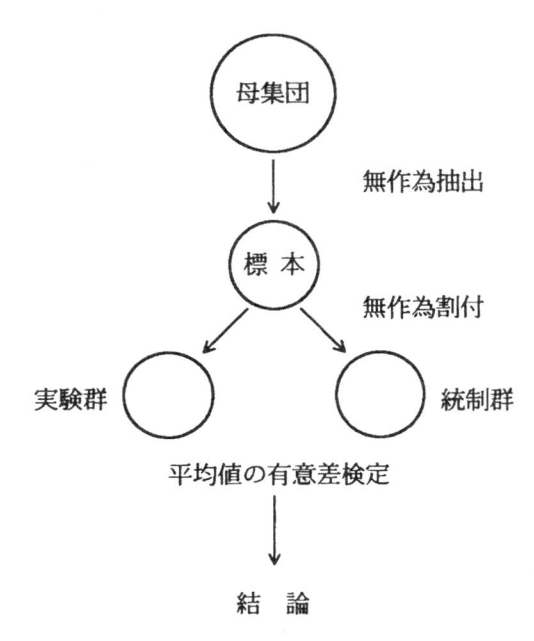

Fig. 1　群間比較実験計画法の手順

(control group) には適用しないという操作を行う。

データ解析に際しては推測統計学を用い，2群のデータ間に差はないとする帰無仮説 (null hypothesis) を立てた上で，各群の代表値（主として平均値）を統計的に検定し，一定の有意水準（5％水準が使用されることが圧倒的に多い）にもとづいて帰無仮説を棄却あるいは採択する。棄却されれば2群に統計的な差があることになり，実験変数の効果を結論づけることができる。他方，採択されれば2群に差があるとは言えず，実験変数の効果を結論づけることはできない。

例えば，5歳児のひらがなの学習に対するある指導法の効果を検討するとする。全国の5歳児を母集団と考えて，標本として100名を無作為に抽出して，50名ずつ無作為に2つの群に割り付け，実験群には指導法を実施し，統制群には実施しない。次に，F検定によって2群のデータの分散に差がないことを確認した後，t検定によって5％水準にもとづいた比較を行い，有意であれば当該の指導法は5歳児のひらがなの学習に効果をもつと結論される。

群間比較実験計画法の問題点：理論的側面

群間比較実験計画法を心理学研究に適用しようとする場合，以下の問題点を指摘することができる。これらは，Barlow & Hersen (1984)[1]，Kazdin (1982)[2]，桑田 (1993a,b)[3,7]，Sidman (1960)[5]，橘 (1986)[6] などにもとづいている。

第一に，平均値のような代表的な要約値を算出することによって，個々の被験者に関する情報が無視されてしまいがちな点である。群内の各被験者のデータはばらついているのが通常だが，実験群と統制群の平均値の差はごく少数の被験者が示す大きく逸脱したデータによって生じたかも知れず，他の多数の被験者については，群間に差が存在しない可能性がある。つまり，実験変数の効果の認められない被験者がいても，平均値間で有意な差があれば実験変数の効果ありと結論されることになる。ある一定の土地から取れる作物の出来高を比較するならば，各土地の1本1本の作物の成長は無視してもよいであろう。しかし，個体を対象とする心理学では逸脱した個体もまた重要な対象であり，その情報を無視して出された結論は妥当とは認められない。

第二に，群間比較実験計画法では，5％の有意水準にもとづく統計的有意性 (statistical significance) が偏重される傾向にある点である。しかし，特に教育・臨床現場

では，実験変数が被験者に及ぼす臨床的有意性（clinical significance），あるいは実用的有意性（practical significance）のほうがより重要な場合が多い。例えば，血圧220の被験者が治療の結果，210へと減少し，この減少が統計的に有意であったとしても臨床的には意味があるとは言えない。依然としてきわめて高い危険な数値であるため，より低い健常な数値まで減少させる必要があるからである。

群間比較実験計画法では，5％水準に代表される有意水準の有無にもとづいた統計的な有意性が偏重され，臨床的有意性は十分には考慮されてこなかった。この点は統計的有意性と臨床的有意性が一致している場合や，知覚や記憶など純粋な実験心理学の分野では問題とはならない。しかし，臨床的有意性が意味をもつ教育・臨床の分野では，両者にずれがある場合には統計的妥当性だけにもとづく結論は妥当とは言えなくなる。

第三に，群間比較実験計画法では，個体差（individual differences）・測定誤差（measurement errors）・偶然誤差などを誤差（errors）と見なし，多数の被験者のデータを統計的に処理することによって相殺（conterbalance）あるいは統制（control）する点である。しかし，事実として，個体差が存在している限り，それらは誤差として統計的に処理し得るものではない。例えば，行動分析（behavior analysis）の枠組みでは，個体差があるということは実験変数の効果が不十分であり，より強力な変数の同定が必要であるとする立場を取っている[3]。また，測定誤差や偶然誤差は主として実験場面の構成の未熟さから生じているものに他ならない。個体差を統計的に処理するのではなく，個体差を従属変数と考え，それを生じさせている変数を同定させることこそが必要であると考えられる。

群間比較実験計画法の問題点：実際的側面

群間比較実験計画法の実際的な問題として，第一に，母集団からの無作為抽出が実際には不可能あるいはきわめて困難な点である。例えば，ほとんどの研究では実験結果をより一般化させたいために，日本の5歳児といった大きな母集団を設定している。しかし，日本の5歳の子供という母集団からの完全な無作為抽出は事実上不可能である。かりに東京都の5歳児を母集団としたとしても，住民台帳からのでたらめな抽出が必要となり，この手間を要する作業を忠実に実行している研究は皆無に近いと言ってよい。個人規模の研究にとって無作為抽出が可能な母集団は，あ

る幼稚園の5歳児といった程度の小さな母集団に過ぎない。しかし，日本の5歳児といった母集団を想定しながら，現実には知合いの幼稚園に頼んで園児を被験者に使わせてもらう，といった偏りのある（biased）標本抽出を行っている研究がほとんどである。中には，母集団そのものを明瞭に設定していない研究もある．

以上の問題には，大きな母集団を設定しようとする研究者側の問題も含まれているが，そもそもは群間比較実験計画法のデータ解析で前提とされる標本の無作為抽出が，実際的な点において不可能と言わざるを得ないという問題が指摘できる。

第二に，剰余変数（extraneous variables）に関して等質な（equivalent）被験者を，しかも，多人数必要とする点があげられる。群間比較実験計画法では，群間のデータの差が操作された実験変数によって生じたことを確証するために，操作変数以外の剰余変数に関しては群間で意味のある違いがないように実験を計画する。例えば，障害児を用いた実験では，知能指数（IQ）は主要な剰余変数であるため，実験ではほぼ同一のIQの子供を多人数用意する必要がある。あるいは，IQの高い順に実験群と統制群に割り振り，群間でIQに違いがないようにするというマッチング（matching）の手法が使われる。

しかし，特に教育・臨床研究では，症状・年齢・IQなどの変数が等質な被験者を多数そろえることはきわめて難しい。個々の被験者の年齢・性は異なる上に，症状や生活歴などの諸変数のレベルは多岐に渡っているからである。このように考えると，群間比較実験計画法の原理に忠実にしたがって，等質な複数の群を設けることは非常に困難であると言える。

新しい実験計画法・統計法

前記した5つの問題点から，少なくとも個体を対象とするうえでは群間比較実験計画法が必ずしも最適な方法ではないことが示唆される。内容はさまざまだが以上の指摘を受けて，近年，新しい方法が提唱されている。

例えば，Tukey（1977）[8]は探索的データ解析（exploratory data analysis）を提唱している。この方法は，できるだけ視覚的に単純で明瞭な形でデータを表現し，従来無視されがちであったはずれ値をも考慮する抵抗性（resistance）の高い頑健な（robust）統計量を多用し，予測値から観測値を引いた残差（residual）を詳細に分析することを主張する。手元のデータの構造を探索的に検討するという点で，推測統

計学の問題点を補う可能性をもつ新しい記述統計学として位置づけることができる。詳細は渡部・鈴木・山田・大塚（1985）[9]によって紹介されている。

また，橘（1986）[6]は，現実には標本の無作為抽出が不可能であるにも関わらず，その前提のもとに検定が行われている点を問題視して，確率化テスト（randomization test）の積極的な適用を提唱している。これは母数の推定を行なわず，被験者の無作為割り付けだけを前提条件とする検定法である。母集団を考えないため，分布の正規性や等分散，無作為抽出などの前提が不要となる。推論は扱った当該のデータに対してのみ実施され，結果の一般化は統計に頼らずに行なわれる。母集団を想定しないため無作為抽出の必要がなく，被験者の無作為割り付けだけが前提条件となる点で，従来の問題点を補い得る方法と言える。本法はEdgington（1987）[10]などに詳しい。

さらに，行動分析の研究法として発展した少数被験者実験計画法（small-N experimental designs）がある[5]。これは基本的には1個体の行動を対象として時系列上で観測を繰り返し，操作変数の適用と撤去を何度も交替させることによって，その効果を検討しようとする方法である。個体行動を対象とした分野にとって有効な方法であるとして，行動分析の分野において多用されてきた。群間比較実験計画法とは論理的な基盤の異なる方法であり，特定の分野においてはそれに代わる可能性をもつ方法と言える。詳細はBaer, Wolf, & Risley（1968）[11]，Barlow & Hersen（1984）[1]，桑田（1993a,b,1994,1995）[3,7,12,13]，Kuwata（1994）[4]に紹介されている。

結　語

本稿で明らかにした諸問題は，形は変わるがこれまでに何度か指摘されてきた点である。にもかかわらず現実には，群間比較実験計画法は依然として受け入れられ続けている。いくつかの理由が考えられるが，その主要な理由の一つに，橘（1986）[6]が指摘しているように学会誌における論文審査がある。言うまでもなく，学術研究では学会による厳格な審査を受けた論文のみが研究業績であり，審査のない紀要論文やその他，学会発表などは業績には該当しない。したがって，論文審査にパスして学会誌に掲載されることが研究者にとって当面の課題となる。

問題はその論文審査が，群間比較実験計画法とそれに伴う統計的検定法を無批判に継承している上に，前提条件を満たしているかどうかを正確に判断しないままに

有意差の有無を偏重している点にある。研究者にとっては，従来通りの実験計画を用い，伝統的な推測統計学による検定法で解析して，有意な結果を得た方が掲載されやすく，新しい方法は受理されにくい。そのため，5％水準で有意かどうかに固執し，前提条件の検討や実験計画法そのものの見直しを怠ることになってしまう。学会全体として，心理学研究における群間比較実験計画法の根本的な問題点を再認識すると同時に，新しい多様な評価法を受け入れていく態度が，今後，必要であると考えられる。

　本研究の一部は，1995年8月に来日されたDonald M. Baer教授（Kansas University）との論議にもとづいている。貴重な御示唆に深く感謝するとともに，同教授との対面の機会を与えていただいた関西学院大学社会学部の武田建教授ならびに芝野松次郎教授に深謝します。

文献

1) Barlow, D. H., & Hersen, M.: *Single case experimental designs: Strategies for studying behavior change (2nd ed.)*, New York: Pergamon Press, 1984.
2) Kazdin, A. E.: *Single-case research designs: Methods for clinical and applied settings*, New York: Oxford University Press, 1982.
3) 桑田　繁：新しい実験計画法としての単一被験者法の紹介（Ⅰ）：その適用方法と群間比較法との相違．全日本鍼灸学会誌，43，28-35，1993a.
4) Kuwata, S.: The basic ideas and methods for analytical evaluation of experimental data in single-subject experimental designs, *Bulletin of Sakuyo Music College and Sakuyo Junior College*, 27, 9-14, 1994.
5) Sidman, M.: *Tactics of scientific research: Evaluating experimental data in psychology*, New York: Basic Books, 1960.
6) 橘　敏明：医学・教育学・心理学にみられる統計的検定の誤用と弊害．医療図書出版社，1986.
7) 桑田　繁：新しい実験計画法としての単一被験者法の紹介（Ⅱ）：データの分析評価法．全日本鍼灸学会誌，43，36-43，1993b.
8) Tukey, J. W.: *Exploratory data analysis*, New York: Addison-Wesley, 1977.
9) 渡部　洋・鈴木規夫・山田文康・大塚雄作：探索的データ解析入門：データの構造を探る．朝倉書店，1985.
10) Edgington, E. S.: *Randomization tests(2nd ed.)*, New York: Marcel Dekker, 1987.
11) Baer, D. M., Wolf, M. M., & Risley, T. R.: Some current dimensions of applied behavior analysis, *Journal of Applied Behavior Analysis*, 1, 91-97, 1968.
12) 桑田　繁：新しい実験計画法としての単一被験者法の紹介（Ⅲ）：内的妥当性と外的妥当性．全日本鍼灸学会誌，44，2-7，1994.
13) 桑田　繁：臨床研究における少数被験者法のデータに対する時系列分析の妥当性の検討．運動・健康教育研究，5，24-30，1995.

第10章

言行不一致の行動分析

作陽音楽大学　桑田　繁

　社会科学の質問紙調査でしばしば報告される態度と実際の行動との相違を，行動分析的な観点から言行不一致ととらえて論議した。従来の行動分析研究からは，言語行動が強化される一方で，その内容とは一致しない非言語行動が強化されると言行不一致が生じ，強化随伴性にもとづく操作によって制御可能なことが示されている。この知見から，個体内部の態度は質問紙によって測定でき，態度は行動として現われるとする従来の基本的な仮定に対して疑問を呈した。単一被験体法を用いて外的環境と個体行動との機能分析を押し進める行動分析が，今後の社会科学研究や社会問題の解決に貢献し得る可能性が示唆された。次に，行動分析の多様な研究内容の発展と比較して，誤解や曲解のためにその普及が遅れている点について論議した。その理由として，行動分析家による極端な環境主義的主張の継承や普及行動の欠如が考えられた。行動分析の活用と同時に，学会による組織的な普及活動が21世紀に向けて期待される。

　Key words：言行不一致，言語行動，質問紙調査，社会科学，単一被験体法，社会行動，行動分析，普及

　B.F.Skinnerによって提唱された行動分析（behavior analysis）は，個体の行動を研究対象として，環境の側にその制御変数を求め，両者の因果関係の同定する作業を徹底させてきた。Skinner（1953）は政治，法律，宗教，経済，教育，文化などを行動分析の主要な知見であるオペラント条件づけの視点から分析し，制御の可能性を示唆している（pp.333-436）。これらの話題については，本特集の他の諸論文が詳細に論

じているためそれらに譲る。

本稿では，比較的身近な話題として，社会科学の質問紙調査研究においてしばしば見られるアンケート回答結果と実際の行動との相違を，言語行動と非言語行動が一致しない言行不一致（say-do non-correspondence）として取り上げる。その原因を論議し，行動分析が社会科学の諸研究や社会問題の解決に対して果たし得る今後の貢献の可能性について検討する。後半では，Skinner を 21 世紀に活用させる点に関して，行動分析の浸透が決して十分とは言えない点を指摘し，その普及について論議する。

1. 質問紙調査研究に見られる態度と行動の不一致

態度と行動の不一致

伝統的な心理学では，言語行動と非言語行動から推察される直接は観察できない心理的な過程を態度（attitude）として定義しており，例えば社会心理学では，同一の社会的な刺激を与えても各人の社会行動（social behavior）に相違が生じるのは態度に違いがあるからだと考えられている（Allport, 1935）。さらに，こうした内的な態度が行動となって顕現化するとする change-attitude-then-behavior principle の立場を取っており，主として質問紙法を用いた調査，いわゆるアンケート調査によって態度を測定してきた。意見，態度，知識などに関するデータを組織的に収集・分析する調査の手法は面接法と質問紙法に大別されるが，中でも短時間で多数のデータが収集可能な質問紙法は，心理学だけでなく社会科学のきわめて広い分野にわたって多用されている。

では，態度と実際の行動の間にどれくらいの一致があるのだろうか。Wicker (1969) は過去の 31 個の研究を展望し，態度を測定する尺度の得点と実際の行動との相関を調査した。その結果，両者の間に求めた相関係数が ＋0.3 以上を示した研究は皆無に近いのに対して，ほとんどの研究がゼロ近くであり，4 つの研究に至っては負の相関を示した。質問紙への回答内容と実際の行動とはきわめて低い相関しか示さないという報告は以前からもなされており（La Pierre, 1934），態度が実際の行動とはまったく関係しないか，あるいは，きわめてわずかの関係しか存在しないと Wicker は結論している。これらの結果は，態度は質問紙では十分に測定され得ない

ことを示すとともに，ヒトの内部に仮定された態度が行動となって顕現化するとする基本的な仮定が再考を要する可能性を示唆している。

行動分析の視点

態度と行動間の不一致を行動分析的に検討する上で，まず明らかにしておくべき視点がある。それは，行動の制御変数をどこに求めるかという基本的な問題である。

冒頭で述べたように，環境の中に個体の行動の制御変数を求め，その因果分析を徹底させる必要があるというのが行動分析の基本的な主張である。そのためにSkinner（1953）は，行動の制御変数として内的原因（inner causes）を仮定すべきではないとして，①神経的原因（neural causes），②精神的原因（psychic inner causes），③概念的原因（conceptual inner causes），の3つを指摘している（pp. 27-31）。

①は，例えば神経系によって行動が決定されるという生理学的な変数による説明である。しかし，これは生理学による説明であり，行動の科学としての心理学の説明とは言えない。また，例えば「いえ結構です（No, thank you）」という言語反応に先行する神経的事象の先をたどれば，最終的には個体外部の事象にたどりつくことになり，やはり外部刺激の分析が必要となってくる。

②は物理的次元を欠いた内的事象，いわゆる「こころ」によって（mental）行動が決定されるとする説明である。例えば，フロイトが主張した自我，超自我，イドがそれに当たる。しかし，上記の神経系が直接観察できるのに対して，「こころ」そのものは目に見えない。こころという内的原因を用いれば勝手な（fictional nature）説明が可能であり，行動の科学がそこから得られるものはない。

③はもっとも一般的な説明であり，喫煙の習慣があるからたくさんタバコを吸う，知性があるから賢く行動する，音楽の能力があるからピアノを弾くといった説明である。しかし，ピアノを上手に弾く行動を見て「能力」を原因と考えたわけであり，この説明は一種の後付けにすぎない。「ピアノを上手に弾く」と「音楽的能力をもっている」という2つの言明を結びつけて1つの事実として記述し，一方を他方によって説明するのは危険である。

この分類から言うと，態度は第三の説明に相当する。態度が変容したため行動が変わったという説明は，その行動を見て推測した結果であり，事後的なレッテルにすぎない。にも関わらず，態度を原因として行動を説明しており，その点で循環論に陥っている。少なくとも行動分析では態度という内的な原因を行動の制御変数と

しては認められない。

2．言行不一致の制御変数

言行一致と言行不一致

　指摘されている態度と行動との不一致は，行動分析の視点からは次のようにとらえることができる。一般に態度は，質問紙への回答という形で測定されている。Skinner（1957）の分析では，文字を書くことも言語行動（verbal behavior）に含まれるため，この質問紙への回答は言語行動と見なせる。他方，実際の行動は非言語行動である。自分の言った通りに行動すれば言行一致（say-do correspondence），行動しなければ言行不一致と呼ばれることから，態度と行動との不一致は，言語行動と非言語行動（nonverbal behavior）の内容が一致しない言行不一致として分類できる。

　つまり，言行一致，不一致は言語行動と非言語行動という2つのオペラント行動から成っており，両者の内容の一致の有無によって定義される。例えば，質問紙に対して「タバコを吸わない」に「はい」と答え（言語行動），実際にもタバコを吸わない（非言語行動）ならば言行一致である。しかし，実際にはヘビースモーカーで何本も吸っている（非言語行動）とすれば，言行不一致ということになる。

　言行のうち"言"について Skinner（1957）は，言語行動はある個体が他の個体に対して発する行動であり，その結果，他個体によって強化されるオペラント行動であると定義しており（pp. 2, 14），ここでいう個体はいずれも言語共同体（verbal community）と呼ばれる特定の言語を共有する集団に所属している。そして，"行"である非言語行動と同様に，反応型（topography）ではなく，環境に対する機能（function）の側面に注目して分析すべきであるとしている。例えば，「水！」と言ったとしても，喉が乾いて水が欲しいから要求したのと，目前の水を指さして命名したのとでは働きは異なる。前者はマンド，後者はタクトとして区別されているように，反応型ではなく機能に注目する。

　水が欲しい時に「水！」の他に「水が欲しい」「喉が渇いた」「暑いなあ」などさまざまな言い方（反応型）があるが，いずれも水の要求という機能の点では等しい。ちょうどハトがどのようにキイをつつこうが，キイの背後のマイクロスイッチが閉じれば同一の反応として計測されるのと等しい。このような反応の集合（class）は

オペラント (an operant) と呼ばれている。Skinner (1957) は言語行動をこのオペラントの観点から分析し，オペラント条件づけによって制御される行動であるという点で非言語行動と違いはないとした (pp. 29)。例えば，「水が欲しい」というマンドは水の呈示によって強化され，「水！」というタクトには「そうね」などの他者の関心によって強化される。こうした彼の言語行動理論は机上分析に終始していたが，その後，実験的な検討がなされてきた (e.g., Asano, Kojima, Matsuzawa, Kubota, & Murofushi, 1982; Lamarre & Holland, 1985)。

ところで，言語行動と非言語行動がともにオペラント行動として維持されているからには，なんらかの強化子が随伴しているはずである。例えば，「今晩ごちそうするよ」という発言には「まあうれしいわ」という強化子が間欠的に伴い，実際にその夜にごちそうしたら「おいしい」とか「ごちそうさま」といった言葉が返ってくるかも知れない。この例では，言語行動も非言語行動もともに同一人物の賞賛の言語刺激によって強化されている。しかし，2つのオペラント行動への強化の源 (source) は必ずしも同様とは限らない。

この点に注目したのが，Catania, Matthews, & Shimoff (1982) だった。彼らの実験では，文章を記述するという言語行動への強化源と，ボタン押し反応という非言語行動への強化源が別個に設定され操作されるという手続きだった。ただし，この実験では，言語行動を強化する一方で非言語行動を強化しない条件が設定されたが，実際には効率は悪いものの強化されており，2つの強化源の効果が明瞭には検討されていないという問題点が残されていた (桑田, 1992a)。

2つの強化源—桑田 (1992a,b) の実験—

桑田 (1992a) は，Catania et al. (1982) の問題点を指摘し，新たに非言語行動への罰の効果をも検討するために，負の強化であるシドマン型回避スケジュールを用いて以下の実験を行なった。

宣言事態 (2分間) と反応事態 (6分間) が交互に繰り返され，1回の繰り返しを1サイクルとして，計6サイクルを実施して1セッションを終了した。ただし，各被験者は成績に応じて複数回のセッションを経験した。宣言事態では被験者は，次の反応事態において最も効率的に失点を防ぐにはどう反応すればよいか，を文章として所定の用紙に記述 (宣言) した。ここでは，次の反応事態での各成分 (component) に対応させて「10秒待って押す」「30秒待って押す」「50秒待って押す」と

いう文章が自発されるようになるまで，金銭による強化が繰り返された。当初，記述内容はさまざまだったが，どの被験者も最終的には所定の内容を記述するようになった。この操作は強化による言語行動のシェイピングと見なせる。

　反応事態は，実験後に換金可能な一定の持ち点を常時ディスプレイ上に呈示しておき，一定時間ごとに持ち点から少額の点数が減少する事態だった。混成（multiple）スケジュールが使用され，1成分の呈示時間は2分で10, 30, 50秒スケジュールという3成分からなっており，各成分ごとに異なる色光刺激がディスプレイ上に点灯した。例えば，10秒の回避スケジュール下では10秒ごとに持ち点から少額の点数が減少した。ただし，色光とスケジュール値との対応は条件ごとに変化させた。ディスプレイの表面にはタッチパネルが取り付けられており，被験者にはパネルを押すことで金銭の減少が防止できるという最小限の教示が与えられた。ただし，被験者が短い時間間隔で常時反応することのないように2分間で30反応しか許されず，それ以上の反応は無効とした。被験者は30反応の中で効率よく反応を振り分けて失点を防止しなければならなかった。

　図1は代表的な1名の被験者の本稿に関係する結果を抜粋して示す。縦軸は反応事態における各反応間の時間間隔（秒）の平均値であり，以下，IRTsと略す。図中のSHAPING条件では宣言事態において文章記述への金銭強化が繰り返され，所定の文章が形成された。第1, 2条件はIRTsが安定基準を満たした時点で，第3, 4, 5条件は文章のシェイピングが完了した時点で次の条件に移行した。

　第1条件のベースラインでは文章は記述せず，タッチパネル押し反応が単に回避スケジュールにさらされるだけであり，その結果，被験者は短い間隔で30反応を自発し終えてしまい，あとは失点を受け続けた。つまり，きわめて効率の悪い反応だった。

　第2条件は宣言事態を設けるが，文章記述をさせるだけで強化を与えない条件だった。その結果，IRTsは若干増加したが，成分のスケジュール値に応じた分化は生じず，依然として効率の悪い反応だった。

　第3条件では宣言事態において文章記述を強化したところ，その形成に伴って反応事態のIRTsはスケジュール値に応じた値となった。例えば，○の30秒成分ではIRTsは30秒に近づき，▲の50秒成分では40秒以上まで値が増加した。つまり，少ない反応数で失点を防ぐ効率的な反応が出現し，文章記述内容とパネル押し反応の

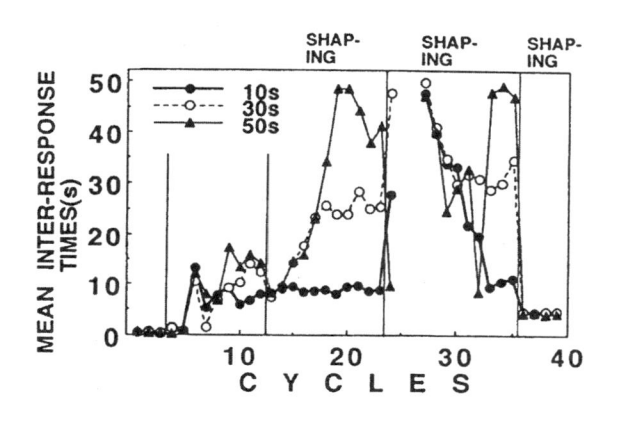

図1 桑田（1992a）の結果

縦軸は反応事態における平均反応間間隔（秒）。横軸はサイクル。●は10秒、○は30秒、▲は50秒成分のデータ。縦の実線は左から右へ第一条件から第5条件の区分を示す。

言行が一致した。

　第4条件では宣言事態で文章記述を形成する一方で，反応事態はどの成分も失点なしのスケジュールだった。失点の回避がパネル押し反応への強化子であると考えると，反応しても強化されない条件であった。その結果，被験者は25, 26サイクルで反応をやめてしまったが，宣言事態でのシェイピングが進むにつれて反応が生じ始め，シェイピングが完成すると，失点しないにも関わらず文章で記述した通りに反応した。具体的には「10秒待って押す」と記述して実際に約10秒ごとに反応するようになり，30, 50秒成分でも同様であった。つまり，言行は一致した。

　第5条件の反応事態は5秒間隔で失点するスケジュールであり，文章記述の通りに反応すると罰が与えられた。その結果，被験者は宣言事態で「10秒待って押す」と記述して金銭を得る一方で，反応事態では即時に5秒以下のIRTsで反応し始め，30, 50秒成分でも同様だった。つまり，言行は一致しなくなった。

これらと同一の結果はさらに別の変数を操作した桑田（1992b）においても再確認されている。第4条件の結果は，強化される言語行動が非言語行動に及ぼす効果を示唆しているが，この点は後に言及することにする。2つの強化源の視点から本結果を考察すると，①個体の言語行動が強化され，かつ，それと一致した非言語行動が強化されることによって明瞭な言行一致が確立される（第3条件），②しかし，言語行動が強化される一方で，それとは一致しない非言語行動が強化されると言行は一致しなくなる（第5条件），ことが示唆される。このように，同一個体内の言語行動と非言語行動という2つのオペラント行動におのおの強化源が存在し，しかも，この2つの強化が同一方向になされない場合に言行不一致が生じると言うことができる。

2つの強化源— Ribeiro（1989）の実験—

Ribeiro（1989）は"distorted tact"を検討した実験において，2つの強化源を操作することによって，行言不一致とでも言うべき嘘をつく（lying）行動が制御され得ることを示した。Skinner（1957）は，反応型としてはタクトでありながら機能はマンドである言語行動を"distorted tact"と呼んだ（pp. 149）。例えば，訪問先で長時間飲食し長居しているときに先方から「いま，お茶を入れています」と言われたとき，形としては報告というタクトだが，機能は「長居し過ぎだ。いい加減早く帰れ」という意味の要求のマンドである場合がある。これを"distorted tact"という。

Ribeiroの実験では，子供にいくつかのオモチャを与えて自由に遊ばせ，その後にどのオモチャで遊んだかを報告させた。つまり，非言語行動の後に言語行動を自発させるという事態だった。これを毎日繰り返したが，最初は本当に自分が使ったオモチャで遊んだと正しく報告したときに食物と交換可能なポーカーチップ・トークンが与えられ強化された。その結果，どの子供も正しい報告を行った。しかし，途中から，実際に使用しなかったオモチャで遊んだとする報告を強化するように変更したところ，この虚偽報告を自発する子供が見られるようになった。

この変化は次のように考えることができる。子供の言語行動は最初は自分の行った行動を報告するという"純粋なタクト（pure tact）"であった。しかし，虚偽報告を強化することによって徐々にマンド性を帯びるようになっていき，反応型としては「～で遊んだ」という報告の形を取りながら，機能としてはキャンディを要求する言語行動，つまり，"distorted tact"になったことになる。

オモチャで遊ぶという非言語行動が遊びのもつおもしろさといったもので強化されていると考えると，非言語行動とは一致しない言語報告が強化されるによって，嘘をつくという行言の不一致が生じることをこの結果は示している。ただし，我々がつく嘘は必ずしも正の強化を受けるばかりでなく，嫌悪事態から逃避するための手段の場合もある。例えば，学校や億劫な会議を腹痛と嘘をついて休むといったように，日常生活では「～が嫌だから」という理由のほうが多いように考えられる。Ribeiroの実験の被験児の中には嘘をつかない子供も認められたが，これは正の強化を使用したことに原因の一端があるのかも知れない。嫌悪事態による検討が望まれる。

3. 態度と行動の不一致の行動分析

2つの強化源による分析

　2つの強化源の観点からは，質問紙調査における態度と行動との不一致は次のようにとらえられる。アンケートに答える言語行動と実際の日常行動とは別個のオペラント行動であり，各々は異なる刺激によって制御され得る。例えば，学生の食習慣を問うアンケート用紙の「わたしはほとんど間食をしない」という設問には「はい」と答えておきながら，実際には毎日のようにおやつのケーキを食べている学生がいるとする。この言行不一致は言語行動と非言語行動が別の強化子に制御されている点に原因がある。つまり，「間食をしない」という言語行動は，例えば社会的な望ましさ（social desirability）による強化を受けるが，ケーキを食べる行動はケーキのおいしさで強化されている。前にあげた喫煙の例でも同様であり，「タバコを吸わない」と質問紙に答えながら実際には吸っているのは両行動への強化子が異なるためである。言うまでもなく，強化には正の強化だけでなく負の強化も含まれており，例えば，言語行動は負の強化を受け，それと一致しない非言語行動が正の強化を受けるなどもあり得る。

　質問紙調査での態度と行動とのずれは，社会的な関心の高い対象の研究において問題を生じさせる可能性が指摘されている。例えば，Lloyd（1994）によれば，人口過密，ゴミ，騒音公害，エネルギー，リサイクルなどの環境問題に対する態度研究の大半は質問紙への言語的回答に頼っており，その調査結果は社会政策などに反映

されることになる。にも関わらず，回答と行動に不一致が報告されていることから（O'Riordon, 1976; Wicker, 1969），この不一致が特に環境心理学の分野において深刻な問題をもたらし得るとしている。

　また，言行不一致は，行動が主要な従属変数であるにも関わらず，言語報告（verbal report）を主要な測度と見なす分野に共通の問題点と言える。心理臨床では各種の心理テストが多用されているが，その結果が問題行動の程度を十分に反映しているとは限らない。例えば，イヌ恐怖症状は，学習理論的には中性刺激（イヌ）が嫌悪刺激（イヌにかまれる）と対呈示された結果，レスポンデント条件づけによって形成されると考えられる。この場合，イヌ恐怖の実際的な行動を制御しているのは，条件刺激である現物のイヌおよびその般化刺激である。他方，その患者の心理状態を把握するために実施されるロールシャッハ・テストでの反応は，過去に形成され維持されている言語行動がインクのしみの図版という弁別刺激に対して発せられたものである。この言語行動とイヌ恐怖の非言語行動とは異なる刺激によって制御されているため，両者に見かけ上の関係があるように見えても因果関係は存在しない。質問紙によるテストでも同様で，テスト上の得点が変化しても実際の行動が修正されないことには意味がない。

　例えば，宿題をすると約束しながらファミコンをしてしまう子供の行動など，我々の日常生活におけるさまざまな言行不一致もまた，以上の視点から説明可能である。さらに話の拡大が許されるならば，社会的な問題とも言える政治家の公約違反も言行不一致として分析できる（桑田, 1992b）。公約という言語行動と公約を守るという非言語行動への強化源が異なる場合に，公約違反が生じる。例えば，「汚職しない」という公約は一定以上の選挙票を集め当選で強化されるが，当選後には汚職するという非言語行動が多額の金銭で強化されるため，不一致が生じることになる。

今後の貢献の可能性

　前節までの論議から，行動分析は，社会科学における質問紙調査や社会問題の解決に向けた研究に今後有効である可能性を有していると考えられる。第一に示唆される点は，行動分析が繰り返し主張している，観察可能な行動を研究対象とし，その制御変数を外部環境に求める必要性である。個体内部に仮定した態度が行動となって現れるとする change-attitude-then-behavior principle の立場からは，質問紙調査に見られる言行不一致を解明し得ない。たとえ，内的な態度を仮定しても実際に公的

に観察できるのは行動でしかない。したがって，態度が顕現した結果とされる行動の制御変数が明らかになれば，態度の仮定は不要となる。また，例えば，政治家の公約違反に対しては，言行の一致を強化するような選挙制度に変更するなどして，ある程度修正し得る可能性がある。

　第二に，個体の行動を研究対象として因果分析を行うことの必要性である。本稿で紹介した知見はいずれも，単一被験体法（single-subject designs）を用いて1個体の行動の繰り返し測定から得られた確実な知見を，さらに他の複数の個体間で確証したものである。コンピュータの進歩に伴って大量のデータ処理が可能となったが，集団データの平均値から独立変数と従属変数との因果関係を断定する危険性は，数多くの研究者によって指摘されている（e.g., Kratochwill & Levin, 1992; Sidman, 1960）。単一被験体法は必要以上に軽視される傾向にあるようだが，まず個体行動への因果分析を徹底させる方法論は見直される必要があると考えられる。例えば，Lloyd（1994）は，態度と行動との一致を検討する研究における行動観察は数分，数十分という短時間内の多人数の1回だけの観測であるとして，単一被験体法によれば，態度を言明したある回答者の行動の毎日の変動性（day-to-day variability）が明らかになり，この点はこの分野では今まで測定されてこなかったことを指摘している。

　行動分析的な取組みの一例として，社会心理学では好き嫌いに関する態度の言語報告と実際の行動とがしばしば一致しないことから，言語行動理論の視点から態度を再分析する動きが出現している。例えば，Guerin（1994b）は，態度も信念（belief）もともに言語行動であると定義した上で，態度はタクト，イントラバーバル，マンドを含めた多重的な機能をもつ言語行動であり，信念は態度とは異なり，好き嫌いを特定しない言語行動であるとしている。

　例えば，「ぼくはこの部屋でこのネコと遊ぶのが好きだ」のように，当初，態度は環境内の事象を弁別刺激とした言語行動である。しかし，言語共同体は特定の嗜好よりも「ぼくはネコが好きだ」といった一般的な行動のクラスをより多く強化しやすいため，環境事象とは独立に「ぼくはネコが好きだ」という言語行動が出現しやすくなる。これが一般に態度と見なされる言明だが，本来的な機能はタクトと言える。この発語が物的な弁別刺激ではなく，他者の言語行動に制御されて出現する場合，例えば，会話の中での他人の「ぼくはイヌが好きなんだ」という発言に対して「ぼくはイヌよりネコのほうが好きだ」と返した場合，環境事象よりも他者の発語に

照応しているため，むしろイントラバーバル的な機能をもっている。また，やはり態度とされる「私は仕事中にコーヒーを飲むのは嫌いだ」という上司の言語行動が，聞き手である部下のコーヒーを飲まない行動で強化される場合，マンド的側面をもつことになる。

このように，態度・信念は言語共同体によって形成・維持されており，一般に言われる私的で認知的な過程ではなく社会行動であるというのが彼の主張である。このような机上での分析が実験的に検証されることが今後の課題であろう。

4．言行不一致とルール支配行動

ルールによる分析

言語行動も非言語行動ともに直接的な強化による制御が可能であることは広く知られており，本稿でも直接的強化によって言行不一致を分析してきた。しかし，行動分析的には別の説明の可能性が残されている。Skinner（1969）は，結果事象によって制御される随伴性形成行動（contingency-shaped behavior）の他に，ルール支配行動（rule-governed behavior）があるとしている（pp.133-171）。ルール（rule）とは随伴性を記述した言語刺激であり，このルールに制御される行動はルール支配行動と呼ばれる。

例えば，杉山・島宗・佐藤・マロット・ウェイリィ・マロット（1995）は，スリッパをそろえるという子供の行動が，翌日のチョコレートの呈示によって増加した例をあげ，この例ではチョコレートが強化子にはならないと指摘している。通常，強化子は反応の直後に与えられ反応を増加・維持させるが，翌日のチョコレートは行動から時間的に遅延し過ぎているため強化子として機能していない。この行動を制御したのは「スリッパをそろえれば翌日チョコレートをあげる」というルールである。ここから，Malott, Whaley, & Malott（1993）は，行動を制御する効果的な随伴性を，強化を初めとした結果によって直接制御する直接効果的随伴性（direct-acting contingency）と，ルールによる制御である間接効果的随伴性（indirect-acting contingency）とに分類している。

他者から呈示される言語刺激だけでなく，自分自身が自発する言語行動もルールとして考えると，本稿で対象とした言行不一致もルール支配行動の視点からの分析

が可能である。個体が自発する言語行動は自己ルール，このルールに従う非言語行動は自己ルール支配行動とでも言い替えることができる。この観点から図1を見ると，①随伴性を正しく記述した自己ルールが形成されると，それに応じたルール支配行動が出現する（第3条件），②随伴性を正しく記述していないルールであっても，非言語行動に強化が伴わない内容のルールならば，そのルールに制御されたルール支配行動が生じる（第4条件），③随伴性を正しく記述していないルールのうち，非言語行動が罰を受けるルールでは自己ルール制御は消失し，随伴性が非言語行動を制御するようになる（第5条件），とも言える。つまり，非言語行動が罰を受けない限りは継続していた言行一致が罰が与えられることによって消失し，不一致が生じるようになることから，非言語行動に随伴する嫌悪事象が言行不一致を出現させる重要な変数であることが示唆される。

　さらに，図1の第5条件の後に再度第4条件の失点なしのスケジュールを実施すると，前回とは異なり，被験者は金銭強化される文章を記述する一方で反応事態ではまったく反応しなくなるという結果が得られた（桑田, 1992b）。第4条件の1回目の結果は，被験者にとっては行なわなくてもよい反応を出現させたという点で自己ルールの制御力を示している。他方，2回目の結果では，第5条件で随伴性と抵触する自己ルールが形成されると，自己ルールは制御力を失い，以後，非言語行動は随伴性だけに制御されるようになった。つまり，言語行動と非言語行動は完全に別の随伴性に制御され言行不一致が生じるようになった。抵触ルールの呈示が後の行動に影響する履歴効果と言うことができる。これらは，実験が被験者に与える言語教示の形でルールの効果を検討したGalizio（1979）の結果と一致し，ルールに共通した知見である可能性が示唆される。

　ルールの視点からのヒトの日常行動の説明は興味深いが，社会行動の説明には慎重な態度が必要と考えられる。第一に，現時点ではルールとして言語教示を操作した実験室的な研究が多いが，健常者の社会行動の制御に関する実証的な研究を数多く蓄積させる必要がある。直接的強化も当初は，実験箱内のハトの行動についての知見に過ぎなかったが，やがてヒトを対象とし，言語行動を含めたいくつかの社会行動をも制御できることが実証されてきて，確実な知見として今日に至っている。ルールという言葉を使えば，直接的強化では分析しにくい数多くの社会行動を説明できるが，実証が伴わない限り類推による説明だけに終わってしまう。

第二に，ルールが短期的に社会行動を制御したとしても，記述された強化随伴性が実際に実行されない限り，ルールに従う行動 (rule-following behavior) はやがては消失する可能性がある。自己ルールについて言うと，図1の第4条件でルールは反応を制御したが，この条件を長く続けると最終的には反応は生じなくなるかも知れない。その意味では行動を確実に制御するのは直接的な強化随伴性ということになる。では，生命に関わる重要なルールが，随伴性との接触がないにも関わらず，生涯に渡って行動を制御し続けるのはなぜだろう。その検討が必要だが，そもそも実験は可能だろうか。ルールによる説明には検証不可能なものが含まれていることは否定できない。

　社会行動については，Skinner (1953) はその分析と制御の可能性を机上で論じたが，現在までの研究は決して十分ではない。Sherburne & Buskist (1995) の調査によると，*Journal of the Experimental Analysis of Behavior* の創刊以来，ヒトの社会行動に関する論文は20本以下であり，ヒトを対象とした全論文の約6％にしかすぎない。また，社会行動の論文のうち75％は Dave Schmitt と Don Hake の2人によって報告されており，論文の内容は，協力，競合，分配，などの狭い範囲でしかない。そのため，社会行動に関する研究をより拡大して行なう必要性が主張されている (Guerin, 1994a; Schmitt, 1995; Guerin, 1995)。

5．行動分析の普及

発展と普及のアンバランス

　行動分析の現在までの成果を概観すると，基礎研究では，各種の間欠強化スケジュールの規則性 (Ferster & Skinner, 1957)，行動対比 (Reynolds, 1961)，プレマックの原理 (Premack, 1959)，選択行動の対応法則 (Autor, 1969) などの知見を経て，行動経済学における学際的な研究 (Allison, 1983) や刺激等価性 (Sidman, 1971) の発展に至っている。当初はヒト以外の動物を用いた研究が主だったが，健常者や障害をもったヒトも主要な対象となってきている。

　応用行動分析では，最重度精神遅滞者の行動修正を端緒に (Fuller, 1949)，般化模倣 (Baer & Sherman, 1964) や言行一致 (Risley & Hart, 1968) の知見を生み，精神分裂病，自閉症などの精神病理的な行動を制御する一方で (Ayllon & Haughton, 1962;

Lovaas, 1977），非行・肥満・喫煙・乗車時のシートベルト着用などからスポーツのコーチングにも適用され（Komaki & Barnett, 1977），企業・ビジネス（Mason, 1992）にも進出している。冒頭で述べたように，Skinner（1953）は政治，法律，宗教，経済，教育，文化などの制御を示唆したが，以上の発展を少しでも知る人ならば，将来に少なくともその可能性が残されていることは認めざるを得ないであろう。

　しかし，行動分析が広く一般に普及しているかと言えば，決してそうは断言できない。例えば，Freud や Jung といった人名や精神分析，深層心理，夢分析などの言葉が一般社会の人々にも浸透しているのに対して，Skinner や行動分析という言葉を知っている人はほぼ皆無であろう。心理学会内部に至っては事態は深刻であり，例えば，日本では研究者の数という面だけでも，精神分析やカウンセリングを柱とする日本心理臨床学会に比べて，日本行動分析学会の会員数は圧倒的に少なく増加率は極端に低いことが報告されている（久野，1992）。行動分析の位置づけとしては，極論を主張する偏狭な学派として種々の誤解と曲解を受けており（Leigland, 1992; Richelle, 1993; Todd & Morris, 1983），Skinner を教祖とした新興宗教と見なす目も少なくない。

　なぜ，このような奇妙なアンバランスが生じているのだろうか。もちろん，何をもって普及とするかは大変難しい問題であり，普及すれば万事が解決するわけではない。しかし，少なくとも，本特集のテーマである「Skinner を 21 世紀に活かす」ためには，行動分析に対する著しい誤解や曲解は取り去る必要がある。効果的な方法ならばやがて認められるとの見方もあるが，同時にいかに成果を上げようが，誤解と感情的反発を受け続ける可能性も十分に残されている。

学会レベルでの活動

　行動分析への誤解や曲解が普及の大きな妨げになっていることはさまざまに指摘されている（Leigland, 1992; Richelle, 1993）。その原因は，行動分析家が Skinner の極端に環境主義的な主張を継承するばかりだった点にあると考えられる。行動の原因を個体外部の環境に求めるべきとの主張を極論すれば，罪のない多数の命を奪った極悪な殺人者がいても，原因は彼自身ではなく両親など回りの環境にあることになる。かりに現在の刑法にこの考えを持ち込むと，彼は無罪となり，回りの人間が有罪に問われることになるのだろうか。しかし，普及という点ではこの見方は世間的常識とあまりにかけ離れているため受け入れられにくく，強化されにくく罰を受け

やすい性質のものであると言わざるを得ない。

　重要なのは，研究姿勢としての主張は別にして，普及させるための効率的な方略を練ることである。行動の制御変数の所在を外部環境に置くという主張は行動分析の根底をなすものであり，研究にあたって基本姿勢の明言は必要だが，普及の点ではこの主張を強硬に行なうべきではないと考えられる。また，専門用語が厳密に定義されているため，例えば強化子を報酬と同義とする見方に対して行動分析家は異論を唱える傾向にあるが，普及させるためには当面は不正確な理解でもよいとしなければならない。あとはシェイピングの手法を用いて，徐々に基準を上げていくことができる。

　また，大学での学生教育は重要なポイントの一つであると考えられるが，現在の日本では，魅力的な行動分析教育が行われているとは思われない。「こころ」への興味から心理学を選んだ大学生に対する基礎実験実習において，ヒト以外の動物のオペラント実験を経験させても，一部の例外を除き多数の学生は，「こころ」を研究するはずの心理学とハトのキイつつきとの奇妙な取り合わせと隔たりに戸惑い，反発をつのらせる可能性が高い（桑田, 1990）。米国における大学での行動分析教育は例えばHesse（1992）によって紹介されているが，日本では個人的な試みは別として組織的な教育はほとんど皆無と言ってよい。

　常々，強化による制御を唱えている行動の制御者たる行動分析学者が，現実には嫌悪刺激を多用して他者の行動を強化制御し得ておらず，自らの行動さえも律しきれていないという皮肉な"言行不一致"の話をよく聞く。普及を目的とした他者制御が実践されなかったのは，強化されないあるいは罰を受けたからであり，その反面，研究内容が発展したのは実験結果から強化を受けたことが原因であろう。誤解を解いて正しく普及させるための具体的なシステムは個人では困難なため，学会のレベルで計画的に実施するほかない。例えば，久野（1992）に詳述されている日本心理臨床学会の普及活動が参考になるかも知れない。学会全体として早急に取り組むべき課題と考えられる。

引用文献

Allison, J. 1983 *Behavioral economics.* New York: Praeger.
Allport, R. P. 1935 Attitudes. In C. Murchison（Ed.）, *Handbook of social psychology,* New York: Clark University Press.
Asano, T., Kojima, T., Matsuzawa, T., Kubota, K., & Murofushi, K. 1982 Object and color naming in chimpanzees. *Proceedings of the Japan Academy,* 58, 118-122.
Autor, S. M. 1969 The strength of conditioned reinforcers as a function of frequency and probability of reinforcement. In Hendry, D. P.（Ed.）, *Conditioned reinforcement.* New York: Dorsey Press.
Ayllon, T., & Haughton, E. 1962 Control of the behavior of schizophrenic patients by food. *Journal of the Experimental Analysis of Behavior,* 5, 343-352.
Baer, D. M., & Sherman, J. A. 1964 Reinforcement control of generalized imitation in young children. *Journal of Experimental Child Psychology,* 1, 37-49.
Catania, A. C., Matthews, B. A., & Shimoff, E. 1982 Instructed versus shaped human behavior: Interactions with nonverbal responding. *Journal of the Experimental Analysis of Behavior,* 38, 233-248.
Ferster, C. B., & Skinner, B. F. 1957 *Schedules of reinforcement.* New York: Appleton-Century-Crofts.
Fuller, P. R. 1949 Operant conditioning of a vegetative human organism. *American Journal of Psychology,* 62, 587-590.
Galizio, M. 1979 Cotingency-shaped and rule-governed behavior: Instructional control of human loss avoidance. *Journal of the Experimental Analysis of Behavior,* 31, 53-70.
Guerin, B. 1994a *Analyzing social behavior: Behavior analysis and the social sciences.* Reno, NV: Context Press.
Guerin, B. 1994b Attitudes and beliefs as verbal behavior. *The Behavior Analyst,*17, 155-163.
Guerin, B. 1995 Generalized social consequences, ritually reinforced behaviors, and the difficulties of analyzing social contingencies in the real world. *Experimental Analysis of Human Behavior Bulletin,* 13, 11-14.
Hesse, B. E. 1992 大学での行動分析学教育 行動分析学研究, 7, 95-105.
Komaki, J., & Barnett, F. T. 1977 A behavioral approach to coaching football: Improving the play execution of the offensive backfield on a youth football team. *Journal of Applied Behavior Analysis,* 10, 199-206.
Kratochwill, T. R., & Levin, J. R. (Eds.) 1992 *Single-case research design and analysis: New directions for psychology and education.* Hillsdale, NJ: Lawrence Erlbaum Associates, Pubileshers.
久野能弘 1992 行動療法の立場からみた行動分析の過去，現在，未来 日本行動分析学会第10回大会公開シンポジウム：行動分析学の考え方：その自己点検と継承にむけて，発表
桑田 繁 1990 心理学専攻の大学2年生に対する言語条件づけ実験実習の試み 行動分析学研究, 4, 39-56.
桑田 繁 1992a シドマン型回避スケジュール下のヒトのタッチ・パネル押し反応に及ぼす自己教示の効果（I） 日本心理学会第56回大会発表論文集, 891.

桑田　繁　1992b　シドマン型回避スケジュール下のヒトのタッチ・パネル押し反応に及ぼす自己教示の効果（Ⅱ）　日本行動分析学会第10回大会発表論文集, 8.

Lamarre, J., & Holland, J. G. 1985 The functional independence of mands and tacts. *Journal of the Experimental Analysis of Behavior*, 43, 5-19.

La Pierre, R. T. 1934 Attitudes vs actions. *Social Forces*, 13, 230-237.

Leigland, S.（Ed.）1992 *Radical behaviorism: Willard day on psychology and philosophy*. Reno, NV: Context Press.

Lloyd, K. 1994 Do as I say, not as I do. *The Behavior Analyst*, 17, 131-139.

Lovaas, O. I. 1977 *The autistic child: Language development through behavior modification*. New York: Irvington Publishing.

Malott, R. W., Whaley, D. L., & Malott, M. E. 1993 *Elementary principles of behavior (2nd ed.)*. New York: Prentice-Hall.

Mason, M. M. 1992　アメリカの企業やビジネスにおける行動分析学　行動分析学研究, 7, 117-131.

O'Riordon, T. 1976 Attitudes, behavior and environment policy issues. In I. Altman & J. F. Wohlwill（Eds.）, *Human behavior and environment: Advances in theory and research (Vol. 1)*. New York: Plenum. 1-36.

Premack, D. 1969 Toward empirical behavior laws: I. Positive reinforcement. *Psychological Review*, 66, 219-233.

Reynolds, G. S. 1961 Behavioral contrast. *Journal of the Experimental Analysis of Behavior*, 4, 57-71.

Ribeiro, A. D. F. 1989 Correspondence in children's self-report: Tacting and manding aspects. *Journal of the Experimental Analysis of Behavior*, 51, 361-367.

Richelle, M. N. 1993 B. F. *Skinner: A reappraisal*. Hillsdale: Lawrence Erlbaum Associates, Publishers.

Risley, T. R., & Hart, B. 1968 Developing correspondence between verbal and nonverbal behavior of preschool children. *Journal of Applied Behavior Analysis*, 1, 267-281.

Schmitt, D. R. 1995 The experimental study of social behavior: The past and the future. *Experimental Analysis of Human Behavior Bulletin*, 13, 8-11.

Sheburne, T. R., & Buskist, W. 1995 Taking stock of the experimental analysis of human social behavior. *Experimental Analysis of Human Behavior Bulletin*, 13, 5-7.

Sidman, M. 1971 Reading and auditory-visual equivalences. *Journal of Speech and Hearing Research*, 14, 5-13.

Sidman, M. 1960 *Tactics of scientific research: Evaluating experimental data in psychology*. New York: Basic Books.

Skinner, B. F. 1969 *Contingencies of reinforcement: A theoretical analysis*. New York: Appleton-Century-Croft.

Skinner, B. F. 1953 *Science and human behavior*. New York: The Free Press.

Skinner, B. F. 1957 *Verbal behavior*. Englewood Cliffs, NJ: Prentice-Hall.

杉山尚子・島宗　理・佐藤方哉・R. W. マロット・D. L. ウェイリイ・M. E. マロット　1995

Todd, J. T., & Morris, E. K. 1983 Misconception and miseducation: Presentations of radical behaviorism in psychology textbooks. *The Behavior Analyst*, 6, 153−160.

Wicker, A. W. 1969 Attitudes versus actions: The relationship of verbal and overt behavioral responses to attitude objects. *Journal of Social Issues*, 25, 41−78.

Behavior Analysis of Say-Do Non-Correspondence

SHIGERU KUWATA

Sakuyo College of Music

ABSTRACT

The present-paper discussed about say-do non-correspondence which is often reported in the questionnaire research of social science from the behavior-analytic point of view. Several previous studies have shown that the non-correpondence between saying and doing occurs when the nonverbal behavior inconsistent with the verbal behavior is reinforced, that is, say-do non-correspondence could be controlled by the contingencies of reinforcement.It was suggested that the previous basic ideas that an assumed attitude could be measured by the questionnare and the attitude might manifest itself as an overt behavior should be reconsidered. It seemed that the behavior analysis approach that have been pushing on thorough functional analysis of an organism's behavior with the single-subject designs could contribute to the social sciences research and the solution of social problems. Furthermore, it was pointed out that misunderstanding and misinterpretation have impeded the diffusion of behavior analysis in spite of its rapid and diverse development. The reason seemed to be in the persistence of extreme environmentalistic assertions and the lack of diffusing-behaviors by the behavior analysts. It was expected to diffuse and apply behavior analysis by Association for Behavior Analysis systematically in forthcoming 21th-century.

Key words: say-do non-correspondence, verbal behavior, questionnaire research, social science, single-subject designs, social behavior, behavior analysis, diffusion

A Comment on Kuwata's Article

YOSHIHIRO KUNO

University of Kanazawa

桑田　繁氏へのコメント

金沢大学　久野能弘

　行動分析家でも，会員でもないわたしが，本誌にレビューワーとして登場するのは極めて僭越なことであることを承知している。しかしながら，編集者からの薦めもあり，氏の研究者としての出発の時期に多少とも縁があったこともあって，この原稿を引き受けることになった。行動分析には素人であるわたしではあるが隣接科学の立場から出来るだけ辛辣な意見を述べさせていただくつもりでいる。

1. 前半部分へのコメント

言行不一致について

　前半部分は社会科学の主要な研究法としての質問紙調査についての行動分析学の立場からの批判である。多くの社会心理学者にとって態度は媒介変数であり，この変数を的確に測定することによって集団としての現実の行動の予測も可能になると彼らは考えている。

　一方，桑田氏は質問紙によるイエス・ノー回答と現実の行動とは所詮，異なった強化随伴性の上に成り立っているため，両者には当然，不一致がみられるのだという。従って，氏は行動予測の手段として質問紙による態度測定がなされることは無意味なのだとしている。

　果たして，そうなのであろうか。そもそも社会心理学は同じ行動科学に属しているとはいえ，目下のところ，集団の行動の測定や予測を目標とした心理学であり，臨床心理学や臨床医学のように個人の行動の制御を目的とした科学ではない。科学の領域の違いは研究対象の違いからなっていること，そして現代の科学は分業から

成り立っていることに桑田氏はお気づきではないらしい。

　たとえば，スキナー箱でのネズミがある特定の強化スケジュールのもとで強化された場合，累積曲線の上でその後，その曲線がどのような経緯をたどるかを予測することは容易である。しかしながら，行動分析学はただ一回の反応を扱う科学ではなく，反応クラスを扱う科学であるとわたしは理解している。そこでなされるのは数回あるいは数十回，ときには数百回の行動の発生頻度や累積曲線の予測なのであり制御なのである。特定個体（個人）のただ一回だけの反応の予測や制御については今のところ対応できる科学はない。ところが，個々人としてはただ一回の行動ではあっても，集団としてこれを扱った場合には現時点でも測定や予測に対応できる科学がある。社会心理学がこれにあたる。

　社会学あるいは社会心理学で予測しているのは投票行動とか受験行動とかのただ一回の遂行行動であることが多い。社会心理学では他の諸科学，特に生物学と同様に個人（個体）の反応の予測を初めから放棄して，集団もしくは種としての行動（反応）の予測をする。この場合には個人だけに働く附加条件は集団の中でネグルり得るため，集団としての行動の予測には直接の影響を与えない。集団の総てに働くような大きな附加要因を調査者が見つけだしたときにはその要因を余剰変数として配慮すればよい。実際，投票行動の予測はアンケート調査の結果だけではなく，そのようにして附加条件を勘案された上でなされるのが常道である。このようにみてくると，桑田氏が言行一致，不一致の観点から質問紙による態度測定と実際の行動とのずれを問題にし，社会心理学で言行を一致させる手段として行動分析の必要性を説くのは他の専門分野に対するお節介というものであり，横車の他の何ものでもない。氏のなしているのは制御の問題と測定，予測の問題とのすり替えにしかすぎない。氏が反証としてあげている実験例はいずれもただ一回の反応ではなく，数回，数十回の反応であり，社会心理学での集団を対象とした行動予測の反証にはならない。

　桑田氏による同じ横車は心理テストへの言及にもみられる。イヌ恐怖症状をレスポンデント条件づけで説明し，それをロールシャッハテストや質問紙で査定しても，かたや恐怖刺激に対する非言語行動で，かたやインクの染みや質問紙に対する言語反応であるため，それぞれの随伴関係が違うので問題にならないと氏は言う。（言わずもがなのことながら，恐怖反応はレスポンデントであっても恐怖症状は単に犬を

見て恐怖を誘発されるだけの恐怖反応ではなく，イヌに近寄ることができない，あるいはイヌを回避せざるを得ないために日常生活が支障をきたしているというひとまとまりのオペラント行動である）。

　その上，これ又言わずもがなのことながら，質問紙，例えばＭＡＳで測定されるのは不安得点であって恐怖症ではない。本来それぞれの患者への問診をもとに作成されたＭＭＰＩといえどもテスト作成の最初の意図にもかかわらず，それぞれの下位尺度は単独では症状と直結したものではないことが明らかにされている。恐怖症に関しても治療機関で，あるいは日常生活でその患者さんがイヌにどれだけレスポンデントな恐怖反応を示すかだけでなく，イヌにどれだけ近寄ることが出来るかといったオペラントな反応の確認がされ，他の諸々の要因を考慮した上で診断が下される。その出発点においては臨床家をめざしていたこともある氏がこのような基本的なことを誤解しているはずはなく，それこそわたしの横車だと反論されることは予測されるが，誤解されるような記述は行動科学者の本道を外れる。

　個人の行動の予測と制御を目的とした研究領域と集団の行動の予測を目的とした研究領域とを混同し，他の領域の研究者も自分と同じ方法論と研究手段を用いなければならないという発想の単純さがわたしに言わしむれば横車なのである。

　わたしが行動分析学を評価するのは，これこそが個を扱い得る唯一の科学だと考えるからである。従来，西欧に発する諸科学は西洋合理主義を土壌として神の御手を自然の摂理に置き換えることにより発展してきた。神の前には個人は無力であり，個々人に自然の摂理は等しく働く故に，個体或いは個人に差が生じてもそれは誤差として片づけることが出来るため，従来の科学が個人に注目する必然性はなかった。物理学，化学および生物学に比し個人の主体性を行動の原点に置く心理学という科学の発達が遅れたのはこの点にある。心理学は行動分析学の創設をもって主体を取戻し，科学の中に独自なパラダイムを確立した。逆に言えば，現代科学は心理学，ことに行動分析学の誕生を得て初めて"個"を扱い得るまでに成熟したといってよい。

　本題に戻ろう。集団研究をめぐり，本来は態度と予測が主たる関心事であった社会心理学も，実験社会学などの台頭を得て今では集団の制御をも課題とするにいたっている。21世紀にはこの傾向はより増大する可能性が高い。氏が社会心理学において，言行の一致，不一致に目をつけたところは制御の問題に限っていえば，それ

なりに立派である。しかも単なる意見としてだけでなく，的外れではあっても自分の研究の資料も用いながらこれを紹介したことは一層評価し得る。また，即時強化の視点からだけでなく，言行不一致をルール支配行動の側面からも捉え直したところは評価されてよい。ただ，集団の制御研究として行動分析学が役立つのは集団の制御者たるリーダーと彼の属する集団との相互作用に関してであり，その際には集団としての言行の一致・不一致というよりリーダー一個人内での言行の一致，不一致が重要な研究課題となるのだとわたしは考えている。その結果，集団の成員の追従行動から二次的に集団全体としての行動の一致・不一致が生じる可能性はある。なお，ルール支配行動については氏も述べるごとく，今のところ資料も少なく，その行動を言語オペラントとして捉えるとしても，言語行動の研究には記憶とか高次条件づけ研究からのアプローチもあり，ひとこと議論したいところである。しかしながら今回は紙面の関係から割愛せざるを得ない。

2．後半部分へのコメント

桑田氏の行動分析普及への戦略について

後半部分は行動分析学の普及への言及から成り立っており，結論的には行動分析学の目ざましい発展に比し，わがくにでの普及が遅々として進まないことへの反省がなされている。隠語を多用し，妥協がなく，他派への執拗な攻撃ばかりを繰り返し，信念に基づいて科学の中にカルトを形成しているとの印象がわれわれ他の行動科学の立場からみた行動分析学にある。そうした行動分析家の中にもわが身を振り返る行動を自発し得る人物が存在することは救いである。しかしながら，今回の論文をつぶさにみれば，桑田氏も所詮，偏狭な行動分析家の同類に過ぎないことは明白である。

わたしのみるところ行動分析学会のメンバーの論文産出数は相当なものであり，日本心理学会や他の心理学会における主要メンバーの多くが行動分析学会のメンバーで占められているところからもその活動は評価されてよい。正論を吐けば何も，会員獲得だけが普及活動ではなく，会の運営と維持，日々の地道な研究活動こそが普及活動なのである。（第10回大会でのわたしの発言に反論を期待したのもその点であったが，期待した形での反論はなかった）。

このようにみてくると，問題は普及をどのように定義するかにあり，戦略は定義に従って定められることになる。普及を数の問題だと定義すれば，質的なものはさて置いて，会員数を増加させることから出発することになる。普及を質を伴ったものだと定義すれば，最初はある程度の技術もあり，知識の間違いの少ない者だけを入会させることとなる。

　そもそも氏には普及の方略（Strategy）と戦術（Tactics）との区別がついていない。方略としては会員による日々の地道な学会活動そのものをつづけることでこと足りる。

　ところが，戦術としてはまず，門戸を広げ，一旦多くの会員を抱え込んだ上で，それらの会員を除々に正当な行動分析家に育て上げることが必要となる。会員になって時を経た者に対しては，それこそ罰に基づく制御も必要である。そうすれば，幹部クラスの会員にすら行動分析の理解の誤りが散見されるような現状（失礼）は少なくとも排除し得ることになると考えられる。以下に会員獲得の戦術としての代表的なモデルを示そう。

　当学会の第10回大会のシンポジュームで，わたしが図をもって示した（久野，1992）ごとく，日本心理臨床学会の会員獲得数は創設以来倍増の一途を辿っており，そこでの普及戦術は応用行動分析学の実践そのものである。まず，情動操作，動員操作として嫌悪事態を設定し，この会に入会するという選択行動を採らなければあなた方は今置かれている嫌悪事態から逃れることはできないぞ！との教示を与え続ける。多くの会員にとって入会行動は基本的には負の強化にもとづいて形成された先行刺激による制御のように見える。しかも，一旦，その行動を自発させるや，会員諸氏には正の強化子も数多く用意されている。入会者は嫌悪事態との遭遇から免れるだけでなく，日常場面では殆どお目にかかれる機会のない高名な精神分析家とも出会う機会が与えられ，学会の会場では1時間，2時間と時間をかけて親しく議論をかわすことすらできる。

　また，会員資格には段階が設けられており，先ずは準会員として入会した後，所定の条件をみたして正会員になる道が用意されている。初期には身上相談に類するおばちゃま方までもが含まれたとんでもない学会だとの印象が強かったが，除々に資格審査を厳密にしていって今に到っている。その過程で，実験心理学者を必要以上に排斥しているといったマイナス面もなくはないがこの集団の幹部たちが望むタ

イプの行動を成員たちに形成していこうとする点では結果として成功している。

　もう一つの例は仏教の普及活動である。2,500年も昔に釈迦は行動維持を巡る原理として"業"（身業，口業，意業）を，強化の随伴を巡る原理として"縁"をあげ，この2つを教義の根本においているのだが，弟子に対する教えと社会のひとびとに対する教えは最初からことなった戦術のもとに進めている。社会には因習というものがあり，当時のインド社会では輪廻は当然のこととして受入れられており，来世に天国や地獄を想定することは当然のことであったが，釈迦の説く仏教は輪廻を絶つことを目的としており，来世に天国や地獄をみるものではなかった筈である。ところが在家の信者には来世を認めている。これが方便である。方便というのはわたしのいう戦術であり，方便が仏教用語であることに注目ねがいたい。ここで仏教について含蓄を傾けている紙面はないが，"個"の制御という点では，釈迦の教えに一日の長をみる。蘇我，物部氏以来，世間では教義の受け止めに誤解が多く，行動分析学と同様，教義が全く逆に受け止められている場合の方が多い。それでいて，その普及に成功し得た例として，仏教の普及の歴史は同じく自発反応の制御を目指す者として，本邦への行動分析学の普及の戦略，戦術のモデルとなり得るものと考えられる。西洋合理主義からみれば，仏教は宗教ではなく，"個人"による"個人"の自発行動の制御を目標とした実践科学のひとつであると考えることも出来る。釈迦は数の確保を優先し，聖徳太子は質の確保を優先したというと，独断に過ぎるであろうか？　釈迦は数の確保を優先した故に迫害を逃れ，聖徳太子は質の確保を優先した故に迫害された。しかしながら両者とも仏教を他の宗教の攻撃の道具に使ったこともなく，自分の説のみが正しいとの主張もしていない。棲分けは生物の知恵であり，学問の分野でも淘汰は自然の法則に沿って進行していく。

　さてさて，数の確保か，質の確保かどちらの戦術を選ばれるかは会員諸氏の自発的行動を待つしかない。桑田氏の選択が前者にあるというと反論を食らいそうだが主張の一面を成してもいる。氏の提言にもあるように，行動分析学には漸近的行動形成という手法もあり，入会後の会員教育に関しても優れた技術と揺るぎのない理論が用意されているはずである。学習心理学の大家を自認している研究者の一部にすら行動分析学を誤解している者が多いのは大家の誤った信念を打ち破るだけの行動変容の技術を行動分析家自身がもちあわせておられないからではあるまいか？信念の形成も又，本来，強化随伴性に基づくものではなかったのであろうか？

日々学習理論の"自称"大家たちからの迫害を受けつづけているひとりとして，行動分析家の奮起をお願いしたい。行動分析家諸氏のお手並み拝見というところで拙文を終らせて戴く。

引用文献

Gallup, G. 1972 *The sophisticated poll watcher's guide.* Prinston Opinion Press. 二木宏二（訳）1976 ギャラップの世論調査入門 みき書房

久野能弘 1992 ：行動療法からみた行動分析の過去，現在，未来，第10回行動分析学会シンポジューム

久野能弘 1993 行動療法―医行動学講義ノート― ミネルヴァ書房

増谷文雄 1971 業と宿業224. 講談社現代新書 講談社

A Reply to Reviewer's Comment

SHIGERU KUWATA

Sakuyo College of Music

久野コメントへのリプライ

作陽音楽大学　桑田　繁

　久野能弘先生のコメントは弁舌鋭く，長年にわたる数々の行動修正に裏打ちされた自信のもとに，拙論だけでなく行動分析全体に反省を迫るものが感ぜられた。紙数の都合上，以下2点に分けて簡略に返事し，最終に本特集に対して感じるところを率直に述べる。

「横車」の所以

　ヒトを相手とした基礎実験に従事する者にとって，実験室外の変数が実験内の行動に影響している可能性を見出すことがしばしばある。例えば，筆者の実験でも，実験期間中，実験者と被験者との社会的な関係や被験者の置かれた社会的状況などが実験場面に混入し，操作対象となる反応のパフォーマンスに影響を及ぼしている疑いを捨て去ることができなかった。社会的な変数やそれらに制御された行動の研究が必要であることを痛感した。

　その社会行動を扱う社会心理学さらに社会科学を見てみると，特に態度，意見，信念，価値観などを問う研究では質問紙調査が多用されているのが現状である（もちろん，行動観察に主眼を置いた研究もある）。アンケート調査にはそれなりの利点があるが，その一方で，回答と実際の行動とのずれが生じることは知られており，両者の間に相関はないとする結果まで報告されている。

　行動分析的に見れば，アンケートへの回答も実際の行動もオペラント行動であり，制御変数が異なれば不一致が生じるのは当然のことと言える。こうした分析を踏まえて，もっぱら環境と行動との因果関係を探る行動分析的な視点と，それに伴う個

体行動の研究法である単一被験者法が，今後のこの分野の研究にとって有効なのではないかと筆者は考えた。環境問題，政治家の公約違反などの社会的な問題の解決に対しても同様である。

　分野による目的や方法論の違いはあれ，行動が存在する限り行動分析の対象として扱うことができるはずだし，扱ってもよいはずである。ある分野がある程度成熟して，特有な視点と方法論を他の分野に持込み，その対象を拡大させようとすることは，当然取り得るべき道の一つではないであろうか。現に，久野先生が御専門とされる行動療法もまた，従来の常識とはかけ離れた動物実験から得られた原理と方法論を臨床の世界に持ち込み，「横車」をしながら発展してきたのではないだろうか。「横車」が許されないのなら，我々は自分の分野の中だけで，限られた対象だけに没頭しなければならないことになってしまうと思われる。

普及に関わる諸問題

　文中でも書いたように，普及を何で定義するかは大変難しい問題であると思われる。定義によっては，徐々にではあるが行動分析が普及の道をたどっていると言えなくもない。ただ心情的には，普及しなくてもよいから，ほとんど固定されてしまったかのように見える著しい誤解や曲解だけでもせめて無くならないか，とも思う。行動分析に直接接した上での反応ならともかく，耳学問で得た情報だけに基づいて批判している人は相当数存在するように思える。

　会員数は一例として挙げたまでで，数の増加がすなわち普及であるとは考えていない。また，普及すればそれですべて世の中がうまく行くかと言えば，それは楽観論に過ぎる。行動分析が特異的なのは，過去の行動心理学の学派が隆盛の後ほぼ消失したのに対して，批判を受けつつも対象を拡大させながら，なおも継続している点ではないだろうか。マイナーだが寿命が長いということになるが，なぜマイナーなのか？にも関わらずなぜ寿命が長いのか？を詳しく分析する必要があると考えられる。前者は極端な主張，後者はその効果性あたりに答えがあるようにも思えるが，大変大きなテーマでもあり，拙論では十分には論議することはできなかった。

　日本心理臨床学会や仏教の普及戦略はある一面では見事であり，会員獲得の手法に限って言えば精神分析家のほうが行動分析家より一歩も二歩も先を行っているの

は皮肉な現実である。行動分析家に行動修正の技術が欠如しているとの御指摘を受けてもやむを得ない。今後の行動分析学会に向けられた重要な指摘と考えられる。

本特集について

「21世紀にスキナーを活かす」というテーマはスキナーという個人名が出ていることと，非常に漠然としていることで，実感がなく大変苦慮した。少なくとも筆者は，多少とも行動分析を学んではいるにしても，スキナー学を研究しているわけではない。スキナー個人から脱却して行動分析が進化していけばよいわけであるし，その名前が歴史的価値しか持たなくなってもかまわないと考える。

言葉じりをとらえるようだが，言葉は重要な弁別刺激である。個人名の入った本特集を見た行動分析以外の研究者の口からは，「また，スキナー教か！」との言語行動が聞こえてきそうな気がしてならない。久野先生の今回のコメントにある御批判や，オペラント条件づけに基づく行動修正を日々実践しながらも行動分析学会には決して入会しようとされない行動の真意も，このあたりにあるのではないかと思われる。

なお最後に，文中，行動分析学ではなく行動分析としたのは，行動分析がひとつの枠組みであることは確かだが，学と言えるかどうかは検討を要すると考えているためであることを付け加えておく。

調査報告

行動論的音楽療法（Ⅰ）：
ダウン症女児に対するプレマックの原理の適用

桑田　　繁
山地　裕子*
坂上　ルミエ
矢内　直行
足立　　正

要　旨：

　本論文は，行動論的音楽療法の理論と事例を報告することを目的とした。まず，基盤となる枠組みである行動分析学の理論的特徴について述べた。中でもオペラント条件づけを中心に，プレマックの原理にもとづく強化について論じた。次に，ダウン症女児に対して行った行動論的音楽療法の事例の一部を報告し，その手続きと結果について考察した。

キーワード：音楽療法，行動論的音楽療法，行動分析学，オペラント条件づけ，強化，プレマックの原理，ダウン症

＊現所属は倉敷平成病院

Behavioral music therapy (Ⅰ):
Application of Premack principle for a female Down syndrome child

Shigeru Kuwata
Yuko Yamaji
Rumie Sakagami
Naoyuki Yanai
Tadashi Adachi

Abstracts:

The present-paper presented the theory and the example of application in behavioral music therapy. Firstly, the theoretical character of behavior analysis which supports behaivoral music therapy were introduced explained. Reinforcement based on Premack principle was especially discussed in the context of operant conditioning. Secondly, the case that behavioral music therapy was applied for a female Down syndrome child was reported, and the results and effects were discussed.

Key words: music therapy, behavioral music therapy, behavior analysis, operant conditioning, reinforcement, Premack principle, Down syndrome

　音楽を利用して，適応行動の形成・維持および不適応行動・症状の消失・低減を試みる心理療法は総称して，音楽療法（music therapy）と呼ばれている。本論文では第1に，旧来の音楽療法とは異なる方法として提唱されている行動論的音楽療法（behavioral music therapy）について，その理論と実際を述べる。第2に，ダウン症児に対して行動論的音楽療法を適用した事例の一部を報告して，その手続きと結果について考察することを目的とする。

1．行動論的音楽療法

従来の音楽療法は精神分析学あるいはカウンセリングの理論に基盤を置いていた。

しかし，行動論的音楽療法はこれらとは大きく異なる視点に立っている。本節ではその理論と実際について述べ，従来の音楽療法との相違点を明らかにする。

1．1．行動論的音楽療法の理論的基盤 —行動分析学—

行動論的音楽療法は行動理論を基礎としている。行動理論とは心理学における理論体系の一つをいい，その中にはいくつかの枠組みがある。2節で述べる事例との関係から本節では，B.F.Skinner（1938, 1953）によって創始された行動分析学（behavior analysis）に限定し，その骨子の一部のみを論じることにする。行動分析学については例えば佐藤（1976）による紹介があるが，詳細は別稿に譲る。

1．1．1．行動分析学の研究対象と目的

行動分析学は，誰もが観察でき，客観的測定が可能な「行動」を研究対象としている。ここでの行動とは個体が行うすべての活動をさす。行動分析学の目的は，環境主義の立場に立ち，人的・物的環境が人間の行動に及ぼす影響を実験的に検討し，環境と行動との関数関係を同定することにある。その結果，人間の行動の予測と制御が可能となる。行動の原因を人間の内部に仮定せず，どのような環境条件を設定すればどのような行動が生じるかを同定しようとする点に特徴がある。例えば，ある人間がボールを投げた場合，その原因として彼がボールを投げたかったからだ，といった循環論的な理由を仮定しない。彼がボールを投げるときの状況を詳細に観察したうえで，環境を組織的に操作し，ボール投げ行動がどのような条件下で生じるかを実験的に確証しようとする。確証されれば，環境条件と行動との関数関係が同定されたことになる。その結果，ボールを投げるという行動を予測することができ，さらには制御することができるようになる。

1．1．2．行動分析学の理論

行動分析学の中心となる理論はオペラント条件づけ（operant conditioning）と呼ばれている。本項ではその中でも基本的な事項のみについて論じる。なお，行動ということばは広い意味を含んでいるため，以下では反応という用語を使用する。

行動分析学では過去の多数の研究から，人間が行う反応はその結果によって影響を受けるという事実が明らかになっている。Fig.1は反応と結果との関係を表している。我々が行う反応にはなんらかの結果が後続している。例えば，1か月間の労働には給料という結果が後続し，禁止地域への駐車には反則点や罰金という結果が後続する。

```
反  応  ····  結  果
労  働  ····  給  料
駐  車  ····  反則点・罰金
```

Fig. 1　反応と結果との関係

こうした後続する結果によって反応が増加・維持することを強化（reinforcement）といい，その後続結果は強化子（reinforcer）と呼ばれる。厳密には異なるが，強化子は報酬とほぼ同義と考えてよく，快い望ましい結果であることが多い。例えば，先述の例では，給料によって労働という反応が維持されていることは強化であり，給料は強化子に当たる。それまで強化していた反応に対していっさい強化子を与えないようにすると，反応は徐々に減少していく。これを消去（extinction）という。例えば，労働に対して給料を支払わないと労働をしなくなっていく。

後続する結果によって反応が減少・消失することを罰（punishment）といい，その後続結果は罰刺激（punisher）と呼ばれる[注1]。罰刺激は嫌悪的な望ましくない結果であることが多い。例えば，先述の例では反則点と罰金によって禁止地域への駐車が減少すれば罰であり，反則点と罰金は罰刺激に当たる。

以上のように，反応の増減が結果によって決定される事実は総称して，オペラント条件づけと呼ばれている。また，反応と結果との関係を随伴性（contingency）と言い，特定の結果が反応に伴うことを"随伴する"と表現する[注2]。オペラント条件づけの観点からは，子供のおつかいをほめることによってそのおつかいが増えれば強化であり，親の関心（強化子）を引くために続いていたいたずらに対して関心を与えず無視した結果，そのいたずらが減れば消去である。また，叱ることによっていたずらが減れば罰といえる。

オペラント条件づけは多数の実験によって確証されてきており，人間を含めた多くの動物に認められる確かな知見として定着している。なお，オペラント条件づけと並ぶ行動分析学の理論として，条件反射で有名なレスポンデント条件づけ（respondent conditioning）があるが，その詳細は別稿に譲る。

1.1.3. プレマックの原理

Premack（1959）は，上記した反応と結果との随伴性についての考えを整理し，プレマックの原理（Premack principle）を提唱した。本論文の2節ではこの原理を応用している。臨床場面での利用性は高いと考えられるため，以下にその考え方について触れておく。

例えば，子供が一定時間勉強したらファミコンで遊べるという事態において，勉強反応が維持されているとする。この場合，ファミコンという物体自体に強化効果があるわけではなく，ファミコンで遊ぶことに強化効果がある。つまり，勉強という反応に対してファミコンで遊ぶという反応が随伴している。強制がなく自由に反応できる場面では勉強は低頻度の反応であり，他方，ファミコン遊びは高頻度の反応である。したがって，ファミコン遊びという高頻度の反応が強化子となって，勉強するという低頻度の反応を強化し増加・維持させている，ととらえることができる。

この関係は強化だけではなく罰にも当てはまる。つまり，高頻度の反応に低頻度の反応が随伴すると，高頻度の反応に対して罰的効果をもつことが知られている（Premack, 1971）。このように，高頻度と低頻度の反応の配置によって増減が決定することをプレマックの原理という。一般に，先行する反応は手段反応（instrumental response），後続する反応は随伴反応（contingent response）と呼ばれる。プレマックの原理は，2つの反応の相対的な頻度の相違に注目し，生理レベルではなくあくまでも行動レベルにおいて強化の成立を定義している点に特徴がある。

1.1.4. 行動修正法と行動論的音楽療法

行動分析学の原理を人間の実際の問題の解決に応用する試みを行動修正法（behavior modification）という[注3]。行動修正法では，例えば，精神遅滞，自閉症，チック，精神分裂病，神経症，非行，肥満，その他の多数の問題が対象とされてきた（Alberto & Troutman, 1990; Cooper, Heron, & Heward, 1987）。行動修正法のうち，特に音楽を使って問題解決を目指す方法は行動論的音楽療法と呼ばれる。音楽療法に行動分析学的アプローチを導入したのは Madsen, Cotter, & Madsen（1968）であり，行動論的音楽療法という名称は例えば，Eidson（1989）に認められる。

1.2. 行動論的音楽療法の特徴

行動論的音楽療法の特徴はおよそ以下の3点にまとめられる。

第一に，クライエントの社会生活上有効に機能する，具体的な行動を標的とする。行動の形成・維持が目的の場合，その行動は社会生活を送るうえで役立つ行動でなければならない。個々のクライエントの置かれる環境によって異なるが，例えば，障害児にとって食事・着衣などの身辺自立はきわめて重要であるため，標的行動とされることが多い。

　同様に，行動の消失・低減が目的の場合，社会生活を著しく阻害する行動が標的となる。例えば，チック症状が原因で学習や友人関係に大きな支障をきたしている場合，この消失・減少を最優先させる。このように，クライエントの社会環境・生活を考慮して標的行動を設定する。従来の音楽療法のようにパーソナリティの変容といった精神分析学的な抽象的目標は設定しない。

　第二に，行動分析学の理論にもとづいて問題を分析し，同原理により音楽活動を用いて対処する。クライエントの問題は，適応行動が欠如している場合と，不適応行動・症状が学習されている場合に大別される。オペラント条件づけの観点からは，前者は適応行動が強化されていないことが原因であるため，強化によって形成・維持させるというアプローチを取る。後者は不適応行動が強化されていることが原因であるため，消去・罰によって消失・低減させようとする。例えば，身辺自立の形成には強化を用い，かんしゃくの消失・低減には消去・罰を用いる。

　また，音楽を強化子などの後続刺激としてだけ用いるのではなく，行動に先行し，そのきっかけを与える刺激としても位置づける。例えば，音楽活動を通してことばの遅れた子供の発語を促し，発語が生じれば「よくできたね」と言語的に強化するという方法がそれに当たる[注4]。

　このように，従来の音楽療法のように精神分析学あるいはカウンセリングの理論にはもとづかない。つまり従来の音楽療法が，音楽活動を行うだけで治療効果があると考えていたのに対して，行動論的音楽療法では当該の具体的な問題を解決するための手段として，音楽をとらえる。

　第三に，実施した技法の効果を客観的に測定・評価しようとする。そのためにはまず適応行動がどの程度欠如しているか，あるいは，不適応症状・行動がどのような環境下でどのくらい生じているかを具体的に測定する。例えば，ことばの遅れた子供の場合，どの程度の言語レベルかを測定する。また，チックの場合，単位時間（例えば，1分）当りの回数を測度として，どのような環境下で何回ぐらい生じているかを測定

する。次に，音楽療法を行った結果，それらがどう変化したかを比較する。クライエントの社会生活から考えて十分な変化がなければ効果なしと見なし，問題を再分析し訓練法を変更する。従来の音楽療法ではこのような具体的な効果測定はほとんどなされてこなかった。

2. 行動論的音楽療法の実際 —プレマックの原理を適用した事例—

前節では，行動論的音楽療法の基盤となる行動分析学の理論について論じた。本節では，ダウン症女児に対して行動論的音楽療法を実施した事例の一部を報告する。訓練の主要な目的は，一人で買物をする行動を被験児に獲得させることであり，副次的な目的は，電卓を用いた計算行動を獲得させることであった。方法としては，学習課題に従事する反応を手段反応，音楽に従事する反応を随伴反応としたプレマックの原理を適用した。音楽が大好きな被験児にとって課題学習活動は低頻度，音楽活動は高頻度で生じる反応であるため，音楽活動は相対的な意味で強化子として機能していると考えられたためである。

最初の9セッションを予備期間とし，被験児の行動のアセスメントと訓練者とのラポールの確立を図った。その後，訓練を12セッションにわたって実施した。以下では主に本訓練の結果を報告する。訓練はすべて第1執筆者の指導のもとに第2執筆者を訓練者として行われた。第1執筆者は記録を担当した。

2.1. 方 法
2.1.1. 被験児

養護学校の中学3年に在学中の15歳のダウン症女児。出生時の体重は約2,800g。身体的な異常はなく，出生後すぐにダウン症と診断された。首の座りは少し遅い程度で歩行開始は2歳前であった。ことばの発達は特に遅くはなかったが，幼少時から発音は不明瞭だった。音楽を聞く，歌う，音楽に合わせて踊ることが大好きであり，リズム感がよかった。小学校2年の1学期までは普通学級だったが，2学期より養護学校に転校した。

現在，身辺自立は確立されている。人に話しかけることが好きだが，発音が不明瞭で聞き取りにくく,その内容は時制や文脈が話の途中から混乱するためわかりにくい。音楽が大好きで，学校からの帰宅後は自分でカセットテープをセットして，歌謡曲を

聞くことが多い。学校では，小学校低学年レベルの漢字の書き取り，筆算，物の命名などの課題を受けている。性格は非常に人なつっこく，表情が豊かであり，話す内容や話し方にユーモアがある。ただし，気分のむらが激しく，日によって好不調の波が激しい。学習態度は確立されており，与えられた課題には取り組む姿勢がある。平成5年度をもって義務教育を終え，その後は障害者の作業所に就職する予定でいる。

平成5年9月7日に実施したグッドイナフ人物画知能検査によると，精神年齢は8歳3か月，知能指数は55であった。今回の訓練を行うにあたっては，同年7月中に被験児の母親，養護学校の担任教師に計3度会って訓練内容を十分に説明し，事前の同意（informed consent）を得た。

2．1．2．予備・訓練期間

平成5年9月7日から12月3日まで。9月7日から10月15日までを予備期間として9セッション，10月20日から12月3日までを訓練期間として計12セッション実施した。

2．1．3．材　料

音楽活動時に使用した楽器は，訓練者が主として弾くキイボード（CASIO社製21 SOUND TONE BANK），被験児が弾くキイボード（CASIO社製PT-810），タンバリン，鈴，トライアングル，アルトおよびソプラノのリコーダー，木琴，鉄琴，マラカス，小太鼓であった。計算課題には，押しボタンと数字表示画面が比較的大きくて扱いやすい約10cm×15cmの電卓（CASIO社製MS-7）を使用した。

2．1．4．セッティング

訓練は被験児の自宅の応接間（約3m×4mの洋間）で行った。中央には木製のテーブル（約40cm×120cm）をはさんで2組のソファが置かれていた。被験児と訓練者がテーブルをはさんで床に座り，机上で課題が実施された。記録者は訓練者の斜め後方から被験児の課題の様子・行動を観察し，記録用紙に記録した。

2．1．5．標的行動の設定

被験児は就職をひかえており，今後の社会生活に必要な行動を獲得させる必要がある。母親の話から，財布をもって自分一人で買物をする行動が欠如していることがわかった。被験児が一人で買物できれば望ましいが，そのためには発音を明瞭にし，意味の通じる文章を作る必要があると母親は考えており，110円をもたせてときどき自動販売機にジュースを買いに行かせる以外は，一人の買物はさせていないとのことだ

った。

　しかし，日常用品を特にスーパーマーケットで購入する場合，必ずしも会話は必要ではない。むしろレジスターにおいて財布から所定の金額を出すことが必要であり，これが可能であれば，おつりは店員が渡してくれる。そこで，スーパーマーケットにおいて一人で財布から所定のお金を出して買物をする行動を，訓練において獲得させるべき標的行動として設定した。その際，買物するのは，被験児にとって身近な飲食物であるジュースとお菓子とした。

2．1．6．予備期間の経過

　予備期間は，①被験児の行動のアセスメント，②訓練者として被験児とのラポールの確立，を目的とした。

　①については，買物には簡単な計算が不可欠であると考え，筆算の課題を用いて被験児の計算能力をチェックした。その結果，ひとけた同士の数字を加算して答えが繰り上りにならない計算（例えば，2＋4や4＋5など）は両手の指を使って解くことができるが，繰り上がりのある計算（例えば，7＋8や9＋6など）ができないことがわかった。

　そこでまず，おはじきを与えて上下に各数ぶんだけ並べさせ，繰り上りに必要な個数を一方に移動させ，合計を数えさせる訓練を行った。しかし，3セッションを費やしても正答率は41.1％（56問中23問正答）であり，おはじきを取り除くと計算できないという結果であった。そのため，次の暗記課題に変更した。例えば「7＋8＝」というように1けた＋1けたの数字が書かれた紙（縦3 cm，横4 cm）を被験児に呈示し，答えを記入させた。当初，正答には訓練者が色鉛筆で○をつけたが，順次，被験児が好きな色を選んで自分で○をつける方法に移行した。誤答の場合は再度計算させ，正答になるまで計算を繰り返した（矯正法）。しかし，4セッションを費やしても正答率は56.7％（215問中122問正答）とチャンスレベルにとどまり向上しなかった。詳細は後述するが，この間一貫して，学習課題（手段反応）を終えた後は音楽活動（随伴反応）をするというプレマックの原理を適用した。また，個々の正答には「えらいね」「すごいね」と言語的に賞賛し，強化した。

　②については，訓練者は意図的に被験児の行動を受容し，発言を積極的に傾聴した。

2．1．7．訓練における手続きの設定

　ダウン症児は計算能力に劣り，一般的に1〜10までしか数えられず，ひとけた同

士の足し算しかできないことが知られている（Lott & McCoy, 1992）。この知見と，予備期間中の被験児の行動とは一致する。また，15歳という被験児の年齢を考えると，今から計算能力を向上させるよりも，買物をするという実際的な行動により焦点を当てるべきであると考えられた。まず，財布を与えたうえでお菓子やジュース缶の実物を呈示し，その金額を手渡させる買物課題を机上で実施するという手続きを設定した。そして，この学習が成立した時点で実際にスーパーに行って買物する機会を与え，買物行動が自発するかどうかを確認することにした。

同時に，被験児の将来を考えると，電卓の使用は特に帳簿の計算などの事務作業上において有効な行動であると考えられた。そこで，この副次的な目的を達成するための方法として，計算課題には電卓を使用させ，徐々に計算を複雑にして帳簿の形式に近い課題に近づける，という手続きを取り入れることにした。

2．1．8．手続き

原則として訓練は週に2セッション実施し，1セッションは約50分とし，午後4時30分から行った。1セッションは基本的には，買物と電卓計算という2つの課題を実施した後に，音楽活動を行う，という構成であった。つまり，手段反応のあとに随伴反応を配置し，手段反応である課題活動が強化される事態にした。

〈買い物課題〉買物課題では2種類の缶のオレンジ・ジュースと，「きのこの山」「ポッキー」「キャラメル」という3種類のお菓子を使用した。第1セッション時にアセスメントを行ったところ，被験児は各硬貨の価値をまったく理解していないことがわかった。そこで品物の金額を決めておき，機械的に学習させることにした。訓練は次の手続きで行った。まず品物を被験児に見せ，「これのお金ちょうだい」と教示した。被験児が正しい金額を渡したら，「えらいね」「すごい」と言語的に強化した。渡さなかった場合には訓練者が正しい金額を指で示し，被験児に手渡させた。1回目の教示で正しい金額を渡した場合を正答とした。ジュースの値段は110円，「きのこの山」と「ポッキー」は200円，「キャラメル」は100円とした。不足せず，おつりのもらえる金額という点からこれらを決定した。ジュースを使った訓練は第2セッション，お菓子は第6セッションから開始した。各品物は無作為な順序で呈示し，かつ1セッション内での試行数をほぼ等しくさせた。

〈電卓による計算課題〉計算課題では被験児に電卓を使用させた。1けた＋1けたで繰り上がりのある問題から始め，計算できたことを確認しながら複雑な問題に移行

した。誤った電卓操作にはその都度「ちがうよ」と指摘し，再度行わせた。

〈実際の買い物の機会〉第5・8セッションには，2つの課題と音楽活動を終えた後に，徒歩約5分の屋外の自動販売機まで実際に缶ジュースを買いに行った。自動販売機付近で被験児に財布を与え，「ジュースを買っていいよ」と教示した。その際，訓練者はいっさい援助しなかった。

第11・12セッションには，自宅での課題を行った後，記録者の運転する車に訓練者と被験児が乗り，実際にスーパーマーケットまで買物に行った。第11セッションでは財布を与えて「お菓子を買っていいよ」と教示した。ジュースについては店外の自動販売機において「ジュースを買っていいよ」と教示し，お菓子だけ店内で買う機会を与えた。第12セッションでは，財布を与え「お菓子を買っていいよ」と教示してお菓子を買う機会を与え，その買物が終った後に「ジュースを買っていいよ」と教示した。つまり，お菓子もジュースも店内で買う機会を与えた。

第11・12セッションともに，被験児が品物をレジに持って行ったとき，訓練者はその横に立った。ただし，いっさいの言語的・行動的な援助はしなかった。なお，詳細は結果で述べるが，第11セッション時に問題行動が見られたため，第12セッションの訓練者の対応には変更を加えた。これらの第11・12セッションでは時間の都合上，電卓の計算課題は実施せず，机上の買物課題だけを行った。また，スーパーでの買物後，自宅に戻った後に，通常の音楽活動を実施した。机上の買物課題時とスーパー内で与えた財布には，1円，5円，10円，50円，100円，500円玉が多数入っていた。

〈音楽活動の内容〉音楽活動の内容は次の通りであった。セッションに先だって内容は固定せず，被験児の様子や調子に応じて訓練者が被験児と一緒に歌ったり，音楽に合わせて2人で楽器を鳴らしたり，1人でキイボードを弾かせるなどした。楽器については，多数の中から被験児の好きなものを選ばせた。曲については，被験児が好みそうな曲の楽譜を訓練者が用意し，小学生用の音楽の教科書を与えた。また，訓練者が自作した，被験児が理解できるように音符を階名で表した紙や，ことばとリズムを組み合わせた譜面を状況に応じて使用した。被験児が独唱した曲および，訓練者と2人で合唱・合奏した曲は主として次の通りであった。「南の島のハメハメハ大王」「にんげんっていいな」「大きなうた」「かえるのうた」「ねこふんじゃった」「ビビディ・バビディ・ブー」「月」「ドレミの歌」「夕焼け小焼け」「たなばたさま」「アマリリス」「茶色のこびん」「山の音楽家」。また，被験児が自分でカセット・テープを回

し曲に合わせて歌った歌謡曲は主として,「雪虫」「思い出さがし」「青春」「織江の唄」「真夜中のドア」「今の君はピカピカに光って」「風ぐるま」「ダンスはうまく踊れない」「美映子」「ときめき」「moonlight」などであった。

2．2．結　果
2．2．1．買物課題の結果

Fig. 2 はジュース，Fig. 3 は 3 種類のお菓子を使った，机上の買物課題の学習過程を示す。横軸はセッション，縦軸は買物課題における正答率（％）を表す。正答率は，正答した試行数を試行数で割り，100 をかけることで求めた。試行数はセッションによって 2〜10 回と異なっていた。ジュースは第 8 セッションから安定して正答率 100％になった。お菓子は当初不安定だったが，第 10 セッション以後すべてが 100％になった。第 9 セッションのポッキーの正答率 50％は，時間の都合上試行数が 2 回になり，うち 1 回が誤答だったことが原因であった。訓練時にお金を出す際，被験児は「ひゃくじゅうえん」「にひゃくえん」と言いながら渡していた。

2．2．2．電卓による計算課題の結果

Table. 1 は被験児に実施した計算課題の問題の推移を示す。足し算の他に，引き算，かけ算，わり算を行い，徐々に複雑な計算が可能になった。第 1 セッション時に被験児に電卓を渡し，訓練者がボタンを押してみせると被験児はすぐに模倣した。以後は問題に書かれた通りに数字と記号（＋，－，×，÷）のボタンを押し，解答を書いた。記号を押すときに訓練者が「たす」「ひく」「かける」「わる」と言うと被験児は模倣し，以後，自発的に言うようになった。第 8〜10 セッションまでは帳簿の形式に見立てた計算を行った。すなわち，5 けたまでのさまざまな整数を 4 つ縦に並べた足し算の問題を呈示し，答えを下に書かせた。第 9 セッションでは被験児の調子が非常に悪く，押し間違いが多かった。そのため，訓練者が問題の途中までボタンを押し，残りを被験児にやらせることによって，6 個の問題を終えた。

2．2．3．実際の買物の結果

第 5 セッションの自動販売機では次の様子であった。被験児は財布から 100 円玉と 10 円玉を取り出し,「ひゃくじゅうえん」と言って硬貨挿入口にいれ,「デカビタ C」のボタンを押し，出てきた缶を取り出した。第 8 セッションでは財布から 100 円玉を 2 枚出して「わからない」と言った後，100 円玉と 10 円玉を出して「コカコーラ」

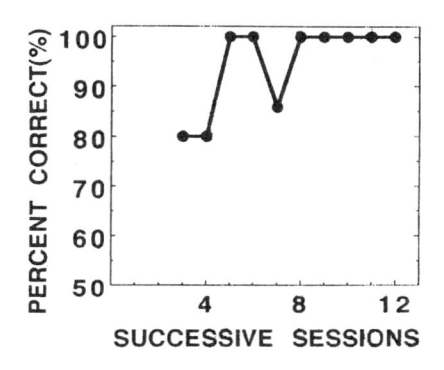

Fig. 2　缶ジュースの買物学習の結果

横軸はセッション，縦軸は正答率（％）を表す。

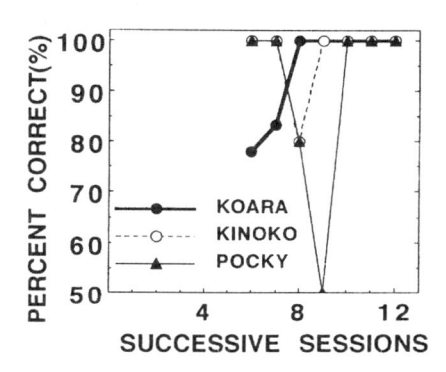

Fig. 3　お菓子の買物学習の結果

横軸はセッション，縦軸は正答率（％）を表す。
●はコアラのマーチ，○はきのこの山，▲はポッキーを示す。

Table. 1　計算課題の推移

セッション	課題内容
1（計45問）	1けた＋1けた＝2けた 2けた＋1けた＝2けた 2けた＋2けた＝2けた
2（計10問）	2けた＋2けた＝3けた
3（計35問）	1けた＋3けた＝3けた 2けた＋2けた＝3けた
4（計6問）	3けた＋3けた－3けた＝3けた
5（計25問）	3けた＋3けた－3けた＝3けた 1けた×1けた＝1けたあるいは2けた 1けた÷1けた＝1けた
6（計15問）	2けた÷1けた＝2けた
7（計16問）	＋－×÷のまざった問題 各数字は1けたあるいは2けた
8～10 （1セッション につき計6問）	右は問題の一例　　2981 　　　　　　　　　　764 　　　　　　　　　48100 　　　　　　　＋　　　31 　　　　　　　　───── 　　　　　　　　　51876

を買った。

　第11セッションは次の様子であった。被験児はスーパーに向かう車中から物を叩いたり，わめくなどし，店内では訓練者に必要以上にもたれかかったり，床に座り込むなどの行動が見られた。約10分の時間をかけた後，「きのこの山」を1個手にしてレジに行った。レジでは最初財布から100円玉と10円玉を出したが，すぐに2枚の100円玉を出し直し，店員に渡した。そして，お菓子をビニール袋に入れてもらい，おつりを受け取った。店外の自動販売機では100円玉と10円玉を出して，ジュースを買った。本セッションの問題点として，被験児の問題行動が明らかに訓練者の関心を引くための行動だったにも関わらず，訓練者は注目・関心という強化子を終始与えていた。そのため，次の12セッションでは問題行動をすべて無視するという消去手続きを用いることにした。

　第12セッションは次の様子であった。スーパー内で第11セッションと同様の問題行動が見られたので，訓練者はそれらを無視してお菓子売り場に立っていた。被験児は約5分間，店内を走り回った後，訓練者の様子に気づいたようで，「どうしたん？」と言いながら近づいてきた。依然無視していると，被験児は急に大人しくなり，「きのこの山」を1個手にしてレジに行き，財布から2枚の100円玉を出しておつりをもらった。その後，訓練者がジュースを買うよう教示すると，店内のジュース売り場で缶の「コカコーラ」を1本手に取ってレジに行き，財布から100円と10円を出して，おつりをもらった。

2．3．考　察
2．3．1．手段反応としての課題学習行動

　Fig.2と3からは，被験児が机上での買物行動を学習したことがわかる。また，実際に被験児はスーパーマーケット内でお菓子とジュースの買物をすることができた。本結果から，ジュースとお菓子という限られた範囲ではあるが，本事例の主要な目的は達成されたと考えられる。従来の音楽療法の多くは，音楽を聞かせるだけ，あるいは演奏させるだけであり，それだけで効果があると見なされてきた。しかし，それらと本事例との相違は，明瞭な標的行動を設定し，そのための課題を実施した点にある。その結果，買物行動が獲得された。このように，被験児の社会生活にとって必要な具体的行動に焦点を当て，その獲得を目指したことから，行動論的音楽療法の特徴の1

点目は満たされていたと考えられる。

　Table.1からは，被験児が電卓を用いた計算行動を徐々に獲得したことがわかる。特に後半は帳簿に見立てた計算が可能となった。今後さらに高度な課題を設定する必要があるが，電卓を使って帳簿に近い計算行動を獲得させようとする今回の副次的な目的は達成されたと考えられる。健常者でもすべての計算を暗算や筆算で行っているわけではなく，複雑な計算には電卓やそろばんを使用している。こう考えると，被験児に電卓を使用させたことは非現実的であるとはいえない。むしろ今後，さらに電卓計算に習熟し，日常用品の買物にも使用できるように指導すべきであろう。また，こうした電卓使用の訓練は，比較的高年齢で計算に劣る障害児・者の学習に積極的に取り入れるべきであると考えられる。

2.3.2. 随伴反応としての音楽活動

　オペラント条件づけにもとづく行動論的音楽療法では，音楽活動が標的反応を増加・維持させ得るだけの強化効果をもつかどうかに重点を置いている。つまり，音楽活動の内容よりもその機能をより重視する。そのため本事例では，被験児の様子やその日の調子に注意を払い，1セッションの中で音楽活動の内容を柔軟に変更して，被験児がより楽しむ活動になるようにした。このように音楽行動を強化子として使用しようと意図した点で，行動論的音楽療法の特徴の2点目はある程度，満たされていたと考えられる。

　従来の音楽療法の多くは，どのような内容の音楽あるいは音楽活動がどのような疾病・症状に効果をもつか，という点から研究を進めてきた。しかし，個々のクライエントによってその効果は異なり，普遍的な知見にはなりにくい。他方，先述したように，オペラント条件づけでは標的反応への強化効果という機能面から強化子をとらえており，クライエントに応じて柔軟に内容を変更する。この点で，行動論的音楽療法はより臨床向きであると考えられる。

2.3.3. ラポールの重要性

　予備期間の第二の目的は，訓練者と被験児とのラポールを確立させることであった。そのために，訓練者は強制や命令を極力行わず，受容と傾聴に終始した。また，ダウン症児には人なつっこいという生来の特徴がある。母親の報告によると，訓練当日，被験児は「お姉ちゃん，まだ？」とさかんに言い，訓練者の来訪を非常に楽しみにしていた。また，連絡ミスから訓練者が来れなかったことが1度あったが，このとき被

験児は「お姉ちゃんは？」と繰り返し聞き，涙を浮かべていた（この回はセッションとして計算していない）。以上より訓練開始時点には十分なラポールが確立されていたと考えられる。

一般に心理療法においては，治療者とクライエントとのラポールが重要視され，インテーク面接時の課題とされている。行動論的音楽療法においても同様に，その訓練効果をあげるためには不可欠であろう。例えば，第12セッションではスーパー内での被験児の問題行動を無視したが，この手続きが比較的有効だったのは，訓練者と被験児の間に強いラポールが成立し，訓練者の注目・関心が強化子として働いていたことを間接的に示唆している。

2．3．4．今後の課題

第一に，今回は事例研究であり，臨床的目標の達成を目指したため，厳密な実験計画にもとづく効果測定はなされなかった。被験児が大の音楽好きであることから，プレマックの原理の観点から音楽活動が強化子となることを前提として訓練を行った。したがって，音楽活動の効果は間接的に推定されたにすぎない。また，音楽活動以外に個々の正反対に対して与えた訓練者の言語賞賛や注目・関心の効果も加味されていたと考えられる。以上より，行動論的音楽療法の特徴の3点目が満たされているとはいえなかった。一般に心理学の効果測定には，同レベルの多数の被験児を用意して，半数を音楽活動を行う実験群，半数を音楽活動を行わない統制群に配置して両群を比較する，という群間比較の実験計画法が多用される。ただし，同レベルの被験児を多数集めることは現実にはきわめて難しい。近年，群間比較法に代わって単一被験者法が提唱されている（Kratochwill & Levin, 1992; 桑田, 1993）。これは，一個体の中で統制条件と実験条件を実施する実験計画法であり，臨床向きの方法とされている。今後，その適用が望まれる。

第二に，今回は特定の品物だけを机上で訓練し，被験児もスーパーではそれと同一の品物を買った。しかし，今後，訓練効果を他の品物にも波及させる必要がある。そのためには，今回用いた以外の品物を課題に取入れることが求められる。さらに，課題を日用品にまで拡大させ，買物できる物の範囲を広げる必要がある。また，被験児の日用品の買物にとってのもう一つの有効な方略は，常に5000円や10000円など大きな額の紙幣を支払うことである。おつりが返ってくる金額を毎回呈示していれば，個々の品物の金額を学習する必要はない。今後，この方略の妥当性についても検討す

る必要があるだろう。

　最後に，本論文では紙面の都合上，事例の一部を紹介するにとどまったが，詳細については稿を改めて報告する。また，行動論的音楽療法を適用した実験はこれまで報告されており（e.g., Jorgenson, 1974; Talkington & Hall, 1970），その展望論文は現在準備中である。その中で従来の研究動向と今後の展望について明らかにしたい。さらに，音楽療法だけではなく，行動分析学の理論を音楽教育に導入する試みが近年なされつつあるが（Greer, 1980），この点についても別稿に譲ることにする。

注1）罰は弱化，罰刺激は罰子あるいは弱化子と呼ばれることがある。

注2）本論文では反応と結果の関係のみを扱ったが，行動分析学では，反応に先行する刺激もまた重要な機能をもつと考えられており，これを含めて，先行刺激—反応—結果の関係は3項随伴性（three-term contingency）と呼ばれる。特定の反応が出現する機会を与える特定の先行刺激は特に，弁別刺激（discriminative stimulus）と呼ばれる。例えば，青信号は横断歩道を渡るという反応が出現する機会を与える弁別刺激である。

注3）行動修正法と類似の用語として行動療法（behavior therapy）があり，両者はいくつかの点で区別されているが，本論文では細かな論議には立ち入らず，行動修正法として一貫させる。

注4）ここでの音楽活動は反応の出現の機会を与える刺激という点で，注2で述べた弁別刺激に当たる。

References

Alberto, P. A., & Troutman, A. C. 1990 *Applied behavior analysis for teachers.* Columbia: Merrill.

Cooper, J. O., Heron, T. E., & Heward, W. L. 1987 *Applied behavior analysis.* Columbus: Merill.

Eidson, Jr., C. E. 1989 The effect of behavioral music therapy on the generalization of interpersonal skills from sessions to the classroom by emotionally hadicapped middle school students. *Journal of Music Therapy,* 26, 206−221.

Greer, R. D. 1980 *Design for music learning.* New York: Teachers College Press, Columbia University. (石井信生・野波健彦・吉富功修・木村次宏・増井知世子・藤田和恵（訳）．1990　音楽学習の設計：授業の成立のために．音楽之友社．)

Jorgenson, H. 1974 The use of a contingent music activity to modify behaviors which interfere with learning. *Journal of Music Therapy,* 11, 41−46.

Kratochwill, T. R., & Levin, J. R. 1992 *Single-case research design and analysis: New directions for psychology and education.* Hilldale, New Jersey: Lawrence Erlbaum Associates Publishers.

桑田　繁　1993　新しい実験計画法としての単一被験者法の紹介（Ⅰ）：その適用方法と群間比較法との相違．全日本鍼灸学会誌，43, 28−35.

Lott, I. T., & McCoy, E. E. 1992 *Down syndrome: Advances in medical care.* New York: Miley-Liss.

Madsen, C. K., Cotter, V., & Madsen, Jr., C. H. 1968 A behavioral approach to music therapy. *Journal of Music Therapy,* 3, 69−71.

Premack, D. 1971 Catching up with common sense or two sides of a generalization: Reinforcement and punishment. In R. Glaser(Ed.), *The nature of reinforcement.* New York: Academic Press.

Premack, D. 1959 Toward empirical behavior law: Ⅰ. Positive reinforcement. *Psychological Review,* 66, 219−233.

佐藤方哉　1976　行動理論への招待　大修館書店

Skinner, B. F. 1938 *Behavior of organisms: An experimental analysis.* New York: Appleton.

Skinner, B. F. 1953 *Science and human behavior.* New York: Macmillan.

調査報告

音楽演奏における女子音大生の状態不安と特性不安

桑田　繁
坂上ルミエ

State and trait anxiety for musical performance in female music college students

Shigeru KUWATA
Rumie SAKAGAMI

Abstracts:

The musical performance anxiety which comes out just before a test of their practical skills was objectively measured in female music college students. The results suggested that the musical performance anxiety could be classified as a state anxiety not trait anxiety, and disturbed the demonstration of their musical ability in music college students. The necessity to introduce the traditional psychological method for reducing the excessive tension for musical performance (e.g., systematic desensitization) was discussed in the context of the significance in musical education.

Key Words: musical performance anxiety, state anxiety, trait anxiety, State-Trait Anxiety Inventory (STAI), Manifest Anxiety Scale (MAS), systematic desensitization, female music college students

音楽家が人前での演奏時に訴えるあがり・緊張は総称して，音楽演奏不安（musical performance anxiety）と呼ばれている（Carola, 1987）。感情心理学の分野では，Spielberger（1966）は不安を状態不安（state anxiety）と特性不安（trait anxiety）に分類している。前者は重要な出来事の直前に感じる一過性の不安であり，例えば，人前でのスピーチや100m走の直前に高くなる。後者は基本的な性格特性としての慢性的な不安であり，例えば，不安神経症患者は高くなる。この分類に従えば，音楽演奏不安は演奏時の一時的な状態不安に相当すると考えられる。

　適度な不安はよりよい緊張を生むため，適切な演奏にとってはむしろ必要であるが，過度の不安は大きな妨害となる。特に，音大生はまだ人前での演奏経験が少なく，過度の演奏不安を感じ，練習の力の半分も出せないと訴える者がきわめて多い。ただし，これらはいずれも断片的なエピソードでしかなく，その客観的な測定はなされていない。

　そこで，本論文では，実技演奏直前の状態不安および特性不安を，4つの調査において客観的に測定することを目的とした。作陽音楽大学に在学する女子学生を母集団とし，そこから抽出した標本に対して，2種類の不安検査とアンケートを実施した。女子に限定したのは，男子学生は数が少なく統計的解析が難しい，という理由による。

　なお，全調査に共通した方法を述べておく。調査3を除いたいずれの調査においても，対象者は，事前に調査の趣旨を説明した結果，同意の得られた学生であった。また，対象者数が少ないため，主科・学年別の分析は行わなかった。統計的検定の有意水準は5％とし，両側検定を用いた。2群のデータは，まずF検定によって標準偏差（以下，SDと略す）を比較し，有意差がなければ，対応のないt検定によって平均値を比較した。有意差があればウェルチのt検定を用いた。以下，煩雑さを避けるためにF検定の結果は記載しない。

調　査　1

　日本版顕在性不安検査（Manifest Anxiety Scale. 以下，MASと略す）によって，音大生の特性不安を測定した。

方　　法

<u>対象者</u>：作陽音楽大学音楽学部に在学中の37名の女子大学生。MASでは，無回答（「わからない」に○）が10個以上あれば信頼性，L得点が11点以上あれば妥当性に

欠けるとされているため（Taylor et al., 1985），これらに該当する回答を除外した結果，この人数となった。内訳は音楽学科 14 名（2 年生 9 名，3 年生 5 名），教育音楽学科 23 名（2 年生 19 名，3 年生 4 名）であった。Table. 1 は各学科の対象者の学年・主科別の内訳を示す。

<u>材　料</u>：50 項目からなる MAS。この結果から，特性不安の程度を示す不安得点と，虚偽報告の傾向を示す虚構（lie）得点を算出した。

<u>手続き</u>：使用手引書にしたがって MAS を実施した後，対象者に，学科・学年・性別・年齢・主科・副科と，無回答の個数・不安得点・虚構得点を所定の用紙に記入させた。

Table. 1　対象者の学科・学年・主科

	音楽学科		教育音楽学科	
	2 年	3 年	2 年	3 年
ピアノ	7	4	16	4
管打楽器	0	1	1	0
声楽	2	0	2	0

結果と考察

Fig. 1 は，不安得点の平均値と SD を表す。全体の平均値は 19.54 点（SD8.28）であった。以下，かっこ内の数値はすべて SD を示す。女子大学生の場合，27 点以上は「非常に高い」不安，23〜26 点は「高い」不安，14〜22 点は「健常」とされており，19.54 は健常領域におさまる。日本の女子大学生（N = 76）の平均値は 17.80 点（7.58）と報告されている（Taylor et al., 1985）。この数値と本結果の平均値の間に有意差は認められなかった（t = 1.10, df = 111, p >.10）。学科別では，音楽学科の平均値は 21.14 点（7.33），教育音楽学科は 18.57 点（8.82）であり，学科間に有意差はなかった（t = 0.89, df = 35, p >.10）。

以上の結果は，特性不安に関しては，①女子音大生と一般女子大学生との間に差はない，②音大生の中では学科間に差はない，という可能性を示唆している。

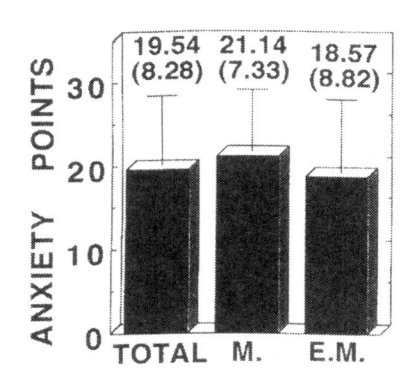

Fig. 1 女子音大生の MAS の平均値と標準偏差

縦軸は不安得点，横軸の TOTAL は全対象者，M.は音楽学科，E.M.は教育音楽学科を示す。図中の数値は平均値，縦棒と（ ）内の数値は標準偏差。

調査 2

学内実技試験とは関係のない時期に日本版 STAI 状態・特性不安検査（State-Trait Anxiety Scale. 以下，STAI と略す）を実施し，音大生の普段の状態不安を測定した。同時に，調査 1 で特性不安について得られた結果が，同じく特性不安を測定する STAI 得られるかどうかを調べた。

方　法

対象者：作陽音楽大学音楽学部に在学中の 84 名の女子大学生。内訳は音楽学科 45 名（2 年生 27 名，3 年生 13 名，4 年生 5 名），教育音楽学科 39 名（2 年生 32 名，3 年生 7 名）であった。Table.2 は対象者の学年・主科別の内訳を示す。

材　料：40 項目からなる STAI。この結果から，状態不安得点と特性不安得点を算出した。

手続き：使用手引書にしたがって STAI を実施した後，対象者に，学科・学年・性別・年齢・主科・副科と，状態不安得点・特性不安得点を所定の用紙に記入させた。いずれの対象者についても，学内実技試験から少なくとも 1 週間以上前に検査を実施した。

Table. 2 対象者の学科・学年・主科

	音楽学科			教育音楽学科	
	2年	3年	4年	2年	3年
ピアノ	10	10	3	23	6
管打楽器	4	3	1	2	1
声楽	11	0	1	7	0
その他	2	0	0	0	0

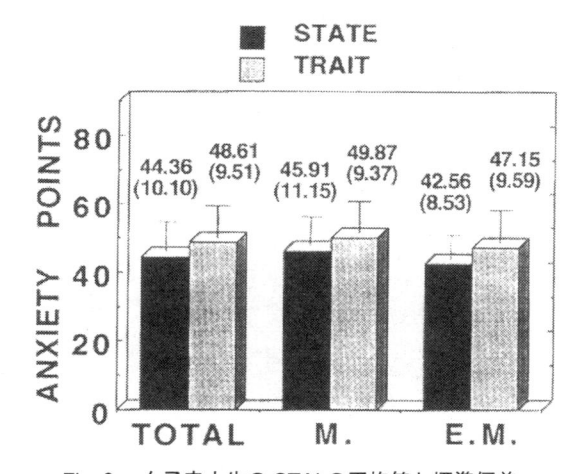

Fig. 2 女子音大生の STAI の平均値と標準偏差

縦軸は不安得点，横軸の TOTAL は全対象者，M.は音楽学科，E.M.は教育音楽学科を示す。STATE は状態不安，TRAIT は特性不安を表す。図中の数値は平均値，縦棒と（ ）内の数値は標準偏差。

結果と考察

Fig. 2 は，状態・特性不安得点の平均値と SD を表す。状態不安得点の全体の平均値は 44.36 点（10.10）であった。女性の STAI の状態不安得点は，51 点以上が「非常に高い」，42 〜 50 点が「高い」，31 〜 41 点が「普通」と分類されているが，日本の大学生（N = 333）の平均値は 46.80 点（8.49）であり，この分類では高い領域に該当することが報告されている（水口他，991）。この一般大学生の平均値と本結果の平均値との間には有意差が認められた（t = 2.26, df = 415, p <.05）。学科別では，音

調査報告 217

楽学科の平均値は45.91点（11.15），教育音楽学科は42.56点（8.53）であり，学科間に有意差は見られなかった（t = 1.51, df = 82, p >.10）。

特性不安得点の全体の平均値は48.61点（9.51）であった（Fig. 2参照）。女性のSTAIの特性不安得点は，55点以上が「非常に高い」，45～54点が「高い」，34～44点が「普通」と分類されているが，日本の大学生（N = 333）の平均値は48.30点（8.30）であり，高い領域に該当することが報告されている（水口他，1991）。この一般大学生の平均値と本結果の平均値との間に有意差はなかった（t = 0.30, df = 415, p >.20）。学科別では，音楽学科の平均値は49.87点（9.37），教育音楽学科は47.15点（9.59）であり，学科間に有意差はなかった（t = 1.30, df = 82, p >.10）。

以上の結果は，①学内の実技試験とは関係のない時期の女子音大生の状態不安は，一般大学生よりも有意に低い，②特性不安については，音大生と一般大学生との間に差はない，③状態・特性不安のいずれにおいても音大生の中で学科間に差はない，という可能性を示唆する。

調 査 3

ピアノ専攻生を対象として，学内実技試験および模擬演奏の直前にSTAIを実施し，状態不安を測定した。

方　　法

<u>対象者</u>：作陽音楽大学音楽学部に在学中の7名の女子大学生。いずれも事前に調査の協力については同意を得ていたが，内容に関する情報は与えていなかった。全員，ピアノ専攻であり，音楽学科2年生4名を実技試験群，教育音楽学科4年生3名を模擬演奏群とした。

<u>手続き</u>：実技試験群に対しては，個別に，2年生後期時の学内実技試験の約30分前にSTAIに記入させた。

模擬演奏群の対象者は，事前に情報を与えずに，グランドピアノが1台設置された収容人数77名の教室（約6×6 m）に集合させた。そして，3年生後期時の学内実技試験曲をピアノ演奏するように教示した。教示直後にSTAIに記入させ，実際に3分ずつ順番に演奏させた。この間，教室中央付近の椅子に，対象者とは面識のない男性教員1名と本論文の第1執筆者が，聴取者として着席していた。

結果と考察

　Fig. 3 は各被験者の状態・特性不安得点を示す。横軸は被験者，縦軸は状態不安得点を表す。状態不安得点の全体の平均値は 66.00 点（10.23）であり，調査 2 の結果でも示したように，女性の STAI の状態不安得点としては非常に高い領域に該当した。一般大学生の平均値 46.80 点と本平均値の間には有意差が認められた（t = 5.88, df = 338, p <.01）。同様に，同じく STAI を用いた調査 2 の状態不安の平均値 44.36 点との間に有意差が見られた（t = 5.38, df = 89, p <.01）。これらの相違は，Fig. 2 の全対象者の状態不安の結果（TOTAL）との視覚的な比較からも明らかだった。なお，本調査における個別の具体的な得点は，対象者 1 は 75 点，2 は 61 点，3 は 49 点，4 は 68 点，5 は 59 点，6 は 78 点，7 は 72 点だった。7 名中 5 名が 70 点以上と非常に高く，特に対象者 6 は満点の 80 点に近い 78 点という高得点だった。

　特性不安得点の平均値は 45.57 点（7.76）であり，分類では高い領域に該当したが，一般大学生の平均値 48.61 点と本数値との間に有意差はなかった（t = 0.86, df = 338, p >.20）。同様に，同じく STAI を用いた調査 2 の特性不安の平均値 49.87 点との間に有意差はなかった（t = 1.17, df = 89, p >.20）。個別の得点は，対象者 1 は

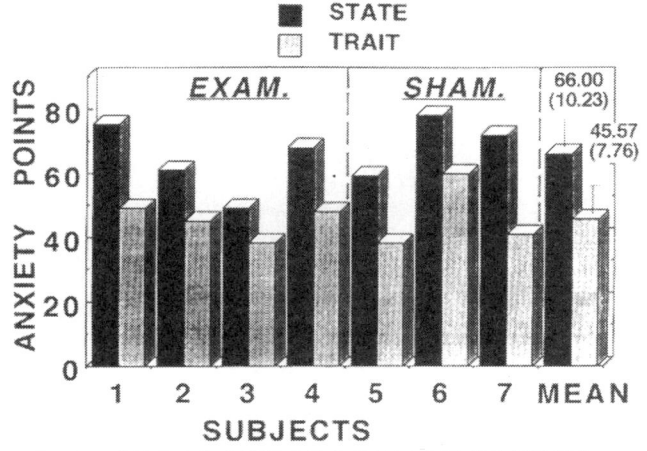

Fig. 3　女子音大生の演奏直前の STAI の平均値と標準偏差

縦軸は不安得点，横軸の 1 から 7 は個々の対象者，MEAN は 7 名の平均値を示す。STATE は状態不安，TRAIT は特性不安，EXAM. は実技試験群，SHAM. は模擬試験群を表す。MEAN の棒グラフの数値は平均値，縦棒と（　）内の数値は標準偏差。

49点，2は45点，3は38点，4は48点，5は38点，6は60点，7は41点であり，7名中6名が50点以下だった。

群別に見ると，状態不安得点については，実技演奏群の平均値は63.25点（11.09），模擬演奏群は69.67点（9.71）だった。特性不安得点については，実技演奏群の平均値は45.00点（4.97），模擬演奏群は46.33点（11.93）だった。

以上の結果は，①学内実技試験や人前での実技演奏直前の状態不安は，試験から1週間以上前の時期や一般大学生の通常の状態不安よりも有意に高い，③特性不安には有意差はない，という可能性を示唆する。

群別の結果については，標本数が小さいため検定は行わなかったが，演奏形態によって状態不安が相違する可能性も考えられる。ただ，いずれの状態不安得点も60点以上と非常に高く，人前での演奏直前の状態不安がきわめて高いという点では共通していた。なお，本調査の対象者数が少ないのは，試験前であったため，同意が得られにくかったという理由による。

調 査 4

自作アンケートによって，学内実技試験に対する音大生の意識を調査した。

方　　法

<u>対象者</u>：作陽音楽大学音楽学部に在学中の123名の女子大学生。内訳は音楽学科が88名（2年生61名，3年生27名），教育音楽学科が35（2年生31名，3年生4名）であった。Table.3は各学科の対象者の学年・主科別の内訳を示す。

<u>手続き</u>：自作アンケートに4件法で記入させた。原文は33項目からなっていたが，以下では9項目の結果のみを示す。

結果と考察

Table.4は各設問文に対する回答を示す。1から4点までの値を取るため，平均点は2.5点となる。直前から試験中にかけての不安を問う項目3・4・5・6・8の数値は，いずれも3点以上と高い。不安を感じ始める時期については，項目7の1週間前では2.11と比較的低い数値なのに対して，項目2の3日前では2.54とほぼ平均となっている。ただし，両項目ともに他の項目に比べるとSDが比較的高いことから，

個人差が大きいことが推定される。試験において普段通りの力が発揮できるかどうかを問う項目 1・9 の数値は 3 点以上と高い。

以上の結果は，①音大生は試験の直前から試験中にかけて，高い緊張・あがりを感

Table. 3　対象者の学科・学年・主科

	音楽学科 2年	音楽学科 3年	教育音楽学科 2年	教育音楽学科 3年
ピアノ	37	20	26	3
管打楽器	13	3	3	1
声楽	9	3	2	0
その他	2	1	0	0

Table. 4　各設問文に対する回答

右端の数値は平均値，（　）の中は標準偏差を表す。

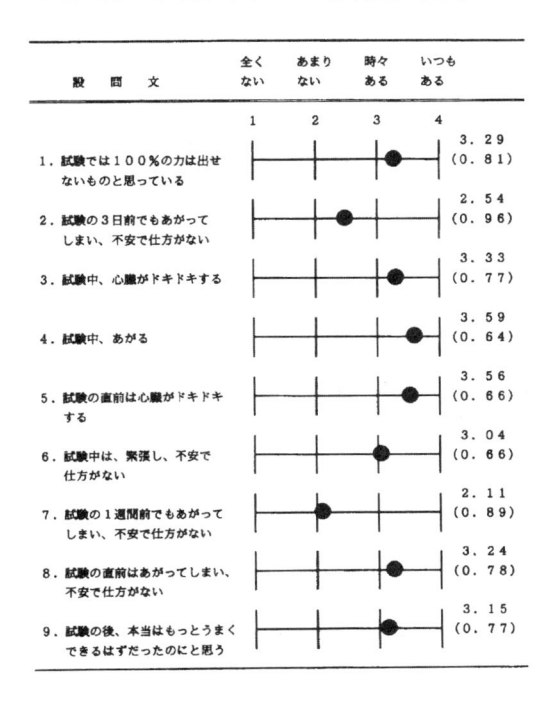

設問文	全くない (1)	あまりない (2)	時々ある (3)	いつもある (4)	平均 (標準偏差)
1. 試験では100％の力は出せないものと思っている			●		3.29 (0.81)
2. 試験の3日前でもあがってしまい、不安で仕方がない		●			2.54 (0.96)
3. 試験中、心臓がドキドキする			●		3.33 (0.77)
4. 試験中、あがる			●		3.59 (0.64)
5. 試験の直前は心臓がドキドキする			●		3.56 (0.66)
6. 試験中は、緊張し、不安で仕方がない			●		3.04 (0.66)
7. 試験の1週間前でもあがってしまい、不安で仕方がない		●			2.11 (0.89)
8. 試験の直前はあがってしまい、不安で仕方がない			●		3.24 (0.78)
9. 試験の後、本当はもっとうまくできるはずだったのにと思う			●		3.15 (0.77)

じている，②このような演奏への不安は少なくとも実技試験の3日前以後から増加し始める，③普段の練習で養われた力が試験では十分に発揮できていないと感じている，という可能性を示唆する。

総合的考察
1．状態不安としての音楽演奏不安

　女子音大生と一般大学生の特性不安の間に差はない（調査1・2），学内実技試験と関係しない時期の状態不安は一般大学生よりも低い（調査2），実技試験や人前での実技演奏直前の演奏不安は，試験に関係しない時期や一般大学生の通常の状態不安よりも高いが，特性不安には差はない（調査3），という結果は，音楽演奏不安が状態不安として分類できることを示唆している。また，音大生の意識としては，演奏不安は実技試験1週間前は低いが，3日前にはやや高く，試験直前および試験中ではきわめて高い（調査4），普段の練習の力を十分に発揮できていないと感じている（調査4），という結果であり，これと先の結果とを総合すると，次の解釈が成り立つ。

　つまり，実技試験3日前以後から増加し始め，試験直前および試験中にきわめて高い頂点に達し，試験が終了すると減少し，普段の時期では一般学生と違いがなくなる，という一過性の状態不安として演奏不安は位置づけられる。また実技試験直前であっても，音大生の特性不安が一般大学生とは差がないことから，音大生は性格特性としての不安が高いわけではないことがわかる。さらに，演奏不安はよりよい緊張を生む適度な不安とはいえず，学生が普段の練習で得た技術が発揮されるのを妨害する過度の不安と見なすことができる。これらは，多数の学生が訴えるエピソードとよく一致しており，検査結果によって客観的に支持されたといえる。

　さらに，調査1・2について一貫して音楽学科と教育音楽学科との間に差がなかったことは，演奏不安は学科に関係なく存在し，平均的な女子音大生が共通して感じる不安である可能性を示唆する。ただし，今回の調査では対象者の数が小さいため吟味できなかったが，主科別による相違が存在する可能性がある。この検討は今後の課題であろう。

2．音楽演奏不安低減の試み

　音大生にも個人差があり，演奏不安を比較的感じにくい学生もいる。いくつかの理由が推定できるが，主要と考えられる理由の1つとして，達成要求の水準の相違が指

摘できる。すなわち，技術と練習量がほぼ同一の場合，高い水準を目指す者に比べると，低水準で満足する学生の演奏不安は低くなることが予想される。ただ，今回の調査が明らかにしたように，平均的な音大生にとって演奏不安は，適切な演奏を妨害する過剰な不安と見なすことができるため，これを低減させる方法を検討することは，教育的観点から大きな意味をもつと考えられる。

　方法としては第1に，単純に練習量を増加させるという手段がある。しかし，最終的な到達点が存在しない音楽演奏の場合，技術の向上によってより高い達成水準が形成され，新たな不安が生じる可能性が考えられる。人前での演奏経験の少ない音大生にとって，しかも成績という評価が伴う実技試験においては，特にこのことがいえるであろう。第2に，抗不安薬を初めとする薬物の投与がある。しかし，薬物は精神的弛緩を生むだけでなく，動作をも緩慢にさせ，音楽演奏そのものに悪影響を与える可能性をもっている。また，この可能性が皆無であっても，投与時の一時的な効果しか期待できない。

　そこで，心理的側面から不安を低減させる方法が必要となってくる。特に，学生が自らの演奏不安を低減させるセルフ・コントロールの方法を体得できれば，実技試験以外の演奏への汎用性は高い。例えば，スポーツの世界では，イメージを利用したメンタルトレーニングが練習の一貫として多用されているが，音楽の分野では，演奏不安に認知的行動療法（cognitive behavior therapy）を適用した試みが散見される程度で（e.g., Kendrick, et al., 1982; Sweeney & Horan, 1982），系統立った研究はほとんどなされてこなかった。そこで，桑田（1994a），桑田・坂上（1994b），桑田他（1993a, b）は，イメージとリラクセーション法からなる行動療法の技法である系統的脱感作法（systematic desensitization. Wolpe, 1958, 1990）を音大生に適用し，学内実技試験直前の演奏不安への効果を組織的に検討し始めている。今後，本法を含め多種の方法を検討し，効果的な方法を開発することが必要であろう。

References

Carola, G. (Ed.) 1987 *Tensions in the performance of music.* London: Kahn & Averill.

Kendrick, M. J. et al. 1982 Cognitive and behavioral therapy for musical-performance anxiety. *Journal of Consulting and Clinical Psychology,* 50, 353-362.

桑田　繁他　1993a　音楽専攻生の演奏時の不安について（Ⅰ）：系統的脱感作法による演奏不安低減の試み．中国四国心理学会第50回大会発表論文集，26,　29.

桑田　繁他　1993b　系統的脱感作法による音大生の演奏不安低減の試み（Ⅰ）．岡山心理学会第41回大会発表論文集，25-26.

桑田　繁　1994a　系統的脱感作法による音大生の演奏不安の低減．岡山県大学音楽教育学会第23回大会発表．

桑田　繁・坂上ルミエ　1994b　音楽専攻生の演奏時の不安について（Ⅱ）―系統的脱感作法による演奏不安低減の試み―．中国四国心理学会第50回大会発表論文集，27,　116.

水口公信他　1991　STAI使用手引．三京房．

Spielberger, C. D. 1966 Theory and research on anxiety. In C. D. Spielberger (Ed.), *Anxiety and Behavior.* New York: Academic Press.

Taylor, J. A. et al. 1985　MAS使用手引．三京房．

Wolpe, J. 1958 *Psychotherapy by reciprocal inhibition.* Stanford, Calif.: Stanford University Press.

Wolpe, J. 1990 *The practice of behavior therapy (4th ed.).* New York: Pergamon Press.

Sweeney, G. A., & Horan, J. J. 1982 Separate and combined effects of cue-controlled relaxation and cognitive restructuring in the treatment of musical performance anxiety *Journal of Counseling Psychology,* 29, 486-497.

調査報告

要介護高齢者の"尊厳ある生活"への援助に関する研究
―介護専用型有料老人ホームにおける行動療法に基づくDR&U―

Research on Social Support for the "Esteem-Life" in the Impaired Elderly: Behaviorally-Oriented DR & U in a Private Nursing Home

代表研究者	関 西 学 院 大 学	芝野松次郎
共同研究者	奈良県立医科大学	鎌田 芳郎
〃	作 陽 音 楽 大 学	桑田 繁
〃	光華女子短期大学	森際 孝司
〃	アクティブライフ	中熊 靖
〃	アクティブライフ	吉村 弘

The present research attempted to establish the behaviorally oriented care system for the impaired elderly in an institutional setting and the staff training system in the site via and Developmental Research and Utilization (DR & U) procedure in order to realize the "esteemed life". Firstly, the selected behaviors of the elderly observed and recorded on a daily basis to determine the current conditions of their esteemed life as defined. Secondly, the staff training system consisting of didactic procedures with audio-visual materials was laid out. Finally, the targeted mal-adaptive behaviors of the elderly were modified by the staff with the acquired skills. The tentative results were discussed and the necessary modification in the future research were suggested.

研究目的

　高齢化社会にあっては，痴呆症を初めとする介護を要する高齢者が，施設において自分らしい「尊厳ある生活（esteem-life）」を送り得ることが必要である。そのための一つの方法として，行動科学のオペラント理論を基礎とする行動療法（behavior modification) が提唱されている (Pinkston & Linsk, 1984)。本研究では,「尊厳ある生活」を援助するための,行動療法に基づく具体的なケア(介護)システムを,調査開発 (Developmental Research & Utilization. Thomas, 1978. 以下,DR&Uと略す)のプロセスに従って開発することを目的とする。

本研究目的を達成するためには,以下2点の内容が必要となる。

1．入居者の「尊厳ある生活」の操作的定義と現状の把握

「尊厳ある生活」の操作的定義は簡単ではないが,本研究では行動面と心理面に分け,当面,次のように定義する。行動面は,身辺処理行動や,施設内のアクティビティへの自発的な参加,などの適応的な行動が増加・維持するいっぽうで,暴力や徘徊などの不適応行動が減少・消失することとする。心理面は,日常生活やケアに対する入居者の満足度・充実度が増加・維持する一方で,入居者に対するスタッフのポジティブな印象が増加・維持することとする。この定義のもとに,まず現状を把握する。

2．オペラント理論による環境の整備

1．において明らかになった現状をもとに,行動とそれが生じる環境との密接な関係を重視するオペラント理論に従って,入居者を取り巻く老人ホーム内の環境を整備する。

環境には,①社会的な環境と,②物理的な環境が含まれる。前者は人的な環境を指しており,例えば,ケアスタッフや家族の対応の仕方によって,入居者の行動を改善させ得ると考えられる。後者は施設内の設備環境を指す。例えば,トイレ・階段・扉などを異なる色で明瞭化させ,手がかりを与えることによって,入居者に適切な行動を自発させることができる。介護を要する高齢者が,自分らしく誇りを持った「尊厳ある生活」を送るためには,以上のようなホーム内の環境をオペラント理論に従って整備し,尊厳ある行動が起こりやすい環境(プロセティックな環境)を作り出すことが必要である。

本研究では,社会的環境の整備に焦点を当てる。すなわち,入居者の尊厳ある行動を支える行動療法にもとづく応対技術を,ケアスタッフが身につけ,状況に応じて使用することができるようにすることに重点を置く。

研究計画
 1．入居者の「尊厳ある生活」の操作的定義と現状の把握
　上記した操作的定義に基づいて，①個々の入居者の行動観察およびインタビューと，②入居者の行動へのスタッフのかかわりを測定すること，によって，現状を把握する。
 2．オペラント理論による社会的環境の整備
［1］ケアスタッフへの教育
　①定期的な研究会の実施と，②行動療法の原理と技法を解説した教育ビデオの作成，によって，スタッフに適切なオペラント技法を教育訓練する。
［2］個々の事例への介入
　本研究の観点から見て，介入すべきと考えられる入居者の個別の事例に対して，スタッフによる行動療法的技法を用いた処遇を行う。例えば，会話の増加や排泄の自立などの適応行動の増加・維持や，他の入居者への暴力・暴言などの不適応行動の減少・消失を目的とした処遇を実施する。
 3．ＤＲ＆Ｕプロセスによる開発
　以上の1および2を実施して，定義に即して「尊厳ある生活」を評価する。期待した結果とならなかった場合，再度，方法を見直し，修正した方法を実施する。このＤＲ＆Ｕのプロセスを繰り返しながら，よりよいケアシステムを開発する。

方法と結果
　以下の手続きを，「エスティームライフ学園前」および「アクティブライフ箕面」において実施した。行動観察の対象者はおのおの6名と2名であった。
 1．入居者の「尊厳ある生活」の現状の把握
　方法としては，①個々の入居者の行動観察およびインタビューによる記録と，②入居者の行動へのケアスタッフの対応を評定尺度法を用いて測定すること，の2つを採用した。
（1）観察期間・方法
　期間は平成6年5月末から9月初めまでの4ヵ月間で，1月につき1週間実施した。本研究用に開発した「過ごし方の記録」カードと「セルフケア行動記録」カード（表1参照）を用いて，24時間中常時，15分間隔の時間見本法を実施した。いずれのカードも小型であり，各スタッフが携帯することができた。

「過ごし方の記録」カードは，入居者の過ごした場所と誰と過ごしたか，を明らかにすることを目的として，スタッフが記録した。「セルフケア行動記録」カードは，日常生活に必要な身辺処理行動と，それに対するスタッフの対応を把握することを目的として，洗顔・歯磨き・着替え・整理・食事・排泄・入浴などの行動が生じたか，自発的に行われたか，自立的に行えたか，スタッフはどのように対応したか，が記録された。

また，ケアへの満足度や生活への幸福度を明らかにするために，就寝前に「入居者への質問」票に従って，1日に対する入居者の印象をスタッフが質問し，入居者の応答を記録した。この票は，「今日一日はどんな日でしたか」「なぜそう思いますか」という質問からなり，その回答が入居者の言葉か，スタッフが代理で答えたか，が記入された。

ただし，入居者本人から回答が得られることは少なかったため，「スタッフへの質問」票にしたがって，入居者に対するスタッフの印象を記録した。表情・動作・会話・生活・活動・生活意欲などについて，ケアスタッフが10段階で評価・記録した。また，「興奮されたり，怒ったりされたことがありましたか」，「何か特にして欲しいと訴えられたことがありましたか」などの質問に対して，「はい」または「いいえ」で回答した。この記録は1日2回実施した。

さらに，入居者の行動の変化が体調や投薬の影響によるものかどうかを明確にすることを目的として，月1回，主治医への質問を行った。「主治医への質問」票（表2参照）にしたがって，主治医が治療状況・投薬の変化などを記入した。

（2）観察結果

記録結果の1例を示す。図1は，「過ごし方の記録」のグラフ化したものである。縦軸上部はその時間に入居者がどこで過ごしているかを示し，下部は誰と過しているか，を示している。横軸は時間を表し，左右端は午前1：00で，1枚のグラフに1日分の行動が記録されている。本入居者は，なんらかの事情により，午前1時から数時間，サロンで過ごしている。グラフを多数並べると，毎日の行動パターンの変化が把握できる。

表1は，「セルフケア行動記録」の集計である。上に記録方法が記され，下に実際の記録結果が示されている。本入居者の場合，歯磨き・着替え・排泄が2，3回以上のスタッフのプロンプトと全面介助を要するのに対して，食事の自発・自立度は高い。

図1

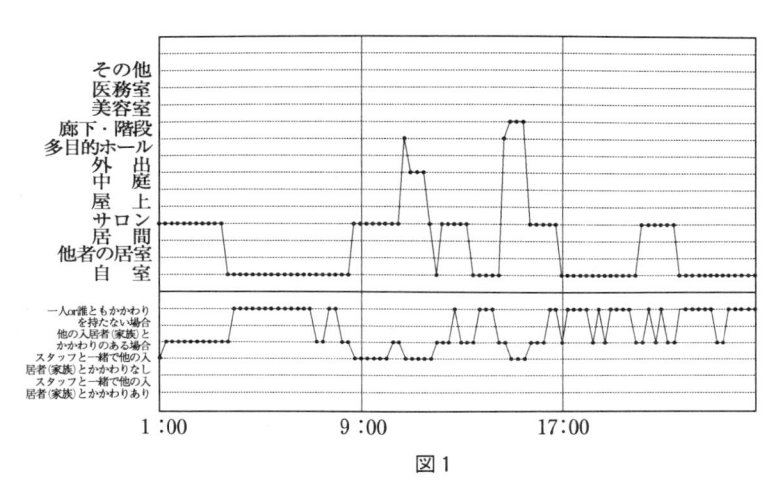

また，どの行動にもスタッフはポジティブな対応を行っている。

表2は，「主治医への質問」の結果を示す。本入居者は，膝の状態に変化が見られ，治療薬が変更されている。また，スタッフの対応への満足感がうかがわれる。

以上の結果を並列的に見ることで，入居者の行動・心理面が明らかになる。

2．オペラント理論による社会的環境の整備

[1] ケアスタッフへの教育

スタッフ教育に当たっては，第一に，行動療法の視点を理解させる必要がある。従来，痴呆症患者が示す徘徊・暴力等のいわゆる問題行動に対しては，薬物使用や環境から物を取り去る等の処遇が行われてきたが，行動療法では，行動はその回りの社会的環境によって決定されると考えている。この観点に立てば，スタッフの対応によって患者の適応行動を増加させ，「尊厳ある生活」を維持させることができる。この理解がまず必要である。

第二に，行動観察法と，行動変容の基礎理論・応用技法を全スタッフが習得し，かつ，実践できるようにするための教育が必要である。

今回の研究では，次のステップで教育を行った。

①講義「行動療法採用の意義」　1993年9月6日
　　　（対象）全スタッフ
　　　（教材）行動療法（アクティブライフ編）

表1　　フォーム2

セルフケア行動記録

担当者指名： H.N	入居者氏名：

観察記録日：6年9月5日　介護シフト：Ⓐ　B　C
（シフト：前日の夜動=A・日動=B・当日の夜動=C）

セルフケア行動について下記のコードを用いて記録してください。
行動の有無：行動が，見られたら○を記入，見られない場合は－を記入
自発：自発=3回，2回までのプロンプト=2，3回以上のプロンプト=1
自立：自立=5，自分でするが遅い=4，かろうじて自分でする=3，要介助=2，全面介助=1
スタッフの応対：励まし，やさしく触れる等のポジティブ反応=＋，叱責などのネガティブ反応=－，無視のように何も反応しない場合=空白

セルフケア行動記録

	行動の有無	自発	自立	スタッフの応対	備考
洗　顔	－				
歯磨き	○	1	1	＋	
着替え(身繕い)	○	1	1	＋	
整　理	－				
食　事	○	2	4	＋	
排　泄	○	1	1	＋	
入　浴	－				

備考：

②講義「行動療法の理論と進め方」　1993年9月8日　　ビデオ収録
　　（対象）全スタッフ
　　（教材）行動療法，老人の問題行動に対する行動療法（芝野作成レジュメおよび論文）
③研究会　1993年10月13日～1994年9月8日
　　第1回（10／13）：研究会の目的の確認，行動療法の基本概念の再説明，目標を「尊厳ある生活の実現」とすることの確認および研究方法の説明。
　　第2回（11／18）～第6回（4／21）：「入居者の行動記録」「過ごし方の記録（場所と人）」「介護者への質問」「入居者への質問」等のフォームの決定，記録の実施，フォームの使い勝手や進め方についてのスタッフからのフィードバックと改善，パソコンによるデータ処理の方法の決定。

表2 　　　フォーム5

主治医への質問

```
主治医名：　鎌田　芳郎　　　　　入居者氏名：＿＿＿＿＿＿＿＿＿＿＿
記入日：　6　年　8　月　29　日
```

診察の折りに気付かれたことについて以下の質問にお答えください。

1　健康状態：治療状況で何か特記すべきことがありますか？

　　　ある　　　　　　ない

　○「ある」の場合、どんなことかお書きください。

　　　8/14より右膝痛↑　8/15　右膝痛、以後1週、痛み↑だったが、角度↑
　　　8/29　再、右膝痛、また、同日、下肢浮腫のため利尿剤投与、検査指示
　　　（ここまで整外）　　　　　　　　　　　　　　　　　　（内科より）

2　治療薬の変更がありましたか？（直前1週間）

　　　ある　　　　　　ない

　○「ある」の場合、具体的にご記入ください。

　　　ラシックス10mg　アルダクトン25mg投与（8/29より）
　　　他は変化なし

3　入居者に次の質問をしてください。

　　「ホームのスタッフはあなたの生活の支えになっていますか？」

　　　は　い　　　いいえ　　　わからない　　（いずれかに○）

　　"あんじょうしてもうてます"　　足のほうは？　　～どうもねえ（笑い）

　　　第7回（5／11）～第9回（9／8）：定期的観察記録とその評価の実施。
④ビデオ教材の作成

　　行動療法で使われる難解な専門用語を平易に説明することと，観察記録の方法の統一的な理解を目的として，わかりやすいビデオ教材を作成した。

　　ビデオ教材1「行動療法の原理」

やさしい言葉で，行動療法の考え方や方法を具体例を示しながら解説

ビデオ教材2「記録の取り方」

ＡＢＣ記録表のフォームとその使い方，および観察の方法を解説

[2] 個々の事例への介入

個々の事例に対して，表3にまとめたような取り組みを行い，結果を得た。

考　察

本研究は進行中であるが，現時点までに以下の成果を得ることができた。

第一に，行動の観察の結果，施設内での入居者の日常生活と心理的側面と，ケアスタッフの対応の現状が明らかになった。客観的データは，「尊厳ある生活」の把握に寄与しただけでなく，ケアの指針を決定する上での貴重な資料を提供したと考えられる。また，質問紙によって日常生活への満足度を測定し得たことは，入居者のＱＯＬを吟味するうえで有用であろう。

第二に，ケアスタッフへの教育の結果，行動療法の考え方と技術がある程度浸透した。スタッフが行動療法的な技法を用いて，不適応行動に対処した点が評価できる。いずれの事例でも，入居者が環境に順応し，アクティビティへの参加によって感情の豊かさを取り戻した。その上に，個々の行動への強化や消去によって社会的な適応行

表3　取り組み事例

事例	取り組み前の状況	取　り　組　み	取り組み後の状況
女性 89歳	おむつ常用 便意尿意なし	・便器（弁別刺激）が見えるように居室が設計されている。 ・排尿便のリズムに合わせてトイレ誘導を行い，排泄を励まし，成功をともに喜ぶ（強化）。	本人が排泄を訴えるようになり，昼間の失敗はほぼ消失。トイレに座る行動が生じるようになった。
男性 88歳	入浴・着替え拒否 アクティビティ参加拒否 機嫌が悪いと暴力	・体調の変化と機嫌の善し悪しの関係がつかめたので，悪いときに無理に進めない。 ・怒っているときに関心を寄せない（消去）。	入浴拒否の回数が減少。アクティビィにも時には参加し，歌を歌うようになった。
女性 71歳	自室に落ち着かず，徘徊する 情緒不安定	・居室に表札や馴染みのバスケットボール（弁別刺激）などを置く。 ・他人の部屋に入ったときは注意し（罰），自室にいるときはスタッフも一緒に楽しく過すようにする（強化）。	自室が一番落ち着ける場所という認識ができ，部屋の間違えや徘徊が消失した。

動が増したため，周囲から受け入れられるという好循環が生じたと考えられる。

　今後の課題として次の点が指摘できる。①「尊厳ある生活」の操作的定義の妥当性を再検討する，②方法論上の問題点を吟味し，修正を加えることによって，より適切な行動観察法と質問紙法を確立させる，③入居者の行動の変化と心理的側面との相関関係を明らかにし，早期処遇の手がかりとする，④ケアスタッフへの行動療法の教育を拡大させ，より厳密な形で事例への介入を行う。これらを，試行の繰り返しと継続的な評価を特徴とするＤＲ＆Ｕのプロセスに従って行い，よりよいケアシステムを確立させる必要があるだろう。

謝　辞

　「エスティームライフ学園前」は要介護高齢者に対する介護専用型有料老人ホーム，「アクティブライフ箕面」は健常高齢者のホームであり，要介護状態になった人に対応するためのケアセンターを有している。いずれもアクティブライフが経営している。本稿は，両施設の入居者を対象とした研究の現時点までの経過報告である。研究の遂行に当たっては，両施設のケアスタッフの方々の多大な協力を得た。記して感謝の意を表す。

引用文献

1) Pinkston, L. M., & Linsk, N. L. Care for the elderly: A family approach. New York: Pergamon Press (1984).
2) 浅野　仁・芝野松次郎（監訳）「高齢者の在宅ケア：家族に対する新しいアプローチ」ミネルヴァ書房．(1992)．
3) Thomas, E. J. Mousetraps, developmental research, and social work education. Social Work Review, 467－483. (1978).
4) Lindsley, O. R. Geriatric behavioral prosthetics. Kastenbaum, R (ed). New Thoughts on Old Age. New York: Springer Publishing Co. (1964).

調査報告

行動ケースワークにおける系統的脱感作法

Systematic Desensitization in Behavioral Casework

桑田　繁[*]

Shigeru KUWATA

Abstract

　It seemed that a behavioral casework is composed of three basic principles of behavior change, that is, operant conditioning, respondent conditioning, and social learning. Systematic desensitization has not been diffused fully in the frame of behavioral casework, although it is known to be an effective treatment method that could reduce the degree of fear and anxiety using respondent conditioning principles. So the present research, a) described the basic principles and methods briefly, b) pointed out two clinical advantages, and c) discussed about two theoretical problems in systematic desensitization, because fear and anxiety are also the often-encountered problems in social work practice.

Key words: behavioral casework, systematic desensitization, progressive relaxation, respondent conditioning, social work practice

緒　言

　社会福祉の体系のうち実際的な援助に関わる分野はソーシャル・ワーク（social

---

[*]作陽音楽大学（Sakuyo College of Music）

work)，より限定してソーシャル・ワーク実践（social work practice）と呼ばれる。その下位分類の一つにケースワークがあり，Richmond (1922)[1]以来の歴史の中では，特に精神分析学の影響を強く受けたことから，精神力動的な志向をもつケースワークが主流となった[2]。

その中において，Fischer (1973)[3]は"Is casework effective?"と問いかけ，従来のケースワークの効果を検討した。過去の研究を展望した結果，それまでの精神分析的な志向をもつアプローチは終結までに長時間を要するにも関わらず，その効果は短期的な処遇法と同一あるいはそれ以下であった。その他，ケースワークの効果については有効性が認められないという否定的な結果がほとんどであった[4]。また，精神力動的なケースワークでは，言語的なコミュニケーションの可能ないわゆる YAVIS (young, attractive, verbal, intelligent, socially successfully) タイプのクライエントが主な対象であり[5]，それ以外のクライエントへの適用は容易ではなく，かつ，効果は低かった。

この背景のもとに登場したのが，行動理論に基づいて短期間での効果的援助を目指す行動ケースワーク（behavioral casework）であった。行動ケースワークには，オペラント条件づけ（operant conditioning）による方法，レスポンデント条件づけ（respondent conditioning）による方法，社会的学習（social learning）による方法という3つの大きな流れがある。主要な流れは，オペラント条件づけを用いて行動の変容を目指す応用行動分析（applied behavior analysis）[6]を中心とするものであり，その特徴は Pinkston et al (1982)[7]，Pinkston, & Linsk (1984)[8]，Rose (1977)[9]，Thyer (1983)[10]，Thomas (1968[11]，1970[12]，1975[13]) などに詳述されている。オペラント技法は親訓練（parent training）プログラムにおいて使用されることも多い[14]-[16]。オペラント学派によれば，模倣もオペラント行動として制御可能であるため[17],[18]，社会的学習を包含し得ると見なしている。

他方，レスポンデント条件づけは，オペラント条件づけに比べるとこれまで注目されることは決して多くなかった。例えば，Pinkston et al (1982)[7]では，principles of behavior change と題して1章が割かれているが，正の強化（positive reinforcement），負の強化（negative reinforcement），罰（punishment），消去（extinction），強化スケジュール（schedules of reinforcement）などすべてオペラント条件づけの原理であり，レスポンデント条件づけに関する記述は見当たらない。

しかし，オペラント条件づけだけによってすべてのソーシャル・ワーク処遇が実現できるわけではない。特に，恐怖や不安など情動的な反応の修正には，レスポンデント条件づけによる処遇のほうが効果的である。その主要な技法として，Wolpe（1958）[19]によって開発され提唱された系統的脱感作法（systematic desensitization. 以下，SDと略す）があげられる。恐怖及び不安を低減させるための技法であり，その効果の高さは多数の研究で報告されてきた[5],[20],[21],[22]。これまで医学・心理学の分野で多用されてきたが，行動ケースワークにおいてはわずかしか取り上げられてこなかった[23],[24]。

レスポンデント条件づけにもとづく技法もまた，行動ケースワークの有効な手段であるため，本稿ではSDの原理・方法と利点を指摘し，今後の課題について検討を加えた。

系統的脱感作法の原理と方法

Watson & Rayner（1920）[25]は，レスポンデント条件づけを応用して，白ネズミのもとで嫌悪的体験をさせることによって，乳児の白ネズミに対する恐怖条件づけを形成した。この報告に対しては恐怖の条件づけに過ぎず，恐怖症の形成機序としては不十分との批判もあるが[26]，行動アプローチは基本的にはこの実験をモデルとしていると言ってよい。このように考えると，レスポンデント条件づけによって新しい条件反応（conditioned response. 以下，CRと略す）を形成することによって，それまでのCRを抑制あるいは除去することになる。

SDはGuthrie（1935）[27]による拮抗条件づけ（counter conditioning）を基礎としている。これは，当該の条件刺激（conditioned stimulus. 以下，CSと略す）に対して，新しい無条件刺激（unconditioned stimulus. 以下，USと略す）を対呈示させて無条件反応（unconditioned response. 以下，URと略す）を誘発させ，当該のCSがこのURをCRとして誘発し得るようにする操作をいう。これに従うならば，恐怖及び不安を誘発している嫌悪性のCSに対して，拮抗する反応である弛緩（relaxation）反応を誘発できるUSを対呈示すれば，問題となっている当該の症状は抑制される。これがSDの基本的な原理である。ただし，後述するように，技法としては，①CSの呈示は主としてイメージを用いて行う，②当該の嫌悪性CSが刺激般化（stimulus generalization）を起こしている点を考慮に入れる，という特徴をもっている。

1）漸進的筋弛緩法と不安階層表

恐怖及び不安に拮抗する弛緩反応を誘発する新しい US には，Jacobson（1938）[28]による漸進的筋弛緩法を簡易化した方法[19]が用いられる。Jacobson（1938）の方法は長時間を要するため，Wolpe による簡易法では，10～15分程度に短縮されている。すなわち，5秒間の緊張と20～30秒間の弛緩が，額，目，口，肩，腕，腹，足，つま先，上半身，下半身など全身の各部位について繰り返される。この方法の他に，日本では自律訓練法（autogenic training）が用いられることも多い。以上の方法でも弛緩が容易ではないクライエントには，酸素と二酸化炭素との混合ガスが用いられることもある[21],[22]。

不安階層表は般化が生じている刺激を，恐怖・不安の喚起力の高い順に並べた表をいう。最大の恐怖及び不安を100点，最小を0点として，CS に該当するさまざまな場面にクライエントに点数をつけさせる。この数値は主観的障害単位（subjective unit of disturbances. 以下，SUD と略す）[21]，あるいは，主観的不安尺度（Subjective anxiety scale）[22]と呼ばれる。不安階層表では，クライエントのつけた SUD をもとに，0から100点までの中で10点刻み程度で10個程度の CS を選び出し，高い順あるいは低い順に並べられる。

2）脱感作の手順

クライエントが十分に漸進的筋弛緩法を習得でき，かつ，妥当と考えられる不安階層表が作成できたならば，実際の脱感作に入る。まず，クライエントを十分に深い弛緩状態に導入しておいた上で，もっとも弱い恐怖・不安喚起刺激を5秒間イメージさせ，現在の不安の程度を表す SUD をクライエントに答えさせる。これを1試行とし，30秒間の間隔を置き，この間に再度緊張と弛緩を行わせた後，再び同じ試行を行うという手続きが繰り返される。SUD が5点あるいは10点以下にまで減少すると，恐怖及び不安は十分に低減したものと見なして，前回よりもやや強い恐怖・不安喚起刺激へと進む。この要領で表の刺激を順に消化していき，もっとも嫌悪性の高い CS への SUD が十分に低くなるまで，つまり，不安が低くなるまで，脱感作が繰り返される。

イメージが貧弱なクライエントや子どもを対象とする場合や，イメージの代わりに，スライド，写真，模型などによる CS 呈示を用いた現実脱感作法（in vivo desensitization）が行われる。イメージによる SD を行う場合でも，同時進行して実生活において当該の嫌悪刺激にさらされる。これは次のセッションまでの間に，宿題という形で

クライエント自身によって実施されることが多い。ただし，無理のない範囲内で，少しでも不安を感じたら中止するようクライエントに強く教示しておく必要がある。

SDにおける効果測定の測度には，各CSに対するSUDが主に用いられる。その他に多用される測度には，Fear Survey Schedule, Willoughby Personality Schedule, Manifest Anxiety Scale, Maudsley Personality Inventory などがある。なお，数量化は難しいものの，実生活上での症状の改善が不可欠であることは言うまでもない。

3）適用対象

医学・心理学の分野におけるSDの適用例はきわめて多く，神経症を初め恐怖あるいは不安が関係する疾病のほとんどに対して適用されて効果が確証されている。具体的には，不安神経症，対人恐怖・広場恐怖・動物恐怖・不潔恐怖などの各種の恐怖症，強迫神経症，性障害，パニック障害，その他がある[19],[22],[29]。

系統的脱感作法の臨床的利点

SDを行動ケースワークにおいて用いる場合，以下のような臨床的利点が指摘できる。

第一に，イメージを用いることの利便性である。現実場面でクライエントの恐怖や不安を対象とするのは多大な時間と労力を要する。しかし，面接室におけるイメージによって，しかも他の療法に比べて短期間で症状が改善されるならば，援助として効率がよいことになる。医学や臨床薬理学では，臨床試験（clinical trial）の手法が非常に進歩し，治療とコストとの関係が検討されている[30]。例えば，治療費（cost），延命期間（effectiveness）に，quality of life（QOL），quality adjusted life years の他，クライエントがいくら支払おうとするかというbenefitを加え，cost effectiveness ratio, cost benefit ratio, cost utility ratio が別個に算出され，評価される。また，測度としてQOLに関係するendpointが考慮され，primary endpoint, secondary endpoint, surrogate endpointを区別して試験の質を高めようとする。紙幅の余裕がないため十分には触れることができないが，効果的な介入を目指すためには，これまでのソーシャル・ワークに不足していたこれらの手法を今後，積極的に導入する必要があると考えられる。

第二に，クライエントの能力や症状の程度に応じた創意工夫が可能である。例えば，イメージの貧弱なクライエントにはイメージの時間を長くしたり，階層上のCSをより具体的な刺激にすることによって，イメージをより具体的なものにすることができる。

多数回の試行を重ねてもSUDの減少が困難な場合，階層上のCSとCSの間の差が

大き過ぎるという理由が考えられるため，さらに細かく刻む必要がある。あるクライエントに対して常に同一の不安階層表だけを用いるのではなく，状況に応じて内容は組替えることもできる。複数の恐怖症をもつクライエントには，通常，社会生活を最も阻害する症状の除去が優先されるが，1セッションの中の前半と後半で，異なる恐怖症に対して異なる階層表を用いた脱感作が行われる場合もある。弛緩を面接室で行うのは時間を要するので，待合室でカセットテープをイヤホンで聞かせるなどして，弛緩を事前に済ませておくことも可能である。

　第三に，現実脱感作法の効用の高さである。特にイメージSDとは別に，セッション以外の時間に主としてクライエント自身で行われる脱感作は非常に効果的である。理論的には，イメージを用いたSDは純粋なレスポンデント条件づけであり，オペラント条件づけが混入しているとの問題点が指摘されている。

　しかし，この点は臨床的にはむしろ利点となると考えられる。現実の症状は当初はレスポンデント条件づけによって形成されたもので，それに伴うオペラント反応は随伴性による制御を受けて維持される。例えば，動物恐怖症のクライエントは恐怖を感じるだけでなく，動物からの逃避や回避反応を行うのが常である。このような場合，情動反応への対処と同時に，オペラント反応への対処が必要となる。例えば，イメージによるSDと並行して，セッション外において，実際に動物に近寄らせる手続きを取れば，以前よりも動物に近づくことができれば，このオペラント反応は強化される。

　このようにSDは，理論的にはともかく形の上では，症状に伴うレスポンデント的側面にはイメージで，オペラント的側面には実物で対処できるように作成されており，これが臨床的効果の高さの理由の一つでもあると言える。

系統的脱感作法の理論的課題

　学習理論から見たSDの理論的な課題はいくつか指摘されているが[31],[32]，以下では2点のみを指摘しておく。

　第一に，手続きが厳密には逆行条件づけになっているという点である[33]。まずUSに相当する弛緩が十分に実施された後に，CSのイメージへと導入される。しかし，純粋にレスポンデント条件づけにもとづくならば，CSが先行し，その後に弛緩が後続しなければならない。逆行条件づけの手続きでは条件づけが形成されないことは常識的な知見であり，SDはこれとは矛盾する。

確かに，刺激の呈示順序について厳密な見方をするとこの指摘の通りである。しかし，クライエントがイメージしている間にも弛緩は継続しており，この点においては少なくとも CS と US の対呈示が成立しているのも事実である。つまり，US に CS が明瞭に後続する逆行条件づけとは異なっており，必ずしも理論的な矛盾とは言えないであろう。

SD を再吟味すると，セッション中は US が継続的に呈示され，その間に5秒の嫌悪性 CS が30秒の試行間間隔で呈示される事態と見なせる。Rescorla & Wagner model[34]に従って考えるならば，この事態では背景刺激（background stimuli）としての面接室や面接者への条件づけと同時に，当該の CS への条件づけも進行し，両者が競合しているはずである。ただし，単純な実験事態と異なるのは，多くの SD 手続きでは，弛緩の条件づけが進行する一方で，当該の嫌悪性 CS が不安階層表に従って，より強度の高い CS へと変化している点にある。つまり，CS への弛緩が生じるようになると，次に新しい CS が呈示されるという特徴をもつ。今後，こうした事態における CS への条件づけについて，十分な実験的検討が必要であると考えられる。

第二に，SD そのものに対するものではないが，行動ケースワークがレスポンデント条件づけあるいは2過程説（two process theory）[35]を恐怖症の疾病モデルにしているという問題点である[32]。レスポンデント条件づけによれば恐怖症の形成には心的外傷経験が必要となる。しかし，臨床的には多くの場合，明瞭な外傷が見当たらないままに症状が形成されている。また，日常生活の中において中性刺激（neutral stimulus）に強い嫌悪刺激が伴って恐怖症が形成されるならば，無数の恐怖症が存在してしかるべきだが，動物恐怖など実際には特定の刺激だけが恐怖喚起刺激になっているに過ぎない。

2過程説に従えば，恐怖・不安が消失すれば，それに伴って，恐怖・不安低減のための回避反応である強迫反応も消去するはずである。しかし，恐怖・不安が消失しても回避反応は生じ続けたり，逆に，消失していないにも関わらず回避反応が生じなくなるなどの現象が認められている。

歴史的には，以上の矛盾を受けてレスポンデント条件づけ及び2過程説が否定されて，認知説が台頭するようになった。認知的説明が妥当かどうかは論議を要するが，以上のような現象を統一的に説明するための実証的研究が今後さらに必要であると考えられる。

結　語

　ソーシャル・ワーカーがクライエントの多様な問題を扱うとき，オペラント行動の他に，恐怖や不安など情動的な問題が生じている場合が多い。また，オペラント行動はしばしば情動が動機づけとなって生じている。その点で，本稿で話題としたレスポンデント条件づけにもとづくイメージ及び現物によるSDは有力な武器となるであろう。また，Wolpe（1992）[22]はpost-traumatic stress disoderへの適用を紹介しているが，わが国での阪神大震災後のPTSDへの処遇にとって大きな参考になる。

　さらに，精神保健では健常者の精神的健康の向上と促進も重要な課題とされているが，SDはストレス軽減などの方法としても有効である。その意味で，ソーシャル・ワークの処遇方法だけでなく，健常者の健康増進法としても位置づけられ得ると考えられる。ただし，いずれの場合でも基礎原理と方法への十分な理解が必要なことは言うまでもない。

謝　辞

　本稿は，平成7年度岡山県学校保健会高等学校美作ブロック総会並びに研修会（平成7年6月21日。於岡山県津山工業高等学校）における発表に加筆したものである。執筆に先立って，関西学院大学社会学部，武田建教授から貴重な助言を頂いたことに深く感謝します。

引用文献

1) Richmond, M.: *What is social casework?* New York: Russell Sage Foundation, 1922.
2) Fischer, J.: *Effective casework practice: An eclectic approach.* New York: McGraw-Hill, 1978.
3) Fischer, J.: Is casework effective? *Social Work,* 18, 5-20, 1973
4) Reid, W. J.: Some reflections on the practice doctrate. *Social Service Review,* 52, 449-455, 1978.
5) Sloane, B. R., Staples, A. H., Yorkston, N. J., & Whiple, K.: *Psychotherapy versus behavior therapy.* Cambridge: Harvard University Press, 1975
6) Baer, D. M., Wolf, M. M., & Risley, T.: Some current dimensions of applied behavior analysis. *Journal of Applied Behavior Analysis,* 1, 91-97, 1968.
7) Pinkston, E. M., Levitt, J. L., Green, G. R., Linsk, N. L., & Rzepnicki, T. L.: *Effective social work practice: Advanced techniques for behavioral intervention with individuals, families, and institutional staff.* San Francisco, California: Jossey-Bass, 1982.
8) Pinkston, L. M., & Linsk, N. L.: *Care for the elderly: A family approach.* New York: Pergamon Press, 1984.
9) Rose, S. D.: *Group therapy: A behavioral approach.* San Francisco: Jossey-Bass, 1977.
10) Thyer, B. A.: Behavior modification in social work practice. In M. Hersen, R. M. Eisler, & P. M. Miller, *Progerss in behavior modification (Vol.15).* New York: Academic Press, 1983.
11) Thomas, E. J.: Selected sociobehavioral techniques and principles.: An approach to interpersonal helping. *Social Work,* 16, 51-62, 1968
12) Thomas, E. J.: Behavior modification and casework. In R. Roberts, & R. Nee (Eds.), *Theories of Social Casework.* Chicago: Univerisity of Chicago Press, 1970.
13) Thomas, E. J.: Use of behavioral methods in interpersonal practice. In N. A. Polansky (Ed.), *Social work research: Methods for the helping professions (rev.ed.).* Chicago: University of Chicago University, 1975.
14) 桑田　繁・芝野松次郎：ソーシャル・ワーク実践におけるR&Dの試み―0歳児を持つ母親に対する母子相互作用スキル指導プログラムの調査開発例―．関西学院大学社会学部紀要，61, 49-82, 1990.
15) Patterson, G. R.: *Families.* Illinois: Research Press, 1971.
16) Patterson, G. R., & Gullion, M. E.: *Living with children: New methods for parents and teachers.* Illinois: Research Press, 1971.
17) Baer, D. M., & Sherman, J. A.: Reinforcement control of generalized imitation in young children. *Journal of Experimental Child Psychology,* 1, 37-49, 1964.
18) Baer, D. M., Peterson, R. F., & Sherman, J. A.: The development of imitation by reinforcing behavioral similarity to a model. *Journal of the Experimental Analysis of Behavior,* 10, 405-416, 1967.
19) Wolpe, J.: *Psychotherapy by reciprocal inhibition.* Stanford, Calif.: Stanford University Press, 1958.
20) Paul, G. L.: Outcome of systematic desensitization Ⅰ・Ⅱ. In C. M. Franks (Eds.), *Behavior Therapy.* New York: Pergamon Press, 1969.
21) Wolpe, J.: *The Practice of behavior therapy (2nd ed.).* New York: Pergamon Press, 1973.

22) Wolpe, J.: *The Practice of behavior therapy (4th ed.)*. New York: Pergamon Press, 1990.
23) 武田　建：行動理論のケースワークへの応用．関西学院大学社会学部紀要，22，269-277，1971.
24) 武田　建・立木茂雄：親と子の行動ケースワーク．ミネルヴァ書房，1981.
25) Watson, J. B., & Rayner, R.: Conditioned emotional reactions. *Journal of Experimental Psychology,* 3, 1-14, 1920.
26) 久野能弘：行動療法：医行動学講義ノート．ミネルヴァ書房，1993.
27) Guthrie, E. R.: *The psychology of learning*. New York: Harper & Row, 1935.
28) Jacobson, E.: *Progressive Relaxation*. Chicago: University of Chicago Press, 1938.
29) Kanfer, F. H., & Phillips, J. S.: *Learning foundations of behavior therapy*. New York: Wiley, 1970.
30) Spilker, B.: *Guide to clinical trials*. New York: Raven Press, 1991.
31) Leitenberg, H.: Behavioral approach to treatment of neuroses. In H. Leitenberg (Ed.), *Handbook of behavior modification and behavior therapy*. New York: Prentice-Hall, 1976.
32) Rachman, S.: The conditioning theory of fear-acquisition: A critical examination. <u>*Behaviour Research and Therapy,*</u> 15, 375-388, 1977.
33) 今田　寛：系統的脱感作法の「実験」—「原理」—「技法」の関係．関西学院大学大学創立85周年文学部記念論文集，61-80，1975.
34) Rescorla, R. A., & Wagner, A. R.: A theory of Pavlovian conditioning: Variations in the effectiveness of reinforcement and non-reinforcement. In A. H. Black, & W. F., Prokasy (Eds.), *Classical conditioning Ⅱ: Theory and research* (64-99). New York: Appleton-Century-Crofts, 1972.
35) Mowrer, O. H.: *Learning theory and personality dynamics*. New York: Ronald Press, 1950.

調査報告

心身症高校生に対する短期の時間制限心理療法

桑田　繁

(くらしき作陽大学心理学研究室)

　心理相談においては，日常生活が心因性の身体症状によって阻害され，しかも，時間的な制限のある中で (time-limited)，早急な改善を求めているクライエントにしばしば出会う。こうした事例では，症状が消失または軽減しさえすれば，一応の問題解決が可能となる。短期間で症状や行動の修正が可能な心理療法の一つとして，学習理論に基づく行動療法が知られている。

　本研究では，授業及び試験中に心因性の腹痛症状を訴える，大学入試を間近に控えた高校生に対して，行動療法の系統的脱感作法 (systematic desensitization)[1] を短期集中的に適用した事例を報告した。

方法

クライエントと主訴：高校3年生18歳の男子。授業中及び学内外の試験中に腹痛が起こった。大学の入学試験を控えており，入試での腹痛防止を主訴としていた。最短の国立大学共通一次入試まで，1か月半であった。

生育・相談歴：特別な発育上の問題はなかった。幼少時より，性格はまじめで内向的，きちょうめんであった。一般病院の受診と検査では，身体的原因は認められなかった。心理相談歴はなく，本人の希望と母親の勧めにより，O市内の某病院に来談した。臨床心理士である著者が，医師の指示のもとで援助に当たった。医師の判断により漢方薬が投与された。

心理検査：顕現性不安検査 (Manifest Anxiety Scale) の結果，Aは11点，Lは3

点，？は24点であった。低い不安得点だが，？が多いため信頼性は高くなかった。恐怖調査票（Fear Survey Schedule）では，「非常に」と答えた項目が108個中15個あり，例えば「人の前で話をすること」「初めての場所」「失敗」「人混み」「無視されること」「間違いをすること」「筆記試験を受けること」などであった。ウィロビー質問表（Willoughby Questionnaire for Self-Administration）は56点と高得点であった。CMI健康調査表（Cornell Medical Index）は領域Ⅱの準正常領域であった。

　症状の経過：高校1年時の英語担当の担任教師が，生徒への干渉が多く，クライエントにとって嫌いなタイプだった。授業中に生徒を指名して回答を無理強いするため，指名を予期して緊張した時に，腹痛が生じていた。食べ過ぎなどとは異なる痛さで，キューと痛くなり，トイレに行くと下痢をしていた。

　以後，指名される授業のうち，英語・数学で腹痛が生じ，試験で難しい問題が出た時にも，時々腹痛を感じるようになった。さらに，3年の夏休み以後は，指名のある授業すべてで生じるようになった。必ず腹痛が起こるわけではなく，痛さはさまざまであった。

　症状の分析及び技法の決定：レスポンデント条件づけに従って，症状の発生機序を分析した。中性刺激であった高校1年時の英語の教師及び授業が，教師からの嫌悪的な指名と多回数対になった結果，条件刺激となって不安反応を喚起するようになったと考え，腹痛はその生理的側面として位置づけた。試験や他の授業での発症は般化の結果と見なした。

　不安喚起場面に対して弛緩反応を再条件づけして，不安反応を抑制する計画を立て，面接室で可能な系統的脱感作法を採用した。弛緩反応を学習させるために，第1セッションで自律訓練法（AT）の安静・重感練習を指導し，毎日就寝前に約5分間実施するよう指示した。

　以上の作業を第1・2セッションで行った。

　脱感作手続き：原因と治療法をクライエントに説明し，同意を得た上で，第3セッションから脱感作に導入した。表1は，クライエントと相談の結果作成した不安階層表であり，場面1から不安の低い順に並べた。ただし，緊急を要す試験場面から始め，次に英語の授業場面へと進めた。

　手続きはWolpe（1990）[1]に基づいた。各セッション冒頭に，ATによって十分にクライエントを弛緩させた。この状態で，表1の場面1を5秒間イメージさせた後，

表1　不安階層表

試験場面	SUD
1. 先生の声で試験が始まる	30
2. 試験用紙が配布される	40
3. 難しい英語の問題を解いている	50
4. 難しい英語の問題に焦っている	60
英語の授業場面	
5. 先生が黒板に向かって英語を書いている	40
6. 先生がこちらを向いて教科書を読んでいる	50
7. 先生がこちらに歩いて来る	70
8. 前の席の人が指名されて立つ	80
9. （クライエント本人が）指名されて立つ	90

自覚的障害単位（subjective unit of disturbance. SUD を報告させた。これは，最大不安100点，不安なしを0点として，現在感じる不安度をクライエントが答える主観的数値であった。

　以上のイメージとSUD報告を1試行とした。試行終了後，30秒間さらに弛緩を深めて，再び次の試行を行った。以上を場面1について繰り返し，SUDが十分に減少したと見なせれば，場面2へと進めた。本要領で，表1の場面1から順に下へと脱感作した。

　各セッションで脱感作した場面は，就寝前のAT時にイメージするよう指示した。

結果

　図1はSUDの変化を表す。グラフ上部の数字はセッションを示す。データポイントの上または下の数字は，表1の各場面に対応し，導入した最初の試行にのみプロットされている。全体として，各場面へのSUDは漸次，減少し，最終的に場面9に対して5点になった。以下では，セッション別に，日常および面接場面での特記事項を明記する。

　第3セッション：場面1「先生の声で試験が始まる」では50点と高かったため，場面2「試験用紙の配布」に変更した結果，30点となった。表1とは異なり，場面2よりも1の不安のほうが高かったため，2から脱感作する計画に変更した。イメージは鮮明であった。

　第4セッション：試行の進行に伴い，場面2へのSUDは減少した。同様に，前回SUDが高かった場面1に対しても，20点まで減少した。

調査報告　247

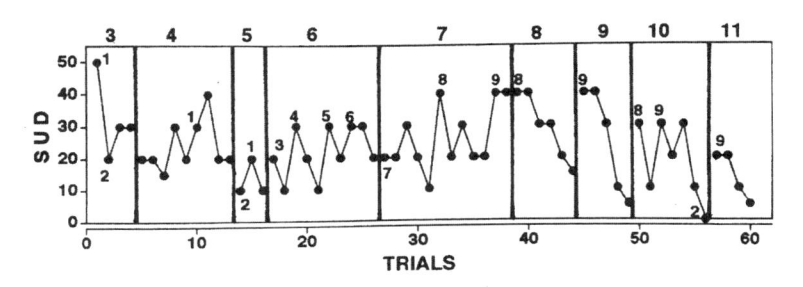

図1 試行に伴うSUDの変化

　第5セッション：共通一次試験を受けたが，腹痛は生じず調子がよかった。ただし，答案はあまりできなかった。面接室，自宅を問わず，AT時は非常にリラックスできた。場面1に対して10点まで減少した。

　第6セッション：試験場面のイメージを終了し，英語の授業場面へと導入した。場面5，6とSUDは順次減少した。

　第7セッション：私立大学を2校受験した。いずれもわずかな腹痛を感じたが，試験に支障はなかった。SUDは場面7，8と減少したが，場面9「先生に指名される」では，2試行続けて40点と高かった。

　第8セッション：私立大学のうち1校に落第したが，予想していたので，ショックはなかった。今回よりATに温感練習を付加した。不安の回復が予想されるため，場面8「前の人が指名されて立つ」から始めた。40点と高く，自発的回復（spontaneous recovery）が認められたが，最終的には15点まで減少した。イメージは鮮明であった。

　第9セッション：私立大学の残りの1校に落第したが，ショックはなかった。場面9に対して40点から5点まで減少した。

　第10セッション：国立大学2次試験の2校では腹痛は起こらず，調子はよかった。ただし，答案はあまり解けなかった。予備校の入試時は，腹痛による下痢で，非常に調子が悪かった。念のために場面8をイメージさせると，自発的回復が見られた。同様に場面9でも回復が認められたが，最後は10点まで減少した。最後に，以前に終了済みの場面2をイメージさせたところ，不安なしの0点だった。

　第11セッション：国立大学は2校とも落第した。予備校は2回目の受験で合格し，大変安心した。場面9で自発的回復が見られたが，最終的に5点まで減少した。

第 12 セッション：当面の問題であった入試が終わり，4 月からは予備校に通うため終わりにしたい，とクライエントから申し出があった。英語の授業をイメージしながら AT を継続し，再発すれば来談する旨を指示して，援助を終了した。

追跡調査：2 年後に連絡を取ったところ，次の返事だった。1 年間の予備校生活の後，私立大学に入学した。予備校に入学直後に何度か腹痛が生じたが，次第に授業・試験中ともにほとんど生じなくなった。大学入学後も同様だった。AT は予備校入学後，半年間ほど続けたが，やがて実施しなくなった。

考察

SUD の漸次的減少や自発的回復は，先行研究[1]と一致し，脱感作の典型的な経過をたどった。結果的に落第したが，予備校以外の入試では妨げとなる腹痛は出現しなかったため，当面の主訴は解決できたと考えられる。

症状に関する考察：先行研究では，Wolpe が報告した 150 例の所要セッション数の中央値は 23，Lazarus の 220 例では 16 だった[2]。本事例は 12 セッションだったため，短期間で効果が見られたと言える。比較的軽症の上に，クライエントのイメージは非常に鮮明で，弛緩が深かった点が，その理由と考えられる。特に，後者 2 点は脱感作の成否を決める重要なポイントとされている[1]。

行動療法で言う再発とは，主として再条件づけを指している。予備校では環境が一新し，大教室の講義では，新しい嫌悪条件づけが生じる機会がないため，再発しなかったと推定できる。また，程度は不明だが，自宅での AT とイメージの効果も否定できない。

短期的心理療法：精神分析を初め伝統的な心理療法は，表面的な症状が消失しても，根本的治療には至らないと考えてきた。例えば，行動療法に対しては，代理症による再発が生じるとの批判がなされている。しかし，本事例では再発せず，かつ，不再発は学習理論で説明可能であった。将来，新しい条件づけが生じる可能性は残るが，再度，脱感作で対処し得る。

今回のように，臨床では，時間的制限下での具体的症状の抑制が急務であり，軽減さえすれば当面の問題は解決する事例が多い。心理療法の短期化の傾向[3]は，この現実も一因と言える。行動療法の特徴は，短期間での症状・行動の修正にある。現実的な方法であり，今後一層求められる短期心理療法に適していると考えられる。

結語

　大学入試を間近に控えた心身症高校生に対して，行動療法の系統的脱感作法を短期集中的に適用した。その結果，面接場面での不安は漸次減少し，大きな腹痛なく入試を受験できた。

1) Wolpe, J.: The practice of behavior therapy (4th ed.). New York: Pergamon Press. 1990.
2) Paul, G. L.: Outcome of systematic desensitization Ⅰ・Ⅱ. In C. M. Franks (Ed.), Behavior Therapy. New York: McGraw-Hill. 63 - 159. 1969.
3) Davanloo, H. (Ed.) Short-term dynamic therapy. New York: Jason Aronson. 1980.

調査報告

大学生のステージフライトへの行動カウンセリング

桑田　繁

(くらしき作陽大学心理学研究室)

　学習理論に基づく行動カウンセリングは，具体的な症状や行動の修正を目的としている。中でも，逆制止（reciprocal inhibition）の原理を用いた治療技法である系統的脱感作法（systematic desensitization）[1]は，神経症患者の不安，恐怖の抑制に大きな効果を示してきた。本研究では，ピアノ演奏に関するステージフライト（stage fright）を訴える音楽大学の学生に，行動カウンセリングを適用した。そのうち，脱感作を中心技法とした一定期間のデータを抜粋し，効果を検討した。

方法

　クライエント：音楽大学に在学する2年生の女子学生1名。学内で前期末と後期末に課されるピアノの実技試験時に，過度に高い不安及び恐怖を覚えていた。2年生の後期試験の約30分前に，STAI（State-Trait Anxiety Inventory）[2]に記入させたところ，状態不安は75点，特性不安は49点であり，状態不安が過剰に高い値を示した。これを処遇前の事前データと見なした。MPI（Maudsley Personality Inventory）[3]は，E 32点，N 28点，L 4点であり，健常範囲であった。

　セッティング：面接はすべて，S音楽大学心理学研究室で実施された。脱感作時は，クライエントは寝椅子に深く腰かけ，カウンセラーはその背後約3mに座り，各種の教示を与えた。

　手続き：基本的にはWolpe（1990）[1]に基づいた。初期の数セッションの面接では，行動理論的査定を行った。表1のように，不安喚起度の低い場面1から，最も高い場

面8までを段階的に並べた不安階層表を作成した。同時に，漸進的筋弛緩法（progressive relaxation）を指導し，就寝前に実施するよう教示した。

以上に続いて脱感作を開始した。各セッションの構成は次の通りであった。冒頭に筋弛緩法により，クライエントを十分な弛緩に導入した。表1の場面の5秒間のイメージ後，SUD（subjective unit of disturbance）を報告させ，これを1試行とした。試行間間隔の約30秒間は，カウンセラーの言語教示によって，さらに弛緩を深めた。SUD20以下が2試行連続すれば次の場面に進み，表1の場面1から8まで，順に脱感作を進めた。

どのセッションにおいても，脱感作後は，受容的態度を守りながら，「不安に負けずに頑張りたい」などのクライエントの前向きな発言を積極的に傾聴し，言語的に強化した。1セッションは約30分であった。

事後データとして，3年生の前期試験の約30分前にSTAIを実施した。試験後に自由記述及び口頭による内省報告を求めた。

結果

脱感作の完了には計7セッションを要した。図1はその間のSUDの変化を示す。各数字は表1の各場面に対応し，導入した最初の試行の上に明示されている。SUDは順に減少し，場面8のもとで20以下になった。場面1～3では0が続いたが，不安喚起度の高い場面では，いったん増加し，漸次減少する傾向が認められた。

図2は，STAI得点の事前・事後間の変化を示す。特性不安（○）は49から44点となり，大きな変化はなかった。状態不安（●）は75から52点へと大幅に減少した。演奏直前に不安を感じたが，前回の試験に比べると程度は低い，という内省報告であった。

表1　不安階層表

1. 試験曲を知らされる
2. 試験日の1か月前，ピアノを弾いている
3. 試験日の1週間前，ピアノを弾いている
4. 試験日の3日前，ピアノを弾いている
5. 試験日の前夜，ピアノを弾いている
6. 試験日の朝，ピアノを弾いている
7. 試験前，順番を待っている
8. 試験時に椅子に座り，ピアノに手をかける

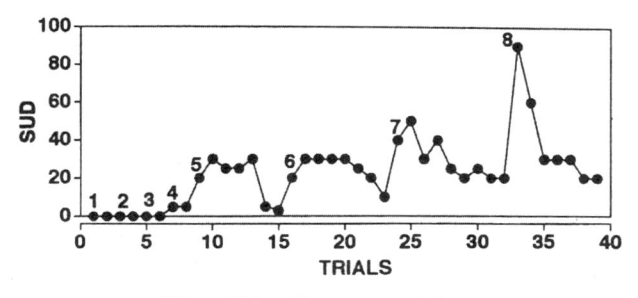

図1　試行に伴う SUD の変化

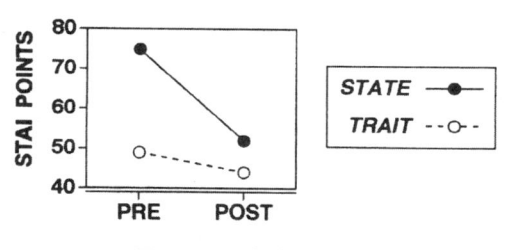

図2　STAI 得点の変化

考察

　主観的不安を表す SUD は減少し，STAI 得点，内省報告ともに不安は減少した。曲目他の条件が異なるため断定はできないが，脱感作を主とした行動カウンセリングが有効であった可能性が示唆される。MPI の結果からは神経症的な傾向は認められず，STAI の特性不安は健常範囲であった。神経症的な不安ではなく，極めて強い，一過性の不安であった可能性がうかがわれる。

　本研究以後，階層表の内容を変化させて，脱感作を中心とした行動カウンセリングを繰返した。その結果，クライエントの言語報告によると，ある程度満足の行く演奏ができる程度まで，不安は減少した。

　音楽演奏に関するステージフライトは，音楽演奏不安 (musical performance anxiety) とも呼ばれている[4]。適度な不安は演奏にとって必要な反面，過剰な不安は大きな妨害となる。音楽の分野では昔からの話題だが，心理学的な研究は決して盛んとは言えない[5]。今後の組織的なアプローチが望まれる。

結語

ピアノ演奏のステージフライトを訴える大学生に対して，系統的脱感作法を中心とする行動カウンセリングを適用した。その結果，不安検査の得点及び内省報告において，不安の減少傾向が認められ，効果の可能性が示唆された。

1) Wolpe, J.: *The practice of behavior therapy (4th ed.)*. Pergamon Press. New York. 1990.
2) 水口公信他：ＳＴＡＩ使用手引．三京房．京都．1991.
3) MPI 研究会（編）：モーズレイ性格検査用紙・手引．誠信書房．東京．1964.
4) Carola, G. (Ed.): *Tensions in the performance of music*. Kahn & Averill. London. 1987.
5) Deri, O.: Stagefright: Music enemy #1. *Music Journal*, 20 (1): 114-115. 1962.

初出一覧

第1章　「関西学院大学社会学部紀要61」，49-82，1993年3月

第2章　「関西学院大学社会学部紀要64」，193-210，1991年11月

第3章　「発達障害研究」，日本行動分析学会誌，13（2），54-59，1991年8月

第4章　「全日本鍼灸学会誌」，43（1），28-35，1993年3月

第5章　「全日本鍼灸学会誌」，43（1），36-43，1993年3月

第6章　「全日本鍼灸学会誌」，44（3），213-220，1994年9月

第7章　「短期大学研究紀要」，作陽音楽大学，27（2），9-14，1994年12月

第8章　「運動・健康教育研究」，（日本幼少児健康教育学会誌），5（1），24-30，1995年9月

第9章　「運動・健康教育研究」，（日本幼少児健康教育学会誌），5（2），37-41，1996年1月

第10章　「行動分析学研究」，（日本行動分析学会誌），10（1），29-39，1996年8月

調査報告　「短期大学研究紀要」，作陽音楽大学，27（1），1-13，1994年5月
　　　　　「短期大学研究紀要」，作陽音楽大学，28（1），1-9，1995年5月
　　　　　「大阪ガスグループ福祉財団研究調査報告集」，財団法人大阪ガスグループ福祉財団，8，19-23，1995年

「運動・健康教育研究」,（日本幼少児健康教育学会誌),　6（1),　44-50,
1995年

「医学と生物学」,（財）緒方医学化学研究所医学生物学速報会,　136（3),
73-77,　1998年3月

「医学と生物学」,（財）緒方医学化学研究所医学生物学速報会,　136（2),
31-33,　1998年2月

故桑田繁先生の論文集の出版にかかわって

　桑田繁先生が平成10年10月27日に亡くなり，早いもので，平成14年で4年目になる。一般的に時間が悲しみを癒してくれると言われるが，御両親にとっては，将来を有能な研究者として嘱望されながら，36歳の若さでこの世を去ってしまった息子さんの死に対する悲しみは，永遠に続くであろう。「人間はどれだけ長く生きたか重要ではない。むしろ大切なことは，人間はどのように生きたかが重要である」という古い諺があるが，理性的にそのことを理解していたとしても，やはり，36歳という若さで桑田繁先生が亡くなった事実は，我々にとって非常に辛いものである。桑田繁先生は，私より，7歳年下であったので，私を兄のように慕ってくれたし，私も彼を弟のように可愛がった。大学院生時，毎週，金曜日の授業後，彼のバイクの後ろに乗り，夕食に二人で尼崎市のお好み焼き店に行ったことも，今でも素晴らしい思い出である。

　私は，平成12，13年にアメリカ，カナダで開催された社会福祉の国際学会に一人で参加をした。一人での国際学会の参加は自由に参加者の発表を聞き，その国を旅行できるという長所をもつ反面，少し退屈する面もある。国際学会の場合，日本人の参加者の多くは団体で参加し，楽しく一緒に旅行をしている姿をみる。その時，ふと「桑田先生が生きていたなら，きっと一緒に学会に参加をし，楽しい学会になるだろうな。残念だなあ」とアメリカ，カナダの異国の地で何度も思った。桑田繁先生とは，生前，私は学会に一緒に参加をし，二人で食事をしながら，社会福祉について語り合った経験を持つ。平成9年に京都の龍谷大学で開催された社会福祉学会に参加し，京都の町で二人で楽しく食事をし，語り合った時が最後の時となってしまった。

彼の葬儀の時，関西学院大学大学院の同級生達から，「桑田繁先生の論文集を出したらどうか」という提案が出され，関西学院大学芝野松次郎教授を中心に4年前に取り組みが始まったが，各人それぞれの思いはあるものの，どうしても目の前の仕事に追われ，桑田繁先生の論文集の出版が遅れてしまった。私も山口という関西から離れた地に住んでいるため，桑田先生の御両親や芝野教授とは，出版に関しては電話連絡のみに終わり，滞ってしまった。そのような時，先生の大阪市立大学大学院時の後輩である奈良女子大学天ヶ瀬正博先生，山口大学一川誠先生の多大な御協力があり，再度，出版に向けての取り組みを行うことができた。したがって，両先生には心から感謝を申し上げる。

　また，本書の出版にあたり，桑田繁先生の御両親と暖かい交渉をして下さった関西学院大学出版会事務局田中直哉氏とスタッフの方々にもその心遣いに対してお礼を述べたい。

　桑田繁先生の生きた足跡と後生の学生や研究者に彼の研究への飽くなき情熱と思いを伝えるために，本論文集の出版のお手伝いができればと考えた次第である。

山口県立大学教授　三原博光

桑田繁略年譜／業績一覧

略年譜

1962 年 2 月 20 日　大阪府池田市に生まれる

1980 年 3 月 20 日　大阪府立刀根山高等学校卒業

1981 年 4 月 1 日　関西学院大学社会学部社会学科入学

1985 年 3 月 20 日　関西学院大学社会学部社会学科卒業

1985 年 4 月 1 日　関西学院大学大学院社会学研究科社会福祉学専攻博士課程前期課程入学

1987 年 3 月 20 日　関西学院大学大学院社会学研究科社会福祉学専攻博士課程前期課程修了

1987 年 4 月 1 日　明星大学大学院人文学研究科心理学専攻修士課程入学

1989 年 3 月 20 日　明星大学大学院人文学研究科心理学専攻修士課程修了

1989 年 4 月 1 日　大阪市立大学大学院文学研究科心理学専攻後期博士課程入学

1993 年 3 月 31 日　大阪市立大学大学院文学研究科心理学専攻後期博士課程修了

1993 年 4 月 1 日　くらしき作陽大学 教職課程 専任講師（心理学担当）

1993 年 4 月 22 日　岡山県津山中央看護専門学校 非常勤講師（1998 年 3 月まで）
　　　　　　　　　「心理学」「精神保健」

1993 年 7 月 2 日　京都国際社会福祉センター 非常勤講師
　　　　　　　　　「ソーシャルワーカー養成課程 理論講座行動理論」

1997 年 4 月 25 日　関西カウンセリングセンター非常勤講師「基礎講座 行動療法入門」

1997 年 8 月 21 日　京都府総合教育センター 非常勤講師
　　　　　　　　　「学校教育相談実技特別講座 行動療法の理論と実際」

1998 年 9 月 30 日　くらしき作陽大学 教職課程 専任講師（心理学担当）退任

1998 年10 月 1 日　高知大学教育学部助教授

1998 年10 月 27 日　逝去

業 績 一 覧

	発表年月日	題目	発表誌名
著　書	1988年5月25日	フリー・オペラント技法による自閉症児の言語形成（その2）［共著］	上里一郎（編）「心身障害児の行動療育」第5章（pp.94-129）、同朋舎
	1993年4月1日	行動療法［共著］	中城進（編）「医療・看護・福祉のための心理学」、第4部「心理療法の理論と実際と方法」3章（pp.161-173）、二瓶社
	1993年6月20日	行動療法［共著］	京極高宣（監修）小田兼三・京極高宣・桑原洋子・高山忠雄・谷勝英（編）「現代福祉学レキシコン」（pp.222）雄山閣出版
	1993年12月10日	社会福祉援助技術［共著］	介護福祉士受験対策研究会（編）「介護福祉士受験要点講座第Ⅰ巻」第3章（pp.99-152）、棋苑図書
	1994年4月20日	言語条件づけ［共著］	明星大学心理学研究室（編）「心理学基礎実験」（pp.44-46）、明星大学出版部
	1994年3月14日	＜人間関係＞での保育研究法［共著］	平田嘉三（監修）星村平和・松本重人（編）「人間関係：理論編」第26章（pp.161-165）、保育出版社
	1997年2月15日	社会福祉援助技術の定義と体系［共著］	小田兼三（編）「最新介護福祉全書第5巻社会福祉援助技術」第1章2節（pp.15-20）、メヂカルフレンド社
翻訳書	1992年6月15日	データの収集とグラフ化［共著］	佐久間徹・谷晋二（監訳）「はじめての応用行動分析」第4章（pp.65-104）、二瓶社
	1993年8月25日	操作交代デザイン［共著］	高木俊一郎・佐久間徹（監訳）「1事例の実験デザイン：ケーススタディの基本と応用、新装版」第8章（pp.173-193）、二瓶社

	発表年月日	題目	発表誌名
論 文	1990年3月	心理学専攻の大学2年生に対する言語条件づけ実験実習の試み［単著］	行動分析学研究（日本行動分析学会誌、審査有）4, 39-56.
	1990年3月	ソーシャル・ワーク実践におけるR＆Dの試み：0才児をもつ母親に対する母子相互作用スキル指導プログラムの調査開発例［共著］	関西学院大学社会学部紀要61, 49-82.
	1990年9月	自動的反応形成と行動分析［共著］	行動分析学研究（日本行動分析学会誌、審査有）5(1), 71-77.
	1991年8月	ヒトの行動形成法としての自動的反応形成手続き［単著］	発達障害研究（日本発達障害学会誌、審査有）13, 54-59.
	1991年11月	条件交替法の近年の適用動向と臨床場面での活用可能性［共著］	関西学院大学社会学部紀要64, 193-210.
	1992年2月	Time allocations of various activities under multiple schedules in pigeons［共著］	Behavioural Processes（Elsevier Science刊、審査有）26, 113-124.
	1993年3月	新しい実験計画法としての単一被験者法の紹介（Ⅰ）：その適用方法と群間比較法との相違［単著］	全日本鍼灸学会誌（全日本鍼灸学会誌、審査有）43(1), 28-35.
	1993年3月	新しい実験計画法としての単一被験者法の紹介（Ⅱ）：データの分析評価法［単著］	全日本鍼灸学会誌（全日本鍼灸学会誌、審査有）43(1), 36-43.
	1994年1月	音大生は本当に外向的か？：モーズレイ性格検査による調査［共著］	作陽音楽大学・短期大学研究紀要,26(2), 1-11.
	1994年5月	行動論的音楽療法（Ⅰ）：ダウン症女児に対するプレマックの原理の適用［共著］	作陽音楽大学・短期大学研究紀要,27(1), 1-13.

発表年月日	題目	発表誌名
1994年9月	新しい実験計画法としての単一被験者法の紹介（Ⅲ）：内的妥当性と外的妥当性［単著］	全日本鍼灸学会誌（全日本鍼灸学会誌、審査有）44(3), 213-220.
1994年12月	The basic ideas and methods for analytical evaluation of experimental data in single-subject experimental designs ［単著］	作陽音楽大学・短期大学研究紀要,27(2),8-14.
1995年5月	要介護高齢者の"尊厳ある生活"への援助に関する研究：介護専用型有料老人ホームにおける行動療法に基づくＤＲ＆Ｕ［共著］	大阪ガスグループ福祉財団研究・調査報告集, 8, 19-23.
1995年5月	音楽演奏における女子音大生の状態不安と特性不安［共著］	作陽音楽大学・短期大学研究紀要, 28(1), 1-9.
1995年9月	臨床研究における少数被験者法のデータに対する時系列分析の妥当性の検討［単著］	運動・健康教育研究（日本幼少児健康教育学会誌、審査有）,5(1), 1-7.
1995年9月	侵害性熱刺激による開口反射の抑制効果：単一被験者法とＣ統計量の適用［共著］	全日本鍼灸学会誌（全日本鍼灸学会誌、審査有）45(3), 198-202.
1996年1月	群間比較実験計画法の原理と方法の再検討［単著］	運動・健康教育研究（日本幼少児健康教育学会誌、審査有）,5(2), 37-41.
1996年3月	障害児教育における音楽療法の実証的研究：岡山県北部の事例を通して［単著］	学術、文化、芸術、教育活動に関する研究論叢（両備てい園記念財団）, 9, 17-22.
1996年8月	言行不一致の行動分析［単著］	行動分析学研究（日本行動分析学会誌、審査有）10(1), 29-39.
1996年9月	３項随伴性から見た社会生活技能訓練［単著］	行動科学（日本行動科学学会誌、審査有）35(1), 9-15.

発表年月日	題目	発表誌名
1996年11月	発声チックへの条件性制止技法の適用事例の分析 [単著]	医学と生物学, 133(5), 159-162.
1996年11月	**行動ケースワークにおける系統的脱感作法** [単著]	運動・健康教育研究（日本幼少児健康教育学会誌、審査有）, 6(1), 44-50.
1997年1月	女子音大生のエゴグラム [単著]	医学と生物学, 134(1), 1-2.
1997年1月	行動論的音楽療法の文献調査 [単著]	医学と生物学, 134(1), 21-23.
1997年2月	音楽療法の方法論の調査研究 [単著]	医学と生物学, 134(2), 55-57.
1997年3月	ソーシャルワークにおける質問紙法（Ⅰ）：Clinical Measurement Package [単著]	運動・健康教育研究（日本幼少児健康教育学会誌、審査有）, 6(2), 53-56.
1997年3月	ソーシャルワークにおける質問紙法（Ⅱ）：モーズレイ性格検査 [単著]	運動・健康教育研究（日本幼少児健康教育学会誌、審査有）, 6(2), 57-59.
1997年5月	Humans' choice between different reinforcer amounts and delays: Effects of choice procedures and monetary deduction [共著]	Learning and Motivation（Academic Press刊、審査有） 28, 102-117.
1997年9月	ソーシャルワークにおける質問紙法（Ⅲ）：ＵＰＩ [単著]	運動・健康教育研究（日本幼少児健康教育学会誌、審査有）, 7(1), 49-53.
1998年1月	ソーシャルワークにおける単一事例調査法のデータ評価 [単著]	ソーシャルワーク研究（相川書房刊、審査有）, 23(4), 50-53.
1998年1月	グループワークの研究動向に関する文献調査 [単著]	医学と生物学, 136(1), 1-3.
1998年1月	モーズレイ性格検査による看護専門学校生の調査 [共著]	医学と生物学, 136(1), 9-11.

	発表年月日	題目	発表誌名
その他	1998年2月	大学生のステージフライトへの行動カウンセリング［単著］	医学と生物学, 136(2), 31-33.
	1998年3月	ソーシャルワークの基本的枠組みに関する総論（Ⅰ）［単著］	運動・健康教育研究（日本幼少児健康教育学会誌、審査有）, 7(2), 1-10.
	1998年3月	心身症高校生に対する短期の時間制限心理療法［単著］	医学と生物学, 136(3), 73-77.
	1998年6月	カウンセリングにおける不安の減少過程の分析［単著］	基督教社会福祉学研究（日本基督教社会福祉学会誌、審査有）, 30, 29-33.
	1998年（受理済、印刷中）	ソーシャルワークの基本的枠組みに関する総論（Ⅱ）［単著］	運動・健康教育研究（日本幼少児健康教育学会誌、審査有）, 8(2).
	1992年6月	単一被検者法の論理と実例［単著］	全日本鍼灸学会誌（全日本鍼灸学会誌）42(2), 38-41.
	1993年6月	単一被験体デザインの種類と特徴［単著］	月刊東洋医学, 23(10), 9-10.
	1996年9月	Application of n-of-1 trial and C-statistic on acupuncture research［共著］	Proceedings of the 4th World Conference on Acupuncture, 1-9.

福祉・心理の臨床場面における治療効果に関する研究
——桑田繁遺作集——

2003 年 4 月 30 日初版第一刷発行

著　者	桑田 繁
発行者	山本栄一
発行所	関西学院大学出版会
所在地	〒662-0891　兵庫県西宮市上ケ原1番町 1-155
電　話	0798-53-5233
印　刷	協和印刷株式会社

©2003 Shigeru Kuwata
Printed in Japan by Kwansei Gakuin University Press
ISBN:4-907654-43-X
乱丁・落丁本はお取り替えいたします。
http://www.kwansei.ac.jp/press/